EMOTIONAL

How Feelings Shape Our Thinking

「感情」は最強の武器である

「情動的知能」という生存戦略

レナード・ムロディナウ
Leonard Mlodinow
水谷淳［訳］

東洋経済新報社

イレーヌ・ムロディナウ（1922–2020）の
思い出に

目次

第2部 情動の驚くべき力

第4章 情動が思考を導く
——情動が情報処理に及ぼす影響 92

第7章 情動と決意

——情動は鉄の意志をもたらす

第3部 情動の傾向と情動を抑える術

第8章 あなたの情動プロファイル
——自分がどのような情動を持ちがちで、状況にどのように反応しがちなのかを知る——206

第9章 情動を操る――情動をどのようにコントロールするか

はじめに

ホロコーストを生き延びた母の小言

子供のいたずらが度を過ぎたら、親はどうするだろうか？　部屋の隅に座らせて反省させる親もいる。子供の真正面に座って、言うことを聞くのがなぜ大事なのか、思うがままに行動しないのがなぜ大事なのかを諭す親もいる。棒でお尻を叩く親もいる。しかしホロコーストを生き延びた私の母は、そんなことはいっさいしなかった。私がとんでもないことをしでかしたり、トランジスタージオをトイレに流してしまったりすると、かっとなって逆上し、激しく泣き出して叫びはじめるのだ。「耐えられないわ！　死んでしまっていればよかった！　どうして生き残ってしまったの？　どうしてヒトラーは殺してくれなかったの？」

母がわめき散らすと私はいたたまれなくなった。でもおかしなもので、私は子供心に母の反応は正常だと思った。人は成長するにつれていろいろなことを学んでいくが、いちばん強烈に頭にこびりついて、精神療法を何年も受けないと忘れられないのが、親に言われたことはすべて正しくて、家の中で起こることはすべて正常であるという思い込みだ。かくいう私も母のわめき散らすことを受け入れた。もちろん、ホロコーストを経験していない友達の親がヒトラーなんて引き合いに出さないことは知っていた。でも、よその親も似たようなことをわめいているのだろうとは思っていた。「どうして生き残ってしまったの？　どうしてあのときバスが轢いてくれなかったの？」「どうしてあのとき竜巻が吹き飛ばしてくれなかったの？」「どうして心臓発作でポックリいかなかったの？」

私の母がふつうと違うとようやく気づいたのは、高校生のとき、ある晩の夕食でのことだった。母は昼間に受けに行った精神診断のことを話しはじめた。ドイツ政府によるホロコースト被害者への賠償金を申請するための要件だ。戦争が始まると母の一家は相当な財産をナチスに没収され、母は物乞いになってしまった。しかし賠償金の額は、もちろん経済状態だけに基づいて決められるのではない。虐待による情緒障害に関する証拠も考慮されていた。母は精神診断を受けることになったとき、目を丸くして、自分は精神的に健康だから行きたくないと言い張っていた。そしてあの晩、兄と私が味のしない蒸し鶏をつついていると、母は腹を立てながら、医者に情緒障害だと診断されたと言い出した。

「信じられるかい？　医者は私が狂ってるって言うのよ！　狂ってるのは私じゃなくて医者のほうよ」。そして母は私に怒鳴りはじめた。「鶏を残さず食べなさい！」。私は味がしないから嫌だと口答えした。「食べなさい！　いつか目を覚ましたら家族がみんな死んでるかもしれないのよ！　何も食べるものがなくなって、泥の上を腹這いで進んで、臭くて汚い泥水を飲まなきゃいけなくなるのよ！　そうなってから食べ物を大事にしはじめても遅いの」

よその家の母親なら、遠くの貧しい国には飢えに苦しんでいる人がいるのだから、食べ物を粗末にしてはいけないと諭すものだ。しかし私の母は、ほかならぬ私がすぐにでも食うに食えなくなるかもしれないと言う。以前にも母が同じようなお小言を言ったことはあったが、このときばかりは聡明な精神療法士の姿が頭に浮かんできて、母は本当に正気なのだろうかと疑いはじめた。

いまとなっては分かっているとおり、母が私を将来のことでいましめていたのは、かつて自分が受けた苦しみが再び繰り返されるのを恐れていたからだ。母はいつも言っていた。いまは何事もなく生活しているように思えても、それはただのまやかしで、すぐにでも悪夢に一転してしまうと。大災厄が訪れると思っているのは恐怖心のせいであって、現実に基づいているわけではなかった。しかし母はそのことに気づいておらず、確かな根拠があって悲惨な未来を予期しているのだと思い込んでいた。そのせいで、不安や恐怖がすぐに表に出てくるのだ。

レジスタンス運動に参加してブーヘンヴァルト収容所で生き延びた父も、似たようなトラウマを抱えていた。父と母は戦後まもなく難民として出会い、それからの人生でほとんどの出来事をともに経験した。しかし反応のしかたは違っていて、父はいつも楽天的で自信を持っていた。父と母とでこれほどまでに反応のしかたが違っていたのはなぜなのか？　もっと広く言うと、情動とはいったい何なのか？我々にはなぜ情動があって、それは脳の中でどのように湧き上がってくるのか？　思考や判断、動機や決断にどのように影響を与え、どうすればコントロールできるのか？　本書ではこれらの疑問について語っていく。

人間の脳はよくコンピュータにたとえられるが、そのコンピュータの情報処理は、我々が感情と呼ぶとても謎めいた現象と複雑にからみ合っている。誰しも不安になったり、恐れをなしたり、怒りが湧き上がってきたりしたことがある。かっとなったり、絶望したり、どぎまぎしたり、寂しくなったりしたことがある。喜んだり、誇らしく思ったり、興奮したり、安らぎを感じたり、欲情が抑えきれなくなったり、人を愛したりしたことがある。このような情動がどのように作られるのか、どうすれば操ることができるのか、どんな目的を持っているのか、私が子供の頃にはほとんど明らかになっていなかった。同じ出来事に対して2人の人が、あるいは同じ人でも別のときには、なぜまったく違う反応を取るのか、それも解明されていなかった。人間の振る舞いにもっとも強く影響を与えるのは理性的思考であって、情動は望ましくない結果を招く非生産的な役割を果たすことが多いと信じられていた。

だがいまではもっと解明が進んでいる。思考や決断を促す上で情動は理性と同じくらい重要だが、その作用のしかたは異なる。理性的思考は目標や関連するデータに基づいて論理的結論を導き出すが、情動はもっと抽象的なレベルで作用する。それぞれの目標に当てはめる重要度や、データに与える重み付けに影響を与えるのだ。そうして築き上げられる評価の枠組みは建設的であるだけでなく、不可欠なものだ。知識と過去の経験の両方に根ざした情動は、現在の状況や未来の見通しに関する考え方を、多くの場合とらえがたいが重大な形で変える。そのしくみに関する知見のほとんどは、この分野の研究がかつてなく急増したここ10年ほどの進歩による。本書は、人間の感情の理解に起こったその革命に関する本である。

情動研究の大革命

現在のように情動の研究が爆発的に盛んになる以前、ほとんどの科学者は、はるばるチャールズ・ダーウィンにまでさかのぼる枠組みで人間の感情をとらえていた。情動に関するその伝統的な理論では、直観的に妥当そうに思えるいくつもの原理が示されていた。それは以下のようなものだ。「恐怖、怒り、寂しさ、嫌悪感、喜び、驚きという少数の基本的な情動が存在していて、それらはすべての文化に共通しており、おのおのの機能は重なり合っていない。それぞれの情動は外界の特定の刺激によって引き起こされる。それぞれの情動はいつも同じ特定の振る舞いを引き起こす。それぞれの情動は脳内にある専用の特定の構造体の中で生じる」。またこの理論には、少なくとも古代ギリシアにまでさかのぼる二分法的な心の見方も取り入れられていた。すなわち、心は競合し合う2つの力からなっていて、一つは論理的で理性的な「冷たい」力、もう一つは情熱的で衝動的な「熱い」力であるという見方だ。

何千年ものあいだこのような考え方が、神学から哲学、そして心の科学に至るまでさまざまな分野に受け入れられていた。フロイトもこの伝統的な理論を研究に取り入れた。1995年のダニエル・ゴールマンの著作で有名になった、ジョン・メイヤーとピーター・サロヴェイによる「情動的知能（心の知能）」の理論も、一部それに基づいている。我々が自分の感情について考えるための枠組みにもなっている。だがそれは間違っているのだ。

原子の世界を解き明かす道具が編み出されたことで、ニュートンの運動法則は量子論に取って代わられた。それと同じように、情動に関する旧来の理論もいまでは新しい見方に道を譲っている。それは、神経画像技術などのテクノロジーのすさまじい発達によって、脳の中を調べたり、脳を使って実験したりできるようになったことが大きい。

ここ数年のあいだに開発された一連のテクノロジーのおかげで、ニューロンどうしのつながり方をたどって、いわば脳の回路図、「コネクトーム」を描き出せるようになった。そしてこのコネクトームの地図によって、以前なら絶対に不可能だった形で脳の中をあちこち調べ回れるようになっている。不可欠な回路どうしを比較したり、脳の特定の領域に絞り込んでその中の細胞を調べたり、思考や感情、振る舞いを生み出す電気信号を解読したりできるようになっている。もう一つ、光遺伝学の進歩によって、動物の脳の中にある一個一個のニューロンを「制御」できるようにもなっている。ニューロンを選択的に刺激することで、恐怖や不安、鬱(うつ)などの特定の精神状態を生み出す脳活動のミクロなパターンを解き明かせるようになった。3つめのテクノロジーである経頭蓋(けいとうがい)刺激法では、電場や電流を用いることで、人間の脳の特定部位における神経活動を活性化させたり阻害したりできる。被験者に永続的な影響は残らないし、これによって各構造体の機能を推定できる。このようなさまざまな手法やテクノロジーによって新たな知見と新たな研究が豊富に生まれたことで、「感情神経科学」と呼ばれるまったく新しい心理学の分野が興ったのだ。

人間の感情に関する昔ながらの学問に現代のツールを当てはめた感情神経科学は、情動に対する科学者の見方を一変させている。旧来の見方では、感情に関する基本的な疑問に対してそれらしい答えは出てくるものの、人間の脳の働きを正確に表現することはできない。たとえばそれぞれの「基本的」な情動は、実は単一の情動ではなく、ある範囲、すなわちカテゴリーに含まれるさまざまな感情を十把一絡(じっぱひとから)げに表現したものであり、そのカテゴリーどうしも必ずしも明瞭に区別できるものではない。たとえば恐怖もそれぞれ微妙に違うし、場合によっては不安と区別するのが難しい。[1]もっと言うと、長いあいだ「恐怖」の中枢と考えられてきた扁桃核(へんとうかく)は、実際にはいくつもの情動で鍵となる役割を担っているし、逆にすべてのタイプの恐怖に欠かせないわけでもない。そこで今日では、5種類か6種類の「基本的」な情動から大きく視野を広げて、当惑や自尊心などのいわゆる社会的情動、さらには空腹感や性的欲求など、かつては衝動と考えられていた感情を含む、数十種類もの情動について論じられるようになっている。

情緒的健康についていうと、感情神経科学では、鬱病は単一の病気ではなくて4つのタイプからなる症候群であり、それぞれ異なる治療が有効で、神経学的特徴もそれぞれ異なるとされている。この新たな知見に基づいて、鬱病患者が自宅で症状を和らげるのに役立つスマートフォンアプリも開発されている。[2]さらにいまでは、投薬せずに精神療法だけで有効かどうかを、脳スキャンによってあらかじめ一人一人判断できる場合もある。また、肥満から喫煙依存症や拒食症まで、情動に関連したさまざまな病気の新たな治療法も研究されている。

このような成功によって勢いづいた感情神経科学は、学術研究の中でもいちばんホットな分野の一つとなっている。アメリカ国立精神保健研究所の研究テーマの中でも重要視されているし、アメリカ国立がん研究所など、心の研究は対象外であると考えられることの多いいくつもの研究機関でも注目されている。[3]心理学や医学とはあまり関係のない機関、たとえばコンピュータ科学の研究所やマーケティング組織、あるいはハーヴァード大学ケネディ政治学大学院などのビジネススクールも、この新たな科学に研究リソースや人材を割いている。

我々の日常生活や経験において感情の果たす役割についても、感情神経科学は重要なことを教えてくれる。ある一流科学者は、「情動に関する従来の『知識』がもっとも根本的なレベルで疑問視されはじめている」と言っている。[4] この分野を代表するもう一人の研究者は、「ほとんどの人は、自分には情動があるのだから、情動が何であってどうやって働くのかはよく分かっていると思い込んでいる。……だがそれはほぼ例外なく間違っている」と言っている。[5] さらに3人目は次のように言う。「いまは情動、心、脳の理解をめぐる革命のさなかにある。その革命によって、精神疾患や身体的疾患の治療法、人間関係の理解、育児法、そして突き詰めると人間観など、この社会の中核をなす教義を考えなおさざるをえなくなっている」[6]

もっとも重要なこととして、かつては情動は効果的な思考や決断を脅かすものと信じられていたが、いまでは、情動の影響を受けないと決断をすることも、さらには思考することもできないと分かっている。人類が進化してきた環境と大きく異なる現代社会では、情動は望ましくない効果をもたらすこともあるが、それよりも正しい方向へ導いてくれる場合のほうがはるかに多い。それどころか、もしも情動がなかったらどの方向にも容易には進めないだろう。

本書の内容

ホロコーストを経験したことを踏まえると、私の両親はけっして典型例ではないように思えるかもしれない。しかし根本的なところでは誰しもほとんど同じだ。私の両親を含め我々の脳の奥深くでは、影のような無意識の心が過去の経験から得た教訓をたえず当てはめて、現在の状況の成り行きを予測している。むしろ脳は一つの予測マシンととらえることもできる。

アフリカのサバンナで進化したヒト族は、食料や水、住処（すみか）に関する決断にたえず直面していた。彼らを急速に進化させたのは、彼らの食料となる動物や、彼らを食べようとする動物だったのだろうか？　彼らの周囲の環境の分析に秀でた個体のほうが、生き延びて繁殖する可能性が高い。その目的のために彼らの脳は、どんな状況でも感覚入力と過去の経験に基づいて、取りうるいくつかの行動を見極め、その個々の行動に対して起こりうる結果を予測していた。どの行動を取れば、死や怪我の確率がもっとも小さくなり、栄養分や水など生存に欠かせないものが手に入る確率がもっとも高くなるか？　本書ではこれ以降、そのような計算に情動がどのような影響をおよぼすのかを見ていく。情動がどのようにして現れるのか、思考したり決断したりする上で感情はどのような役割を果たしているのか、そして、現代の世界で感情をどのように利用すれば繁栄して成功できるのかを見ていくことにする。

第1部では、情動がなぜどのように進化したのか、それに関して現在分かっていることを説明する。生存のための基本プランにおいて情動が果たす役割を理解することで、たくさんのことが分かってくる。

さまざまな状況に我々はどのように反応するのか？　なぜ我々は不安や怒り、愛情や憎しみ、うれしさや悲しさといった反応をするのか？　なぜときに不適切な行動を取ったり、情動の抑えが利かなくなったりするのか？

また「コア・アフェクト」という概念についても掘り下げていく。これはあらゆる情動的経験を意識下で方向づける心身状態のことで、ある状況で人が感じる情動だけでなく、決断や出来事への反応にも影響を与える。同じ状況でもそのときどきでまったく異なる情動的反応が生じる理由の一つである。

第2部では、人の快楽や動機、感動や決意において情動が果たす中心的役割を見ていく。興味や難易度、重要性にほとんど違いのない2つの課題が与えられたとき、一方がとても難しく、もう一方が簡単そうに思えることがあるのはなぜなのか？　何かを達成したいという思いの強さはどんな要因から影響を受けるのか？　似たような状況なのに、ときにはすさまじい努力でやり通し、ときにはすぐにあきらめてしまうのはなぜなのか？　たいていのことをやり通す人とすぐにあきらめてしまう人がいるのはなぜなのか？

第3部では、情動面での個性と情動の制御について探っていく。人はそれぞれ決まった情動をもって反応しがちだし、それ以外の情動で反応することは避けたがる。自分の情動の傾向をいくつかのおもな次元に当てはめて評価するためのテストが開発されていて、それについては第8章で紹介する。第9章では「情動制御」と呼ばれる急成長中の分野について掘り下げていく。情動を制御する方法として昔から知られているものが近年になって科学的に調べられ、その有効性が厳密に裏付けられている。自分の感情がどこから現れるのかを理解した上で、それを制御するにはどうすればいいのか？　それが容易にできる人とそうでない人とでは何が違うのか？

誰しも、どのレストランに行くか、どの映画を観るかといったことは時間をかけてじっくり考える。しかし自分自身のことを深く考えたり、自分がどんなことを感じていてその理由が何であるかを探ったりするのに時間を費やすことはない。多くの人はその正反対の育てられ方をしている。情動を抑え、感情を持たないようにしつけられる。しかし情動を抑えることはできるが、「感じない」のは不可能だ。感情は、人が人である限り、そしてほかの人と交流する限り、付いて回るものだ。感情を知ることができなければ自分自身のことも分からないし、他人とも付き合えない。自分の思考の由来を完全に理解しないままで、判断したり決断したりすることになってしまう。

この箇所を書いている時点で私の母は97歳だ。ずいぶん円くなってはいるが、芯はけっして変わっていない。新たな情動理論を学んだ私は、母の振る舞いが理解できた。そしてもっと大事なことに、自分自身のことも理解できた。自分を受け入れて変えたいのであれば、自分自身のことを知るのがその第一歩だ。情動の科学をひととおり巡ることで、情動は非生産的であるという伝説の嘘を暴ければと思う。そして人間の心を新たな形で理解することで、自分の感情の世界をうまく渡り歩き、感情を制御してそれに打ち勝てるようになってもらえれば幸いだ。

第1部

情動とは何か

第1章

思考と感情

――情動とは何か、感情の理論はどのように発展してきたか

エンタープライズ号の事故

2014年のハロウィンの朝、1機の変わった飛行機が不毛のモハーヴェ砂漠の上空に舞い上がった。特別に組み立てられたそのカーボンファイバー製の飛行機は、2機の貨物ジェット機を左右に並べて翼のところでつないだものだった。その巨大運搬機からは、SFドラマ『スタートレック』にちなんでエンタープライズ号と名付けられたもっと小型の飛行機が吊り下げられていた。高度5万フィート〔約1万5000メートル〕まで運び上げられたところで投下され、短時間エンジンを噴射したのちに滑空して着陸することになっていた。

その飛行機の所属は、「スペースツーリスト」を準軌道飛行へいざなうためにリチャード・ブランソンが設立した会社、ヴァージン・ギャラクティック。２０１４年までに７００枚を超える宇宙旅行のチケットが、1枚20万ドルから25万ドルで売れていた。今回でテスト飛行は35回目になるが、エンジンを噴射させるのはようやく4回目、出力を上げるために設計しなおされたばかりだった。

上昇飛行は順調に進んだ。予定時刻、運搬機を操縦するデイヴィッド・マッケイが機体下面からエンタープライズ号を切り離した。そして空を見渡し、エンタープライズ号のロケットエンジンから吐き出される煙を探した。ところがどこにも見つからない。「下を向いて思ったんだ。『妙だな』ってね」と、予想外の事態に油断を怠らない経験豊富なマッケイは振り返る。だが何も問題はなかった。マッケイの視線から外れたところでエンタープライズ号はロケットを噴射させ、およそ10秒間の加速で音速の壁を突破していた。ミッションは何事もなく進んでいた。

エンタープライズ号の機長を務めていたのはテストパイロットのピーター・シーボルド、30年近い飛行経験があった。副機長のマイケル・オルズベリーは、それまでに8種類もの試験機に搭乗したことがあった。2人はいくつかの面で対照的な人物だった。シーボルドは同僚によそよそしかったが、オルズベリーはいつも人なつこく、ユーモアセンスがあるとの評判だった。だがロケット先端の座席に身体を固定させた2人は、一心同体で任務に取り組み、互いに相手の行動に自分の命を委ねた。

音速に達する直前、オルズベリーが空力ブレーキのロックを解除した。降下中に機体の向きとスピードをコントロールする上で欠かせない装置だが、必要となるのは14秒後で、ロックの解除が早すぎた。のちに国家運輸安全委員会は、早すぎるロック解除を防ぐためのフェイルセーフシステムを導入して、このようなヒューマンエラーを防止する対策を講じなかったとして、当機体を設計したノースロップ・グラマン社傘下のスケールド・コンポジッツ社を非難した。

国家主導の宇宙計画では、ヴァージン・ギャラクティック社と違って「二重故障耐性」が求められている。つまり、２つのヒューマンエラー、２つの機械的不具合、または１つのヒューマンエラーと１つの機械的不具合というように、互いに関連のない２つの問題が同時に発生しても対処できる予防措置を講じておく必要がある。だがヴァージン社のチームは、並外れた訓練を受けているテストパイロットがそんな間違いを犯すはずはないし、予防措置を省略すればいくつかの利点があると決めつけていた。チームのとあるメンバーは、「ＮＡＳＡなどの政府機関と違って縛りがない。だからもっとずっとスピーディーに事を進められるんだ」と話してくれた。[2] しかしあのハロウィンの朝、ロックの解除が早すぎたという間違いはけっして事なしでは済まなかった。

オルズベリーは空力ブレーキを開くための２つめのスイッチは入れなかったが、ロック解除が早すぎたせいで、空気抵抗によってブレーキが勝手に開いてしまった。ブレーキが作動位置まで開くと、まだ噴射中のロケットによって機体にすさまじい応力がかかった。そして４秒後、時速９２０マイル（約１５００キロメートル）で飛行していたエンタープライズ号は空中分解した。地上からは巨大な爆発のように見えた。

シーボルドは射出座席に固定されたまま機体から投げ出された。超音速で放り出され、周囲の気温はマイナス55℃、酸素濃度は地上のわずか10分の１。それでも何とかバックルを外すと、背負っていたパラシュートが自動で開いた。そして救出されたが、何があったのかいっさい記憶がなかった。オルズベリーはそこまで幸運ではなく、機体が分解したときに即死した。

情動は思考に影響をおよぼす

パイロットが新型機をテストする際には、十分にリハーサルを積んだ上で、長い一連の手順をきわめてスムーズに実行するものだ。そのため、決まりきった手順が機械的に進められるものだと思ってしまうが、それはまったくの誤解である。エンタープライズ号が計画どおり母機から投下されて強力なロケットエンジンを噴射しはじめると、パイロットの物理的環境が突如として混乱を来した。どんなふうに感じられたのか想像するのは難しいが、ロケットというのは制御下で爆弾を爆発させるようなもので、いくら制御下だといっても爆発には変わりがない。すさまじく激しい現象だ。しかもスペースシャトルの重量が1800トンだったのに対し、エンタープライズ号はわずか9トンとあまり頼り甲斐がなく、乗り心地もまったく違っていた。スペースシャトルの飛行をキャデラックで高速道路を疾走するのにたとえるとしたら、エンタープライズ号の操縦はゴーカートを時速250キロで走らせるようなものだ。パワーアップしたロケットの噴射によってエンタープライズ号のパイロットは、巨大な轟音、とてつもない揺れと振動、そしてすさまじい加速にさらされた。

オルズベリーはなぜ早くスイッチを入れたのか？　飛行は計画どおりに進んでいたのだから、パニックに陥ったのではなさそうだ。オルズベリーがどんな判断を下したのかも、どんな行動を取ったのかも知りようがない。しかし強いストレスのかかる物理的環境に置かれて不安な状態に陥ったとき、人がどんなふうにデータを処理するのかは、フライトシミュレータでの予行演習からではなかなか予測できない。国家運輸安全委員会もエンタープライズ号の事故についておおむねそのような結論を下した。しばらく飛行経験のなかったオルズベリーが異常なストレスを受けたのだろうと推測した上で、18か月前の最後のテスト飛行から経験していなかった時間的なプレッシャー、そして機体の激しい振動と加速によって不安に陥り、そのせいで判断を誤ったのだと断定された。

このエンタープライズ号の事故が物語るとおり、不安は悪い判断につながる可能性があるし、もちろん実際にそうなることもある。古代人が暮らしていた環境には、我々が文明生活でふだん直面するよりもはるかにたくさんの命に関わる危険が存在していた。そのため、とくに恐怖や不安に対する我々の反応は必要以上に強すぎることもあるだろう。エンタープライズ号の悲劇に代表されるそのような事例のせいで、情動は何百年ものあいだ汚名を着せられてきた。

しかしこの事故のように、情動が問題を引き起こしたという事例はしばしばセンセーショナルに伝えられる一方で、情動がつつがなく機能したような事例はとくに目を惹くこともない。目立って報じられるのは失敗例だが、適切に機能したシステムは世に知られないことが多い。エンタープライズ号もそれまでテスト飛行に34回成功していた。そのどの飛行でも、現代のテクノロジーと理性的かつ情動的な人間の脳の円滑な作用とが奇跡のように融合して、宇宙船もパイロットも計画どおりに機能した。しかし一度もニュースにはならなかった。

もっと身につまされる出来事として、失業して健康保険を失った友人の話がある。ちょっとした医療を受けるだけでもお金がかかることを知っていた友人は、健康のことが不安になってきた。病気になったらどうしよう？　一文無しになってしまうかもしれない。その不安が友人の思考に影響を与えた。喉が痛くなると、以前と違って無視したり、ただの鼻風邪だと割り切ったりはしなかった。最悪の事態を恐れたのだ。咽喉（いんこう）がんじゃないのか？　実は健康に関するその不安が友人の命を救うこととなる。それまで一度も気にしていなかったのに、このとき心配しはじめたことの一つが、背中のあざだった。そこで生まれて初めて皮膚科医に診てもらったところ、それは初期のがんで、切除したところ二度と再発しなかった。不安に命を救われたのだ。

この2つの話から読み取れるのは、情動が効果的な思考を助けるとか、逆に妨げるとかという単純なことではない。情動が思考に影響をおよぼすということだ。情動状態は頭の中での計算に影響を与え、その影響の大きさは対象である客観的なデータや状況と同程度だ。これから見ていくとおり、たいていはそれが功を奏する。情動が非生産的な影響をおよぼすのは例外的だ。それどころか、この章とそのあといくつかの章で情動の目的を掘り下げていくにつれて明らかになるとおり、もしもあらゆる情動から「解放」されてしまったら、人間はほとんど機能しなくなってしまう。日常の状況に反応するためにはたえず単純な決断をおこなわなければならず、その決断を司る規則で脳がいっぱいいっぱいになってしまうからだ。だがとりあえずここでは、情動の弊害や恩恵でなく、脳の情報処理において情動の果たす役割に話を絞ることにしよう。

哺乳類から単純な昆虫までどんな動物にとっても、情動状態は、生物学的な情報処理やその結果として取る行動において根本的な役割を果たしている。それどころか、ミツバチをヴァージン・ギャラクティック社のパイロットに匹敵する極端な状況に置くという制御下での実験でも、エンタープライズ号の悲劇を生んだのとそっくりのプロセスが観察されている。[3] その実験をおこなった研究者たちは、混乱した危険な状況に置かれた単純な動物がどのように反応するのかを明らかにしたいと思い、ミツバチを高速で60秒間揺さぶった。

だがどうやって「高速で揺さぶる」のだろうか？　ミツバチを閉じ込めた容器を振っても、ミツバチは容器の中で空中に浮かぶことができる。だから振動する容器の中でミツバチが飛び回るだけで、ミツバチ自体は揺さぶられない。くだんの研究者たちはこの問題を解決するために、ミツバチを専用の小さなハーネスに固定して動けないようにした。思えばヴァージン・ギャラクティックのパイロットもシートベルトをしっかり締めて、激しく振動する宇宙船の中で動けないようになっていたのだった。ミツバチのハーネスは、プラスチック製ストローなどのチューブを短く切って縦半分にしたもので作った。そしてミツバチを冷やして一時的に動けなくし、半分にしたチューブの中に横たえて粘着テープで留めた。

そうして揺さぶったのちに、ミツバチの意思決定の能力をテストした。与えた課題は、事前に嗅いださまざまな匂いを識別するというもの。事前に嗅いだとき、どれがおいしいごちそう（砂糖水）の匂いでどれがまずい液体（キニーネ）の匂いなのかを学習していた。そして揺さぶった後でミツバチに再び液体の匂いを嗅がせた。事前に学習した匂いと突き合わせて、どの液体を舐めてどの液体に口を付けないかを選択できるようにした。

しかし揺さぶった後に与える液体は、純粋においしいものでもまずいものでもなく、おいしい砂糖とまずいキニーネが2対1または1対2で混合されているものだった。砂糖とキニーネが2対1の液体でもミツバチにとってはまだおいしいし、キニーネと砂糖が2対1の液体はやはりまずいが、匂いはどちらともいえない。混合液を与えられたミツバチは、そのあいまいな匂いがおいしいごちそうのものなのか、あるいはまずい液体のものなのかを判断しなければならない。くだんの科学者たちが知りたいと思ったのは、揺さぶられたことで匂いの識別が影響を受けるのかどうか、もしそうだとしたらどのように影響されるのかだった。

人間と同じくミツバチの不安も、感情神経科学で「罰環境」と呼ばれるものに対する反応にほかならない。エンタープライズ号とミツバチの例ではとくに説明の必要はないだろうが、もっと幅広く言うと、罰環境とは、快適さや生存を脅かす事態がある程度予想されそうな環境のことを指す。

不安な状態で思考をすると、悲観的な認知バイアスが働くことが分かっている。つまり、不安を感じている脳があいまいな情報を処理すると、考えられる複数の解釈の中からより悲観的なものが選ばれがちだ。不確実な状況に直面した脳は、脅威を過剰に認識して恐ろしい結果を予想する傾向がある。脳がそのように設計されている理由は容易に理解できる。罰環境では、安全で快適な環境に置かれている場合に比べて、あいまいなデータをより危険なもの、望ましくないものとして解釈するほうが賢明だろう。

くだんの科学者たちもまさにそのとおり、ミツバチの判断に悲観的なバイアスを見出した。揺さぶられたミツバチは揺さぶられていない対照群に比べて、砂糖とキニーネが2対1の液体に口を付けないことが有意に多かった。揺さぶられたことでミツバチが影響を受け、あいまいな匂いをまずい液体のものと解釈するようになったのだ。この結果は、揺さぶられたミツバチが対照群に比べて「間違い」を犯しやすくなったと解釈したくなるかもしれない。「情動は良い意思決定を妨げる」というストーリーにはぴたりと当てはまる解釈だろう。しかしこの制御下での実験で明らかになったとおり、実際には、ミツバチの判断が脅威を重視する方向に合理的にシフトしたのだ。

揺さぶられたことで掻き立てられる不安は、エンタープライズ号のパイロットの判断にも影響を与えたに違いない。人もミツバチと同じく外界の混乱に見舞われると不安になって、同様に情報処理が影響を受ける。生理学的にも同じことが言える。不安を感じたミツバチでは神経伝達物質であるドーパミンとセロトニンの血リンパ中の濃度が下がり、人も不安を感じると同様の反応を示すのだ。

くだんの研究者たちは次のように記している。「負の感情価を帯びた出来事に対するミツバチの反応は、これまで考えられてきたよりも脊椎動物のものと共通点が多いことが示された。このことから、ミツバチは情動を表出しているものとみなせると考えられる」。彼らはミツバチの振る舞いから人の振る舞いが連想されると述べているが、私に言わせると逆に、振動を受けて揺さぶられたあのパイロットの状況からミツバチの状況を連想してしまう。何か深いレベルで我々とミツバチのあいだには、情報処理のしかたに関する意外な驚きの共通点がある。情報処理は「理性的」な作業であるだけでなく、情動と深く絡み合っているのだ。

感情神経科学によれば、生物学的な情報処理を情動と切り離すことはできないし、切り離すべきでもない。人の場合、情動は理性的思考と対立するものではなく、理性的思考の道具の一つである。これ以降の章で見ていくとおり、ボクシングから物理学、さらにはウォール街に至るまでさまざまな取り組みにおける思考や意思決定にとって、情動は成功のために欠かせない要素なのだ。

情動研究の歴史

我々の精神プロセスはあまりにも謎めいていて、脳が臓器の一つであると認識されるよりもはるか以前から数々の思索家がその正体に取りつかれていた。それについていち早く思索してもっとも大きな影響を与えたのが、かのプラトンである。プラトンは人間の魂を、翼の生えた2頭の馬が御者に促されて引く二輪馬車にたとえた。一方の馬は「腰が曲がっていて動きが鈍く、……身体は黒っぽくて目は灰色、顔が血のように赤く、……鞭や拍車を入れてもほとんど言うことを聞かない」。もう一頭は「姿勢が良くて均整が取れており、……誇り高く……真の栄光を守る。鞭を当てられなくても、言葉と指示だけでそのとおりに動く」

情動がどのように行動を促すのか、それについて我々の語る事柄の大部分が、このプラトンの二輪馬車によく表現されている。黒い馬は、食べ物や飲み物、セックスに対する原始的欲求を表している。もう一方の馬は、人間のもっと高度な本性である、目標を達成して大きな事を成し遂げたいという情動的衝動を象徴している。御者は理性的な心を表しており、自身の目的のために2頭の馬を操ろうとしている。

プラトンのこの見方によれば、有能な御者は白い馬を促して黒い馬を抑えることで、両方の馬が高く昇っていくよう調教する。さらに、手際の良い御者は両方の馬の望みに耳を傾け、馬たちの推進力を正しい方向に向けさせて互いの調和を取る。理性的な心の役割は、自分の衝動や欲求を把握して制御し、目標に照らして最適な道を選ぶことである。いまではそれは思い違いだったことが分かっているが、このように理性的な心と非理性的な心を分けるという考え方は、西洋文明の主要な概念の一つとなった。

プラトンは情動と理性が調和して働くととらえたが、それから何百年かのあいだに、人の精神生活におけるこの2つの側面は互いに逆向きに作用するとみなされるようになっていった。理性はより優れていて、神聖であるとすら見られるようになった。一方、情動は避けたり抑えたりすべきものとなった。のちのキリスト教哲学者たちもこの見方を一部取り入れた。そして欲求、性欲、激情は高潔な人間が避けるべき罪としてひとまとめにされ、愛情や思いやりは美徳とみなされるようになった。

「情動（emotion）」という言葉が生まれたのは、17世紀にロンドンで活躍した医師トーマス・ウィリスの著作による。ウィリスは解剖学にも熱心に取り組み、治療の甲斐なく死んだ患者の多くを解剖していた。瀕死の患者は、生きようが死のうが主治医を喜ばせることになると知って気が気でなかったことだろう。しかしウィリスには死体の調達先がもう一つあった。イングランド王チャールズ一世から、絞首刑に処された罪人の死後解剖をおこなう許可を得ていたのだ[4]。

ウィリスは研究を通じて、今日でもなお調べが進められている脳の構造体の多くを特定して命名した。さらに重要な業績として、多くの犯罪者の異常行動がそれらの構造体の具体的な特徴にさかのぼれることを発見した。のちの生理学者がこのウィリスの研究成果に基づいて、動物の反射的反応を調べた。その結果、驚いてひるむなどの振る舞いは神経と筋肉に支配された純粋に機械的なプロセスに由来しており、そこには何らかの運動が関わっていることが明らかとなった。それからまもなく、ラテン語で「運動すること」を意味するmovereをもとにして、英語でもフランス語でも“emotion”（情動）という単語が生まれた。
emotion（情動）からmotion（運動）というニュアンスが拭い去られるのには２００年ほどかかった。この単語が初めて現在の用法で使われたのは、エディンバラ大学の道徳哲学教授トーマス・ブラウンが１８２０年におこなった連続講義でのことだった。その内容をまとめた書物は大評判となり、何十年ものあいだに20回も版を重ねた。[5] ブラウンの講義の様子は、詩人ウォルター・スコットの娘婿であるジョン・ギブソン・ロックハートのおかげで垣間見ることができる。エディンバラの社会を描いたロックハートの小説の中にその記述があるのだ。ブラウンは「嗅ぎたばこ色の上着ともみ革の胴着の上に袖の広い黒い外套を羽織り、楽しげな笑みを浮かべて現れた」。話し方は「明瞭で品があり」、自身の考えを詩の引用で脚色していた。

　この講義の中でブラウンは、情動を体系的に研究するよう提唱した。すばらしい考えだが、ハードルはすさまじく高い。当時、初の科学哲学者とも呼ばれるオーギュスト・コントが6つの「基礎科学」として数学・天文学・物理学・化学・生物学・社会学の研究を進めていたが、そこに心理学は含まれていなかった。それもそのはず、ジョン・ドルトンが化学の基本法則を、マイケル・ファラデーが電気と磁気の原理を発見した一方で、心の基礎科学はいまだ存在していなかったからだ。そんな状況をブラウンは変えたいと思った。そして情動を、「いずれも感情によって理解できる、感情・快楽・熱情・心情・愛情の状態」と定義しなおした上で、それをいくつかのカテゴリーにまとめ、科学的に研究するよう提唱した。

　ブラウンは科学哲学者としての長所をいくつも兼ね備えていたが、元気でありつづける資質は持ち合わせていなかった。1819年12月、講義の最中に倒れたのだ。そこで医師の勧めで、ロンドンで「転地療法」を受けることになった。そして著作が世に出る直前の1820年4月2日に世を去った。42歳だった。ブラウン本人は自分の考えがどんな影響を与えるかを知るよしもなかったが、この講義に促されて数々の学者がそれから何年もかけて情動について思索を進めた。今日ではブラウンの名はほとんど知られていないし、墓も荒れ果てている。しかし死後数十年のあいだは、人間の心に関する洞察ゆえかなり有名な人物だった。

情動の研究を次に大きく前進させたのはチャールズ・ダーウィンで、彼は1836年にビーグル号での航海から戻るとこのテーマについて思索を始めた。それまでは必ずしも情動に関心を持っていなかったが、進化論の構築に取り組みはじめると、生命のあらゆる側面を綿密に調べて、進化のパズルにそれらがどのように当てはまるかを解き明かそうとした。しかし情動は難物だった。当時広く受け入れられていたように、情動が非生産的だとしたら、なぜそんなものが進化したというのか？　今日では情動が非生産的でないことは分かっているが、ダーウィンにとってこの難題は自然選択説の試金石となった。一見したところ不利益をもたらす情動を、どのように動物の振る舞いに当てはめればいいのか？　それまでこの分野はほとんど研究されていなかったが、それでもダーウィンはこの答えを見つける決心を固めた。そして何十年もかけてその答えをまとめ上げた。

進化における情動の役割

ダーウィンがもっとも詳しく調べたのは、人間以外の動物である。単純な動物のほうが情動の働きが明瞭な場合が多いからだ。たとえば我々の生活において不安の果たす役割は複雑かつ変化しやすく、我々の進化する以前の自然界における役割とは大きく異なる。しかし、動物界において不安の果たす建設的な役割はもっと単純で読み取りやすい。例としてアカオタテガモという鳥について説明しよう。

進化できるかどうかは交尾の成否にかかっているので、どんな生物種の生殖器も、その生物種が直面する特定の環境に適応している。アカオタテガモの場合、雌の生殖器は好ましくない雄を受け入れないように進化しており、雌が正しい姿勢を取って雄が完全に挿入できない限り受精しないようになっている。そのおかげで雌は交尾相手を選り好みすることができる。そしてもちろん雄もそれに応じて進化している。

夏のあいだ、雄は雌に似た地味な羽毛を生やして、捕食者の目を惹かないようにしている。しかし冬の繁殖期が近づくと、まるでロレックスと金のネックレス張りに、濃い赤褐色の羽毛を生やしてくちばしを明るい青色に変え、好みのうるさい雌にアピールする。きらびやかな恰好を見せびらかす上に、尾羽をピンと立てながら膨らませた首をくちばしで叩くという、変わった求愛行動をおこなう。明るい羽毛とくちばしはオフシーズンのカモフラージュよりも危険をはらんでいるが、そこがまさに狙いなのかもしれない。体力があるから捕食者に見つかっても恐れる必要はないというメッセージを送って、自分の身体能力を雌にアピールしているのだ。

このシステムはかなりうまく機能するが、あと一つ調節しなければならないことがある。雌の生殖器が挿入しづらいようにできているため、雄の生殖器は交尾を成功させるためにものすごく長くなければならず、ときに体長と同じくらいに達することもある。しかしそんなに長い生殖器をいつもぶら下げているのは大変なので、明るい羽毛と同じく繁殖期が終わると抜け落ちて、毎年生え替わるのだ。

アカオタテガモはこのようにペニスが毎年抜け落ちることを不安に思ってはいないようだが、暴力の脅威については確かに不安を抱いている。身体の大きい雄は小さい雄をいじめることがある。しかし身体的な衝突が起こる頻度は低い。攻撃される不安を感じた弱い雄は、派手な色の羽毛を早く脱ぎ捨てるとともに、はるかに小さい生殖器を生やす。そうすると繁殖期に競争にさらされにくくなり、攻撃の的になることが少なくなる。進化においてこの社会的原動力は、霊長類などの社会性動物における優劣順位と同じような役割を果たしている。大怪我や死につながりかねない代償の大きい戦いに頼らずに衝突を解決するとともに、群れの中での順位を維持するのに役立っているのだ。

アカオタテガモが不安の情動をどの程度意識的に「感じている」のかは誰にも分からないが、その情動によって生じる体内の生化学的変化を測定することはできる。学術誌『ネイチャー』にその研究の総説論文が、「カモどうしの性競争がペニスのサイズに無秩序をもたらす」というタイトルで掲載されている。[6] この「無秩序」が、より力の強い雄に交尾相手を選ばせ、無用な暴力の可能性を最低限に抑えることで、種全体に進化的メリットをもたらすのだ。少なくともこの例の場合、進化のダンスにおいて不安がポジティブな役割を果たしているのは間違いない。

人間の多くの情動に関しても、進化におけるその役割はかなり明らかだ。我々が赤ん坊と呼んでいる性交の副産物に対して抱く感情を考えてみよう。いまからおよそ200万年前、我々の祖先であるホモ・エレクトスがそれまでよりもはるかに大きな頭蓋骨を進化させ、脳の前頭葉・側頭葉・頭頂葉が肥大化できるようになった。そうして我々は新型モデルのスマートフォンのように計算能力を大幅に高めた。しかしそれはいくつかの問題も引き起こした。新たな人間はスマートフォンと違って古い人間の産道をくぐり抜けなければならないし、おめでたの瞬間まで母親自身の代謝活動に支えてもらわなければならない。

このような難題ゆえ、人間の赤ん坊は霊長類の基準よりも早く生まれ出るようになった。人間の子供の脳がチンパンジーの誕生時と同じくらいまで発達するには18か月の妊娠期間が必要だが、それでは赤ん坊が大きくなりすぎて産道から出てこられなくなってしまう。早く生まれ出ることでいくつかの問題は解決できるが、代わりに別の問題が生じてしまう。誕生時の人間の脳は十分に発達していない（成人の脳と比べてサイズがわずか25%、それに対してチンパンジーの赤ん坊は40〜50%である）ため、人間の親は何もできない赤ん坊を何年も世話するしかなく、その期間はチンパンジーの約2倍にも達するのだ。[7]

何もできない赤ん坊の世話をするのは、人生の中でも最大の難題の一つだ。先日、15か月前に子供が生まれてイクメンになった友人とランチをした。彼は大学でサッカーをやっていて、のちにとあるベンチャー企業のCEOになった。しかしどちらの難題でもへとへとに疲れるようなことはなかった。ところがこのときのランチでは、むっつりしていて疲れきり、痛む背中を丸め、足を引きずるように歩いていた。要するに彼にとって自宅での育児は、軽症のポリオと同じような影響をおよぼしていたのだ。

それは珍しいことではない。人間の子供はすさまじい量の世話を受けなければならない。西洋社会ではベビーシッターはもっとも避けられる職業の一つだが、それは社会にとって大きな損失といえる。初子が生まれるまで、子供ができたら大パーティーだと思っている人がいる。しかしそういう人は、大パーティーには代償が付きもので、赤ん坊のための清掃員・配膳係・警備員として働かなければならないことに気づいていない。

子供にミルクをあげるのにどうして一晩に3回も起きないといけないの？　どうして苦労してうんちを拭かないといけないの？　ゲータレードの瓶にそっくりな銀の研磨剤をしまってある戸棚に、どうして忘れずに鍵を掛けないといけないの？　進化はこのような作業を駆り立てる情動をもたらしてくれた。親の愛情である。

どんな情動も、進化上の何らかの目的を達成させるような形で我々の思考を変化させる。アカオタテガモにとって繁殖期の不安が命の歯車の一つであるのと同じように、人間にとって親の愛情が人生の歯車であるのは間違いない。進化に操られているから子供を愛するのだとしても、その愛情が弱まることはない。我々の人生を豊かにするその賜物（たまもの）の由来が明らかになるだけだ。

情動の役割を解き明かそうとしたダーウィンは、今日の我々と違って基礎的知見もテクノロジーも持ち合わせていなかったし、北アメリカの固有種であるアカオタテガモを調べることもなかった。しかしほかに数多くのカモの羽毛・骨格・くちばし・脚・翼・行動を事細かに調べた。ハトや家畜を育てている人にも話を聞いた。ロンドン動物園でオランウータンなどの類人猿やそれ以外のサルも調べた。

ダーウィンは、筋肉、とくに顔の筋肉の動きや形といった外見上の特徴に注目すれば、情動の目的に関する知見を集められるはずだと考えた。そこで動物の示す、一見人間に似た表情について膨大な記録を取った。そうして、動物も「我々と同じ情動によって奮い立つ」と確信するようになった。さらに、言語能力を持たない動物でも外見上の情動のサインを使って互いに感情を伝え合っており、いわば心を読むことができるのだと考えるようになった。[8]『ロミオとジュリエット』の幕が降りてイヌが泣くことはないかもしれないが、ダーウィンはイヌの目をじっと見つめて愛情を感じると思った。

ダーウィンは人間の情動についても調べ、そこでもやはり身体的表現に注目した。まずは世界中の宣教師や探検家にアンケートを配って、さまざまな民族集団の情動表現について尋ねた。また、さまざまな感情を表現している役者や赤ん坊の写真を何百枚も調べた。幼い我が子ウィリアムの笑顔やしかめ面についても記録した。そしてこうした観察から、それぞれの情動が生み出す表情は、人間以外の各種哺乳類に見られるのと同じように、すべての文化に共通していて特徴的であると考えるようになった。笑顔になる、しかめ面をする、目を見開く、髪の毛を逆立てるといった表情はすべて、人類の進化の初期に有用だった身体的表現に由来しているというのだ。たとえばヒヒは、攻撃的なライバルに出くわすと歯をむいて、戦闘態勢であることを相手に伝える。オオカミも歯をむいたり、逆に背中を下にして地面に転がり、降参の意思を伝えたりすることがある。

ダーウィンは、我々のさまざまな情動は古代人から受け継がれたもので、古代人の暮らしでもそれぞれの情動が特定の欠かせない役割を果たしていたと結論づけた。情動は根本的に非生産的であるという、何千年にもわたる一般的な見方から大きく踏み出した革新的な考え方だった。

その一方でダーウィンは、人類は進化の途中のある時点でもっと優れた情報処理法、すなわち非理性的な情動を覆すことのできる理性的な心、「神のような気高い知性」を編み出したと考えた。そして情動は建設的な機能を失ったと信じたが、それは間違いだった。ダーウィンの見方では、我々の情動はかつての進化段階の名残にすぎず、尾骨や虫垂のように無用で非生産的、ときに危険をもたらすこともあるというのだ。

情動に対する伝統的な見方

ダーウィンはようやく1872年になってこれらの結論を、著書『人及び動物の表情について』で発表した。この著作は情動に関する文献としてプラトン以後でもっとも大きな影響をおよぼし、それから100年後の最近になるまで支配的な見方だった情動の「伝統的」理論のきっかけとなった。この伝統的理論の根本的な教義は次のとおりである。すべての人が同じ少数の基本的情動を持っていて、それらの情動は一定の引き金によって起こり、特定の行動を引き起こす。そしてそれぞれの情動は脳内にあるそれ専用の構造体の中で生じる。

ダーウィンの考え方に根ざした情動の伝統的理論は、脳とその進化に関する「三位一体モデル」と呼ばれるものと密接に結びついている。カール・セーガンがベストセラー『エデンの恐竜』でこのモデルを世に広め、ダニエル・ゴールマンがそれに基づいて1995年出版のベストセラー『EQ　こころの知能指数』を著した。1960年代から2010年頃までに書かれたほとんどの教科書、およびいまでも多くの教科書に示されているとおり、三位一体モデルでは、人間の脳は洗練度の異なる（進化的に時代の異なる）3つの層からできているとされる。いちばん深いところにある爬虫類脳（トカゲ脳）は、基本的な生存本能の座。中間にある辺縁脳（情動脳）は、先史時代の哺乳類から受け継いだもの。そしていちばん外側にあってもっとも洗練された新皮質が、理性的思考のパワーの源とされている。これらは、プラトンの言う黒い馬、白い馬、御者におおよそ相当する。

三位一体モデルによると、爬虫類脳は人間の脳の中でももっとも古い構造体からなっていて、脊椎動物のうちもっとも本能的である爬虫類から受け継いだ。それらの構造体は身体の調節機能を司っている。たとえば血糖量が下がると空腹感を生み出す。

空腹のときに獲物を見つけると、爬虫類なら間違いなく攻撃するだろうが、ネコなどの哺乳類ではその獲物をもてあそぶことがある。人は食料を目にしてもいったん立ち止まって、しばらく喜びをかみしめるかもしれない。三位一体モデルによると、このような複雑な振る舞いを引き起こすのは、爬虫類にはない辺縁脳である。辺縁脳は、恐怖・怒り・悲しみ・嫌悪・喜び・驚きという、伝統的理論における基本的情動の座であるとされている。

最後に、辺縁脳の上に位置する新皮質は、我々の理性、抽象的思考、言語能力や計画立案能力、意識的経験の源である。新皮質は2つの半球に分かれていて、それぞれの半球がさらに、前頭葉・頭頂葉・側頭葉・後頭葉というそれぞれ機能の異なる4つの葉（よう）に分かれる。たとえば視覚はおもに後頭葉が担っている。前頭葉には、人間で発達している能力や、人間に特有の能力を担う領域がいくつかあって、たとえば複雑な言語処理は前頭前皮質が、社会的情報処理は眼窩（がんか）前頭皮質（前頭葉の一部）が担っている。

三位一体モデルの3つの階層は、情動の伝統的理論と密接に関係している。知能の中枢である新皮質は、情動的生活を生み出す上でほとんど、あるいはいっさい役割を担っていない。それどころか、情動によって生じる非生産的な衝動をことごとく律している。このモデルでは、情動はもっと下の層に由来する。それぞれの情動は外界の特定の刺激によって引き起こされ、反射作用にきわめて近い。引き起こされた情動はそれぞれ特徴的なパターンの身体的変化を生み出す。その際には、各種の知覚および、心拍数や呼吸のパターン、表情筋の形などさまざまな身体的反応が関わる。この見方によれば、同じ状況からはほぼいつでも同じ情動反応が引き起こされるし、その情動を生み出す構造体が損傷していない限り、あらゆる文化のほぼどんな人でも同じ反応を示すことになる。

三位一体モデルでは、情動と脳の構造、進化とがしっかりと対応している。唯一の問題点は、正確でないこと、せいぜい言って大幅に単純化されすぎていることである。神経科学者はいまでもこのモデルを便宜的に使っているが、文字どおりに受け止めると誤解につながってしまう。一つの問題としてこのモデルでは、各層どうしが大量に情報を交換し合っていることが考慮されていない。たとえば食べ物の匂いによって辺縁脳で嫌悪感が生じると、それが爬虫類脳に伝わって吐き気を引き起こしたり、新皮質に伝わってその食べ物から遠ざかるよう促したりするかもしれない。さらにそれぞれの情動は、かつて考えられていたのと違ってどこか一つの脳領域に集中してはおらず、もっとずっと広く分散しているらしい。解剖学的にも各層は重なり合っていて、爬虫類脳、辺縁脳、新皮質という分類自体にかなり疑問の余地がある。たとえば眼窩前頭皮質は辺縁脳の構造体とされることも多い[10]。最後に、進化は三位一体モデルに示されているとおりには進まない。3つの層に含まれる各種構造体は互いに異なる時代に生まれたのかもしれないが、新しい構造体が生まれるあいだも古い構造体は進化を続け、その機能も、もっと一般的に脳全体における役割も変化してきた。「〔一層ずつ〕付け足されることで脳が進化してきたのでないことはほぼ間違いない」と、カリフォルニア大学バークレー校の神経人類学者テレンス・ディーコンは言っている[11]。

情動の伝統的理論はいまだに大衆文化に広く浸透しているが、その前提である三位一体モデルと同じようにもはや妥当ではない。かなりおおざっぱな近似にすぎず、たびたび誤解を招く。ニュートンの運動法則と同じように、表面的で直観的な理解には合っているが、さまざまなツールでもっと詳しく調べていくと通用しなくなる。20世紀初めの新技術によって、ニュートンがとらえられたよりも深いレベルで自然界を観察できるようになると、ニュートンの「古典力学」は見せかけにすぎないことが明らかとなった。それと同じように、21世紀のテクノロジーによって情動の表面的な様子の奥を覗く手段がもたらされ、その結果として情動の伝統的理論も間違いであることが明らかとなったのだ。

情動が防いだ世界核戦争

1983年8月30日午前0時すぎ、大韓航空007便がニューヨークのジョン・F・ケネディ空港からソウルに向けて離陸した。乗員23名、乗客246名。米韓相互防衛条約30周年記念式典に出席する予定の、ジョージア州選出の極右の下院議員ラリー・マクドナルドも搭乗していた。『ニューヨークポスト』紙によると、リチャード・ニクソン元大統領もマクドナルドの隣の席に座ることになっていたが、直前で取りやめていたという。
当機のボーイング７４７はアンカレッジで給油したのちに再び離陸し、韓国を目指して南西に向かった。しかしおよそ10分後、針路が北に逸れはじめる。その30分後、アラスカ州キングサーモンにある米軍の自動レーダーシステムが、本来の位置よりも約20キロメートル北を飛行する当機を捕捉したが、担当兵士はそれに気づかなかった。大韓航空００７便はそれから5時間半にわたって同じ経路を飛行しつづけた。

現地時間午前3時51分、当機はソ連のカムチャツカ半島に設けられた飛行制限空域に進入した*。ソ連軍は1時間にわたって当機を追跡したのち、視認のためＳｕ-15戦闘機とＭｉＧ-23戦闘機を向かわせた。「2列に並んだ窓が見えて、ボーイングだと分かった。でもそんなことは関係ない。民間機を軍用機に転用させるのなんて簡単なんだから」とのちに隊長は語っている[12]。隊長は、領空侵犯していることに気づかせて誘導着陸させるために、警告射撃をおこなった。しかしボーイングはそれに気づかなかった。あいにくこのとき、大韓航空の機長は東京航空管制センターに無線で、燃料節約のため高度を上げる許可を求めている最中だった。高度変更は許可された。ボーイングが減速して上昇しはじめたのを、ソ連軍のパイロットは非協力的な回避行動と解釈した。民間機かもしれない航空機を撃つのに不安を感じたものの、軍の規定に従って当機に空対空ミサイルを2発発射した。ボーイング７４７は被弾して急降下し、海上に墜落した。乗客乗員全員が死亡した。

この事件を受けてＮＡＴＯは次々に軍事演習をおこなった。すでに１９６０年代のキューバ危機以来のレベルに達していた米ソ間の緊張がさらに高まった。アメリカ大統領ロナルド・レーガンがヨーロッパに新たなミサイルシステムを導入した上に、ソ連を「悪の帝国」と呼んでおり、ソ連軍上層部はアメリカとレーガンの意図に疑念を深めていた。一方、ソ連の何人かの高官が、アメリカはソ連への先制核攻撃をもくろんでいるとして公に懸念を示していた。ソ連の最高指導者ユーリ・アンドロポフもそのような懸念に駆られたという。ソ連軍は秘密裏に、核攻撃を検知するための情報収集計画を立ち上げていた。また飛来する核ミサイルを捕捉するために、衛星システムの補完として国境地帯に地上レーダーを何基も配置していた。

大韓航空機撃墜事件から1か月も経たないある日、44歳のソ連軍中佐スタニスラフ・ペトロフが、早期警戒システムをモニタする秘密の地下指令壕で夜間当直についていた。厳しい訓練を受けていて、任務も明確だった。警戒システムの発する警報を確認して、上官に報告することだ。しかしペトロフは同僚たちと違って職業軍人ではなく、技術者としての訓練を受けていた。

その晩、ペトロフが当直についてから数時間経ったときのこと、警報音が鳴り響いてモニタが明るくなった。バックライトの点いたスクリーンに「発射」の文字が表示された。心拍数が上がり、身体中をアドレナリンが駆けめぐった。ペトロフはショック状態に陥った。するとすぐさま警戒システムが、もう1発発射されたと伝えてきた。さらにもう1発、もう1発、もう1発。警戒システムは、アメリカがミニットマン大陸間弾道ミサイルを5発発射したと知らせていた。

ペトロフの従うべき手順書には、警報を上官に報告するかどうかはコンピュータの出力のみに基づい

＊当機はすでに日付変更線を越えていて、日付は1983年9月1日になっていた。

て決定すべしとはっきり記されていた。ペトロフがコンピュータをチェックすると、警報の信頼度は「最高レベル」となっていた。警報の根拠となるデータは30もの検証段階をパスしていた。ペトロフがやるべきはただ一つ。受話器を取って、直通回線でつながったソ連軍最高司令官にミサイル発射の旨を報告すること。報告すればただちに大規模な報復攻撃が始まることは分かっていた。核戦争が勃発するだろう。ペトロフはすさまじい恐怖に駆られた。誤警報である可能性がわずかながらあるが、それでも自分が報告したらこの文明は終焉(しゅうえん)を迎えるだろう。しかし報告しなければ任務を放棄したことになってしまう。

ペトロフはためらった。コンピュータの伝えるデータにも、自分が受けている命令にも、あいまいな点は何一つない。しかし自分の中の何かに促されて、誤警報である可能性に思考が向いた。そして考えはじめた。あらゆる予防措置が講じられているのにこんな重大なエラーが起こるなんて、想像もつかなかった。時間がない。何らかの行動を取らなければならない。ものすごい重圧。命令とデータに基づいて単純な論理的分析をすれば、攻撃の事実を報告するのが正しい。しかしペトロフは、誤警報である証拠が何一つないのに、上官に報告しないという決断を下した。第三次世界大戦の勃発を回避したいという情動に基づいて、ソ連軍司令部の当直士官を呼び出し、システムが誤作動したと報告したのだ。

同僚の職業軍人ならけっして命令に背かないことは分かっていたが、自分は命令に違反した。そして待った。もしも判断が間違っていたら、祖国の一方的な破滅を招いた国家史上最悪の反逆者になってしまう。しかしもしそうなったとして、それに何の意味がある？　刻々と時が過ぎる中、ペトロフは自分が正しかった確率を五分五分と見積もった。20分ほど過ぎてようやくため息をついたと、のちに語っている。後日の調査により、ノースダコタ州上空に浮かぶ高高度の雲の雲頂と太陽とが偶然重なって、反射した太陽光をソ連の人工衛星が複数のミサイルの炎と誤認したことで、誤警報が発せられたことが判明した。

我々の直面するさまざまな状況にどんな意味があるかを判断する上で、情動は助けになる。とりわけ、複雑であいまいな状況、そして素早く決断を下さなければならない状況では、情動は正しい方向へ導く内なるガイドとして振る舞う。一見したところペトロフの決断は、どこからともなく生まれたように思えるかもしれない。しかし実際には、過去のあらゆる経験に基づいて瞬時に湧き上がってきた、理性的分析とは辻褄の合わない情動の産物だった。大韓航空機を撃墜した規律正しい戦闘機パイロットと違って、ペトロフは情動の指図に身を委ねたのだ。

心の問題はきわめて重要だが、解き明かすのもとりわけ難しい。新たな情動の科学によって我々自身に関する知識は拡大してきた。そしていまでは、情動は脳の神経回路にしっかりと組み込まれていて、「理性的」思考のための回路と切り離せないことが分かっている。理性がなくても生きることはできるかもしれないが、感情がなければいっさい動けないだろう。情動はあらゆる高等動物が持っている精神のメカニズムの一部だが、我々の振る舞いにおいて情動の果たしている役割は、理性にも増して我々とほかの動物を大きく分け隔てるものなのだ。

第2章 情動の目的

——情動の進化上の目的と、昆虫から人間まで動物における情動の違い

反射的反応のパワー

出張中のホテルでビールを一杯やりたくなったので、深夜のルームサービスを呼んだ。すると45分くらいかかるという。そんなに待てない。単純な注文なので、「急いでくれない？」と頼んだ。ところが「すみません、できません」という返事。2日後の晩、また同じことになった。そこで今度は違う戦法を取ってみた。「急いでくれない？　もっと早く飲みたいんだけど」。すると今度は、「かしこまりました。すぐに準備して持って上がります」という返事が返ってきた。なんということのないこぼれ話だが、このような効果は実際に科学的に研究されている。決まりきった頼みごとをするときには、どんなに当

たり前で些細なことであっても理由を付け加えれば、聞き入れてくれる可能性が高くなるのだ。[1] 相手はたいてい理由なんてほとんど考えない。そのため、理由の中身でなく、理由を言われたという事実だけで、協力したいと思ってしまうのだ。このように「何も考えずに」おこなう反応のことを、心理学では「反射的反応」という。これは、刺激から反射への結びつきが次の3つの条件を満たすものを指す。（1）特定の出来事や状況によって引き起こされる。（2）特定の振る舞いが生じる。（3）刺激が与えられるとほぼ毎回起こる。

反射的反応の中でももっとも有名なのが、弛緩（しかん）状態の膝の腱（けん）を叩くことで起こる「膝蓋腱（しつがいけん）反射」である。反応するかどうかは、どのような刺激が与えられるかによる。ハンマーを振りかざす医者の動画を観ても反応しないし、ドアがバタンと閉まる音に驚いても脛（すね）は動かない。一方、どのような反応が起こるかは一定である。膝を叩くと、頭を振ったり椅子から飛び上がったりすることはなく、脛が動くだけだ。最後に、反応するかどうかは前もって予測できる。ほぼ毎回反応するし、反応しないようにするのはかなり難しい。このような反射がなぜ必要かというと、身体のあらゆる動きをいちいち考えていたら何もできないからだ。歩くことを考えてみよう。思考せずにおこなわれるさまざまな種類の反射（膝蓋腱反射を含む）が歩行を司っており、脳が脊髄神経に漠然とした指令を伝えるだけで、いくつもの筋肉が協調して動いてくれるのだ。

膝蓋腱反射のような身体的反射が起こる上で、心は必要ない。脳を完全に切除しても、脊髄が完全な形で残っていれば膝蓋腱反射は起こる。しかし反射的反応の中にはもっと高度なものもある。その一つのタイプが「定型的動作パターン」または「スクリプト（台本）」と呼ばれるものだ。これは、よくある状況に置かれたときに脳が従う小さなプログラムのことである。車で通勤中に、あるいは、何か考え事をしたり会議に出席したりしながら無心でものを食べている最中に入ることのある「オートパイロットモード」が、このカテゴリーに入る。動物の行動の大部分もそうで、あたかも愛情や思慮に満ちているように見えるものも含む。たとえば、親鳥は雛が口を開けるとその中に餌を入れる。しかし相手が自分の子供でなくよその子供でも、さらには鳥の雛でなくても、同じくこの行動を取る。大きく開いた口のように見えるものがきっかけで演じられる台本なのだ。YouTubeには、口を開けた金魚に小鳥が近づいていって餌を与える動画まで上がっている[2]。

さらに複雑な精神的反射としては、特定の社会的状況に対してしばしば起こる強い反射、いわば心理的な「押しボタン」とも言えるものがある。膝の腱を叩かれると脛が持ち上がるのと同じように、ある経験が引き金となって過去の癒やされていない問題が頭の中に甦ってくると、心理的な「押しボタン」が押されることがある。よくある引き金としては、誰かに無視される、ルールを破られる、嘘をつかれる、けなされる、あるいは、「お前は絶対に……」とか「お前はいつでも……」などといった言い方をされることなどが挙げられる。引き金と反応のサイクルの形成に情動が関わっているかどうかにかかわらず、このような出来事によって即座に無意識の反応が起これば、それは膝蓋腱反射に相当する精神的反射であるといえる。

臨床心理士はこの問題をしょっちゅう相手にしている。同僚や友人、家族にこのような押しボタンを押されてしまうと、大変なことになりかねないのだ。それ以外の関係性が良好であっても、衝突の応酬に陥りかねない。友人や家族に押しボタンがあることが分かったら、それを押さないようにするのが肝心だ。自分に押しボタンがあるのに気づいたら、それが利かないように努めるのが良い。たとえば自宅で働く私の友人は、集中しているときに夫が仕事場に入ってくるとつい怒鳴ってしまうという。子供の頃にプライバシーがほとんどなく、個人空間も守られていなかった彼女は、それが押しボタンになっていることに気づいた。するとそれ以降は、夫がたびたび邪魔をしてきても以前ほど気にならなくなったし、なるべく邪魔をしないでくれと落ち着いて頼めるようになった。押しボタンが押されたことに気づけるようになって、意識的に反応を変えるだけで、問題が改善することも多い。ちょうど、オートパイロットモードで運転中に意識的な制御に切り替えて、前方の渋滞箇所を回避するルートに切り替えるようなものだ。

　反射的反応なんて原始的で取るに足らないものと無視したくなるかもしれないが、実は強力で、人間以外の動物にとっても我々人間にとっても重要な動作モードの一つである。そして単純な動物の場合には、もっとも重要な役割を担っている。

　反射的反応のパワーを物語る例として、もっとも単純な生物である細菌の繁栄が挙げられる。我々人間が長時間働かずに生活費を稼ごうとするのと同じように、細菌という生物マシンは、同じ時間内にできるだけたくさんの食物エネルギーを摂取しようとする。そしてそのために、完全に台本どおりの「行動」を取る。複雑だが自動的な化学的手段を使って、餌に近づいていってむさぼり食い、有害物質を避けるのだ。[3] さらに細菌は、特定の分子を放出して信号を送り合うことで、集団として協力し合うことまでする。[4]

「細菌の『行為』は目を見張るほど多様である」と神経科学者のアントニオ・ダマシオは記している。[5]

細菌は互いに協力し合い、非協力的な個体を避ける（「鼻であしらう」と表現する研究者もいる）。ダマシオはその一例として、複数の細菌集団にフラスコの中の資源を巡って競い合うよう仕向けた実験について述べている。一部の細菌集団は攻撃的に見える反応を示し、戦い合って大きな損失を出した。一方、ほかの細菌集団は仲良くし合って生き延びた。この状態が数千世代にわたって続いたのだ。我々人類におけるスパルタやナチスドイツ、そして平和主義国家と同じものが、大腸菌の世界にも存在するのだ。

我々人類は成長して、反射的反応に支配されるたぐいの生活からは卒業しているが、そのような反応はほとんどの人が気づいている以上に我々の行動を左右している。たとえば、学生の実験協力者が通りすがりの人に小銭をせびるという設定の、互いによく似た2つの実験について考えてみよう[6]。一方の実験はサンフランシスコのショッピング街で、もう一方の実験はサンタクルーズの埠頭の屋外でおこなわれた。いずれの実験でも、物乞いに扮した学生はTシャツにジーンズといったいかにも学生らしい服装をして、相手から1メートル以上の距離を取りながら小銭をせびった。通行人のうち半数（対照群）には、25セントまたは50セントをくれるよう頼んだ。どちらの額でも成功率はだいたい同じで、17％の場合にお金を恵んでもらえたが、「仕事しろ」とか「ここでは物乞いは禁止だ。牢屋はきっと楽しいぞ」などと侮辱されることもあった。しかし大多数の通行人は無視して歩き去った。これらの地区には物乞いが大勢いたため、研究者たちは、頭で考えてからお金を恵んでやる通行人なんてほとんどいないのではないかとにらんだ。おおかたの人は、「物乞いからお金をせびられたら無視せよ」といった頭の中のルールに基づいて、自動的に反応したというのだ。

そこで研究者たちは次のような仮説を立てた。この台本を混乱させて通行人がじっくり考えたくなるよう仕向ければ、物乞いの成功率が上がるかもしれない。そこで残り半数の通行人には、聞いたことのないような頼みごとをした。「ねえねえ、37セントくれない？」。対照群における25セントと50セントのだいたい中間の額だ。狙いは、通行人が半端な数を聞いて注意を向け、頭の中のルールを当てはめるのをやめて要求の内容を意識的に考えるよう促すことだった。この策は功を奏し、サンフランシスコでの実験ではお金をもらえる確率が17％から73％に上昇した。ふつうならほとんど注意を向けられない状況で、要求に応えさせる確率を高めるこの戦法は、ピークテクニックと呼ばれている。あなたもたびたびお目にかかっているかもしれない。私も、制限時速33マイルとか店頭商品17・5％オフといった中途半端な表示を1度か2度見たことがある。

ここで情動の話に戻ってくる。反射的反応は人が進化を通じて受け継いできた基本的特徴の一つだが、どこかの時点でその方法が改良されて、周囲の困難に対応するためのさらなるシステムが備わった。より柔軟で、それゆえより強力なシステムである。それが情動なのだ。

情動は、我々の心の中でおこなわれる情報処理において、反射的反応の一つ上のレベルに位置する。のちほど見るとおり、ルールに基づいた厳格な反射的反応よりもはるかに優れている。原始的な脳を持つ動物ですら、情動のおかげで、環境に合わせて精神状態を調節できる。それによって、刺激と反応の対応関係を周囲の特定の要素に合わせて変化させたり、さらには先延ばしにしたりできる。人間の場合、情動のもたらすこの柔軟性のおかげで、理性的な心からの入力も受け入れて、より優れた決断やより高度な行動をおこなうことができる。

情動が反射的反応より優れている理由

これまで現代科学では、感情の必要性や、反射的行動と比べたその利点は必ずしも認識されていなかった。それどころか、いまから半世紀足らず前ですら、認知心理学者のアレン・ニューエルや経済学者のハーバート・サイモン（のちに別の研究でノーベル賞を受賞する）などの科学者は、人間の思考は突き詰めれば反射的であると唱えていた。1972年にニューエルとサイモンは、論理やチェスや代数を用いたパズルを被験者に次々に出し、解きながら自分が何を考えているかを声に出すよう指示した。[7]そしてその様子を録音して一瞬ごとの言葉を丹念に分析し、規則性を探した。目的は、被験者の思考プロセスを支配する規則を見つけ出して、人間の思考の数学的モデルを作ることだった。そうすることで、人間の心に関する新たな知見を得て、線形的な論理ステップの限界をはるかに上回る「知的な」コンピュータプログラムを作る方法を発見できればという狙いだ。

ニューエルとサイモンは、人間の理性、すなわち思考は、いくつもの反射的反応からなる複雑なシステムにすぎないと考えていた。正確に言うと、思考は生成規則システム（プロダクションルールシステム）と呼ばれるものでモデル化できるということだ。これは、「もし……ならば、……をせよ」という形の厳格なルールの集まりのことで、全体として反射的反応を生み出す。たとえばチェスにおけるそのようなルールの一つが、「王手を掛けられたらキングを動かせ」というものだ。生成規則を踏まえれば、我々が何らかの決断を下す方法、ひいてはいくつかの行動に光を当てることができる。たとえば人は、

「物乞いからお金をせびられたら無視せよ」といったルールにある程度無意識に従う。人の思考が本当に巨大な生成規則システムにすぎないとしたら、我々はアルゴリズム的なプログラムを走らせるコンピュータとほとんど違いはないことになる。しかしニューエルとサイモンの考えは間違っていて、彼らの取り組みは失敗に終わった。

その失敗の原因を解き明かせば、我々の情動系の目的と機能に光を当てることができる。単純なシステムにおいて完全な行動戦略を組み立てるには、どのように生成規則を組み合わせればいいか、考えてみよう。例として、屋外が氷点下のときに屋内の温度がたとえば21℃から22℃の範囲内に保たれるよう、サーモスタットをプログラムするとしよう。それは次のようなルールを使えば実現できる。

ルール1——温度が21℃未満であればヒーターを入れる。
ルール2——温度が22℃より高ければヒーターを切る。

旧式のヒーターでも最新型のスマートヒーターでも、このようなルールがヒーターの頭脳の土台をなしている。

このような条件付きの命令を組み合わせることで原始的な生成規則システムが作られ、ルールが多いほど複雑な課題を扱うことができる。たとえば小学生に引き算の筆算を教えるには、「下の数字が上の数字よりも大きければ、上の数字の左の数字から1を借りる」といった10個ほどのルールが必要だ。複雑な課題の中にはこのようなルールを何千も必要とするものもある。医療診断や住宅ローンの審査など、特定の課題における人間の判断を真似たプログラム、いわゆる「エキスパートシステム」を構築することもできる。そのような課題に関してはこの方法論はある程度成功を収めている。しかし、生成規則だけでは人間の思考のモデルとして十分でないことも明らかになっている。

ニューエルとサイモンが失敗した根本原因は、人間の生活が多様であることによる。大腸菌などの単純な生物は一連の反射的ルールだけで生きられるが、もっと複雑な生活を送る生物ではそうはいかないのだ。

例として、腐った食べ物や毒入りの食べ物を避けるという一見単純な課題について考えてみよう。そのような食べ物の中には匂いで判別できるものもあるが、そうした「嫌な」匂いには膨大な種類がある。腐った食べ物の中には見た目や味や触感などで見分けられるものもあるが、それにもたくさんのタイプがある。すっぱい牛乳とカビの生えたパンとでは、見た目も匂いもまったく違う。そのような指標の強弱も重要である。見た目はちょっと怪しいが匂いは問題ないのであれば、代わりの食べ物を見つけられる見通しや難しさによっては食べたいかもしれない。見た目がすごく変であれば、匂いが問題なくても避けたいかもしれない。しかし飢え死にしそうだったら、見た目を気にせずに口にするかもしれない。考えられる状況と反応のあらゆる組み合わせに対して、具体的で厳格で許容範囲の狭いルールを当てはめていたら、脳がパンクしてしまうだろう。そこで別の方法論が必要となる。

その方法論を提供してくれるのが情動だ。反射作用では、ある特定の誘因（たとえば牛乳がすこしすっぱい匂いがするが、ここ何日も食べ物を口にしていないし、近くにほかの食べ物や飲み物はないかもしれない）が、それに合わせた自動的な反応（たとえばその牛乳を飲む）を引き起こす。しかし情動の働き方はそれと異なる。誘因はもっと漠然としているし（飲み物の見た目や匂いがおかしい）、それから直接引き起こされるのは行動でなく、強弱さまざまな情動（ちょっと嫌だ）である。すると脳はその情動と、ほかにいくつかの要素（ここ何日も食べ物を口にしていない、近くにほかの食べ物や飲み物はないかもしれない）を考慮して、反応のしかたを「計算」する。こうすれば、一定の誘因／反応のルールを膨大な数取り揃えておく必要がなくなる。しかも柔軟性が大幅に高まるため、さまざまな反応のしかた（何もしないことも含む）を検討して、熟慮の上で決断を下すことができる。

脳は情動に対する反応を決める際に、複数の要素を考慮に入れる。いまの例では、どれだけ腹が空いているか、ほかの食べ物を探しに行くのがどのくらい嫌であるかなど、いくつかの状況を考慮する。そこに関わってくるのが理性的な心だ。情動が引き起こされると、事実や目的や道理、および情動的要素に基づく精神的計算によって行動が導き出される。状況が複雑な場合には、このように情動と理性を組み合わせることで、実行可能な正解をより効率的なルートで達成できるのだ。

高等動物の場合、情動はもう一つ重要な役割を担っている。情動を引き起こした出来事からその反応までのあいだに「遅延」を設けることができるのだ。そのおかげで我々は、ある出来事に対する本能的反応を理性的思考によって巧みに調節したり遅らせたりして、もっと適切な機会を待つことができる。たとえばあなたの身体が栄養分を欲しているとしよう。目の前にはスナックの袋がある。反射的に反応するならば、何も考えずにそれをむさぼり食うだろう。しかし進化によってこのプロセスには一つ余計なステップが挿入されていて、身体が栄養分を欲しがっていても、視界に入った食べ物を自動的に口に入れることはしない。代わりに空腹感という情動を感じるのだ*。その情動によって食べることへと促されるが、この状況に対する反応はもはや自動的ではない。状況をじっくり考えて、スナックは我慢しようと決めれば、夕食のダブルベーコンチーズバーガーのためにお腹を空けておける。

あるいは、ネットがつながらなくて通信会社に電話を掛けたら、担当者に冷たくあしらわれたとしよう。もしもあなたが反射的に行動する動物だったら、相手に食ってかかって「地獄に落ちろ、この間抜け野郎」などと罵声を浴びせるかもしれない。だが実際には、担当者の振る舞いを受けてあなたは怒りや欲求不満などの情動を抱く。あなたの心がこの状況を処理する方法はこの情動から影響を受けるが、それとともに理性的な自己からの入力も受け入れる。それでも相手に食ってかかるかもしれないが、それは自動的ではない。代わりにその衝動を無視して、一度深呼吸してから、「規約は分かりますが、この場合それが当てはまらない理由を説明させてください」などと説きつけるかもしれない。

人間以外の動物、とくに霊長類でも、そのような形で情動が作用することがある。動物行動学者のフランス・ドゥ・ヴァールが著した『チンパンジーの政治学——猿の権力と性』という本を取り上げよう。もしもあなたがチンパンジーだったとしたら、何ともショッキングな一冊である。その中でドゥ・ヴァールは以下のような事例を紹介している。若い雄は受け入れてくれる雌に興奮してもいったん待って、懲らしめに来るかもしれないボスザルに見つからずに交尾する方法を雌とともに探す。[8] またボスザルは、取り巻きのサルを毛づくろいして回っている最中に年下の雄から喧嘩を吹っかけられても無視し、翌日になって報復攻撃をすることがある。母ザルは自分の子供が若いサルに奪われると、そっと後をついていって、子供を怪我させずに取り返すチャンスを待つ。

カリフォルニア工科大学教授で米国科学アカデミー会員のデイヴィッド・アンダーソンは、次のように言っている。「反射的行動では、きわめて特定の刺激から特定の反応が即座に引き起こされる。そのような刺激にしか出くわさず、そのような反応しか必要ないのであれば、これで問題ない。しかし進化のある時点で動物にはもっと高い柔軟性が求められるようになり、それをもたらすために情動の構成要素が進化したのだ[9]」

ショウジョウバエは泣くか

アンダーソンは、人間の情動だけでなく、進化上もっと原始的な生物における情動の役割にも関心を持っている。それは驚くことではない。まだ学部生だった1970年代に初めて研究したのは、ホタテガイが天敵のヒトデに襲われたときに作用する分子シグナルだった[10]。アンダーソンにとって情動を理解する鍵は、そのような研究に隠されている。生物学的情報処理装置（すなわち生物）が情動の能力を進化させたのはなぜなのか、情動がその情報処理（すなわち思考）にどのように組み込まれるのかを明らかにしようとしているのだ。

ペットのイヌやネコに情動がありそうだと気づいている人は多いが、ではもっと単純な動物ではどうだろうか？「その研究の話をすると、たいていの人は私を狂っていると思い込んでしまうんだ」とアンダーソンは話しながら、まるで私に自分で考えてみろとけしかけるかのようにとぼけた顔をした。私は

*現代の研究では、空腹感は喉の渇きや痛みと合わせて恒常性情動や原始的情動と呼ばれている。

アンダーソンが狂っているなどとは思わなかったが、彼の研究が狂っていないことはすぐには納得できなかった。アンダーソンはショウジョウバエの情動を研究しているのだ。

私はアンダーソンに尋ねてみた。「ワイングラスに飛び込んでくるようなちっぽけな生き物を研究したところで、人間の情動についてどれだけのことが分かるんだい？」。するとアンダーソンはほくそ笑みながら答えた。「ショウジョウバエも多くの人と同じようにワインをたしなむし、ときにはそのために自分の命を犠牲にするんだ」

そこからなぜかバーの話に発展した。この前、夜遅くにマンハッタンの街なかを歩いていたとき、音楽に惹かれて一軒のバーにふらりと入った。何より驚いたのは、中に客が大勢いて、全員が大学生くらいの歳だったことだ。外からでも大きかった音楽は、中に入ると「不快なほどに」やかましかった。用心棒の大男に「耳が悪くなりそうだな」と声を掛けると、彼は鼻で笑ってこう言った。「この歳になってから耳が悪くなるんだったら、もっと前に悪くなってたんじゃねえの？」

店を出た私は、後日、息子のニコライにそのときの様子を話した。すると息子は、そんなのふつうだと言う。友達と2、3人で行って1杯注文し、おしゃべりしながら店内を物色する。ターゲットを見つけたら、近づいていって声を掛ける。二言三言交わして脈がありそうだったら、フロアに上がってダンスを見せつける。うまくいったら、一緒に店を出て身体を重ねる（息子は別の言い回しを使ったが）。うまくいかないこともある。相手にすでにお目当ての人がいることもある。「そういうときはどうするんだい？」と尋ねると、息子は「振られたら酒をあおるのさ」と答えた。

この儀式めいた行動は古い要素と新しい要素が入り混じっていて、性欲や愛情と同じく昔から人間の情動を駆り立ててきた。私はアンダーソンに尋ねた。「こんなに複雑な人間の感情について、ショウジョウバエの研究から本当に何かしら分かるのかい?」。私はまんまと罠にはまってしまったようだ。実はショウジョウバエも求愛の儀式をおこなっていて、それはニコライたちがやっているのと驚くほど似ていたのだ。

ショウジョウバエの世界では、雄が雌に近づいて求愛の儀式を始める。もちろん口説き文句なんてものはないので、代わりに雄は前肢で雌の身体を優しく叩く。音楽もある。翅(はね)を振動させて音を出すのだ[11]。求愛を受け入れた雌はじっとしているので、雄は事を進める。しかしすべての雌が受け入れるとは限らない。すでに彼氏がいると、つまりすでに別の雄と交尾していると、雌は求愛を断る。そのときには、翅や肢で雄を殴ったり、逃げ出したりする。そして次がおもしろい。先ほど言ったとおり、ショウジョウバエはアルコールが好きだ。求愛を断られた雄は、近くにアルコールがあると、まさにニコライと同じように酒をあおることが多いのだ[12]。

このように、ショウジョウバエにはニコライとの共通点がたくさんある。ではショウジョウバエもニコライと同じように情動に突き動かされているのか? それとも、交尾行動を記した一定の台本に従って反射的に行動しているだけなのか? このどちらであるかを見極めるにはどのような実験をおこなえばいいのか? アンダーソンの目標は、あらゆる動物が情動を示すのかどうかを調べたり、動物の行動もけっして反射的ではないことを証明したりすることではなかった(前に述べたとおり人間もしばしば反射的に振る舞う)。ただ単に、「下等」動物でも情動が重要な役割を果たしているのかどうかを知りたかっただけだ。

しかしそれはなかなか難しい。というのも、情動について研究する科学者のあいだでも、「情動」という言葉の真っ当な定義、広く受け入れられる定義が存在しないからだ。ある研究グループなどは、研究者たちが用いているさまざまな定義を分類しただけの論文を著した[13]。定義は92種類にもおよんだ。そこでアンダーソンはカリフォルニア工科大学の同僚ラルフ・アドルフスと一緒に、情動を定義する特性として動物界全体に通用するものを現代の手法で見つけ出し、ダーウィンの先駆的研究をいわばアップデートすることにした。そしてもっとも顕著な特性として、誘意性、持続性、一般適用性、強度適応性、自動性という5つを特定した。

情動状態の5つの特性

アフリカのサバンナを歩く古代人を思い浮かべてほしい。その人はヘビの音を耳にして飛び退いた。もしも生活のあらゆる面が反射的反応に支配されていたとしたら、その古代人は、ヘビが1匹いたらほかにもいる確率が上がることなど考えもせずに、そのまま歩きつづけていただろう。

人間だけでなくほかの動物、さらにはショウジョウバエやミツバチなどの反応も、情動のおかげでそれよりも高度になっている。ハイキングをしていてヘビの音が聞こえたら、飛び退いてからも何分間かは心臓がバクバクしつづける。そのあいだは、下草の中でネズミがカサカサ音を立てただけでも飛び上がってしまうかもしれない。このことから読み取れるのが、アンダーソンとアドルフスが特定した情動の第1と第2の特性、「誘意性」と「持続性」である。

情動には何らかの意味がある。つまりポジティブな情動とネガティブな情動があって、近づくよう促したり遠ざかるよう促したり、良い気分にさせたり悪い気分にさせたりする。いま挙げた例では飛び退いたのだった。これは退避誘意性、つまりネガティブな誘意性である。2つめの特性である持続性は、ヘビから飛び退いた後もすぐには恐怖反応が消えないことを指している。恐怖反応が尾を引いて、過剰に警戒した状態が続く。ネズミをヘビと勘違いしても悪影響はほとんどないが、潜んでいる別のヘビに対する反応が遅すぎたら命取りになりかねない。そのため情動が持続することは、古代人が周囲の危険を感知して避ける上で役立っていた。

現代の例を挙げよう。私の友人ジューンが、コンピュータの深刻な問題を解決するために、いらいらしたり腹を立てたりしながら1時間もネットとにらめっこした。そうしてようやく解決した矢先、彼女の10歳の子供が部屋の中でバスケットボールで遊んでいて、花瓶を倒して割ってしまった。ジューンはまだネガティブな感情が消えていなかったため、一言叱るだけでよかったはずが、ひとしきり大声で怒鳴りつけてしまったのだ。

アンダーソンとアドルフスが特定した情動の3つめの重要な特性は、「一般適用性」である。反射的反応の場合は、正確に規定された刺激が特定の反応につながるのだった。情動状態に一般適用性があるとは、さまざまな種類の刺激が同じ反応につながる場合があり、逆に同じ刺激でもそのときどきでさまざまな反応が現れるという意味である。

原始的な実験動物であるクラゲをつつくと、決まってくしゃくしゃに丸まって水槽の底に沈んでいく。これは反射的行動である。クラゲが反応を示す前にいったん立ち止まって、つついたのは誰なのか、水槽の底に留まるべきかをよく考えるなんてことはしない。それに対して、上司から不当に叱られたジュリーの示す反応は何通りもありうる。引き下がるかもしれないし、口答えするかもしれない。ジュリーの示す反応は、その引き金となった出来事だけで決まるのではなく、反応を計算する際に脳が考慮するさまざまな要素にも左右される。ここのところ仕事はどのくらい順調だったか？　今日のボスの機嫌はどうか？　ボスとの関係は良好か？

情動を単なる反射的行動から区別する4つめの特性は、「強度適応性」である。反射的反応の場合、刺激が起こると一定の強さの反応が起こる。一方、情動状態とそれによって生じる反応には強弱がある。自分の置かれている状況、あるいは同時に起こった別の事柄によっては、同じ出来事であっても、少しだけ悲しくなって口角が下がるだけかもしれないし、すごく悲しくなって涙があふれてくるかもしれない。情動状態の場合、刺激が同じであっても、関連するほかのさまざまな要因によって反応の強度が変わってくる。家に自分しかいないと思っていたときに下の階から妙な音がしたら、昼間なら少し怖くなるだけかもしれないが、真夜中だったら震え上がってしまうかもしれない。このような反応の違いは、世界に関する知識（いまの例では、何時頃に泥棒がもっとも出やすいかという知識）に基づいていて、実際に役に立つ。それが可能なのは情動が強度適応性を持っているおかげであって、画一的な反射的情報処理にはそのような特性はない。

最後にアンダーソンとアドルフスは、情動には「自動性」があると述べている。ただしこの場合、情動はコントロールできないという意味ではない。反射と同じく情動も、自分から意図したり努力したりしなくても生じるという意味だ。しかし情動は確かに自動的だが、反射と違って自動的に反応を引き起こすわけではない。

並んでいて誰かが割り込んできたら自動的に怒りが湧き上がってくるが、大声で騒ぎ立てたくはないので（あるいは相手のほうが図体がでかいので）、怒りを表に出さないよう我慢するかもしれない。ホルモン嫌いの人がディナーパーティーで自分の食べているものが腎臓だと突然気づいたら、嫌悪感が自動的に湧き上がってくる。しかしホストの気分を害さないよう、吐くのは我慢するだろう。そのような情動のコントロールは、成人でもっとも顕著に見られる。その能力は脳の成熟に伴って伸びていくので、子供の場合ははるかにコントロールが利かない。嫌いなものでも吐き出さないようしつけるのに時間がかかるのはそのためだ。

実験で確かめられたショウジョウバエの情動

アンダーソンとアドルフスがこのように情動の特性を挙げたことの利点の一つは、2人が特定したそれぞれの特性を、原始的な動物の場合でも実験室で検証できることである。ここで話はショウジョウバエに戻ってくる。アンダーソンらは一連の巧妙な実験によって、ショウジョウバエもさまざまな状況のもとで単に反射的に反応するのではなく、誘意性・持続性・一般適用性・強度適応性・自動性によって特徴づけられる情動状態に基づいて反応することを実証したのだ。

たとえばショウジョウバエは、突然影が現れたり一瞬の風を感じたりといった特定の出来事が起こるとびっくりする。どちらの出来事も、近くに捕食者がいるかもしれない証拠だろう。これは反射的反応なのだろうか？　それとも、そのショウジョウバエは本当に恐怖状態にあるのだろうか？　それを調べるためにアンダーソンらは、餌を食べている最中のショウジョウバエを驚かせられる環境をこしらえた。驚かされたショウジョウバエは重要な選択をしなければならない。走るか飛ぶかして逃げても捕食者がいなかったら、時間とエネルギーの無駄遣いだ。後から戻ってきて、燃焼したカロリーを補わなければならない。しかし逃げ出さないのに実際に捕食者がいたら、食べられてしまう。

実験したところ、ショウジョウバエは最初に影を見せられると、餌から飛び降りて、何秒か経ってから戻ってきた。続いて2回目に影を見せられると、反応のしかたが変化した。餌から飛び降りるのは同じだが、今度は戻ってくるまでの時間が長くなったのだ。どちらの場合にも引き金は影で同じなのに、反応が違ったのだから、これは反射的反応ではないということになる。

さらに、ショウジョウバエは影を避けようとするのだから、この反応は明らかに誘意性を帯びている。また、持続性と強度適応性も帯びている。最初の出来事によってショウジョウバエは恐怖状態に入って、それが持続したし、2度目に脅威が現れることでその強度が高くなったからだ。

情動に基づくこのような繊細な反応は、単純な反射的行動よりも効果的だし能率も良い。反射的反応の場合も、影が見えると餌から飛び降りて所定の時間だけ近寄らないだろうが、影が繰り返し現れたという事実によって危険の確率が高くなったことは考慮されない。

交尾を拒否されたことでアルコールを好む行動を取ったショウジョウバエの場合も、拒絶感という情動が持続していたようで、そのネガティブな情動状態をリセットするためにエタノールを摂取しようとした。ちなみに、アルコールの摂取がショウジョウバエにとって報酬になる（アルコールを得るためになら特定の課題を実行する）ことが実証されている。[14] 人と同じくショウジョウバエでも、情動状態が以上の特性をどの程度帯びているかは一匹ずつ異なる。情動的知能に関する研究で示されているとおり、情動状態のダイナミクスを意識することは、人生の成功に欠かせない要素の一つである。やる気を出したり、衝動を抑えて気分を整えたり、他人に適切に対応したりする上で役に立つのだ。

人間の脳にはニューロンが１０００億個ほどあるが、ショウジョウバエの脳では約10万個にすぎない（うち半数が視覚系に含まれる）。個数にしてわずか１００万分の1だが、それでもショウジョウバエは空気力学的に驚くような飛行ができる。また、歩いたり学習したり、求愛の儀式をおこなったりもできる。そして何よりも目を見張るのは恐怖や攻撃性を示すことで、このことから、どんな動物の情報処理においても情動が不可欠な役割を担っていることがうかがわれる。

ショウジョウバエの情動的な心はいまからおよそ４０００万年前に出現したが、我々人間の情動が生まれたのはそれよりずっとのちのことである。しかし人間の進化の大部分は、我々が町や都市に定住するよりもはるか以前に起こった。そのため、確かに我々の情動は脳が反応を計算する上で役立つよう進化したとはいえ、数十万年前に役立っていたその特性によって引き起こされる行動は、現在の文明社会では不適切かもしれない。一般適用性が備わっているせいで、あなたの示す反応は捕食者をよけるのには適しているが、割り込んできたドライバーに対処するのにはふさわしくないかもしれない。また、強度適応性を備えていることで反応の強度を高めることはできるが、逆に反応できなくなることもある。そして持続性のせいで、過剰に警戒した状態が一日じゅう続き、警戒状態へと導いた最初の出来事をすっかり忘れてからも別の出来事に過剰反応してしまうかもしれない。

私は子供の頃、動物研究者を紹介する『ナショナル・ジオグラフィック』の番組を観たことがある。初体験をする前から、カマキリの交尾の様子を詳細にとらえた映像を観ていたのだ。カマキリの雌は交尾の最中に相手の頭を噛みちぎる。思春期前の子供にとっては手に余る情報だ。私は、その行動は何かの象徴なのではないかと思った。だが当時、人間の性行動はおろか、情動に関する研究もさほど多くはおこなわれていなかった。人間の行動よりも動物の行動のほうがはるかに解明されているようだった。そんな時代、心理学者のあいだでも、情動、さらには母性愛ですら、避けるべきものだと広く考えられていた。ある育児マニュアルには次のように記されていた。「自然は賢くも、母親に我が子への果てしない愛情を授けた。しかしそれよりも、理性で愛情をコントロールする能力を授けたほうが良かったのではないだろうか[15]」

しかし感情神経科学はそれとは違い、情動はありがたい贈り物であると教えてくれる。素早く効率的に周囲の環境を把握して、必要に応じて反応するのに役立つ。理性的思考への入力となって、多くの場合、より良い決断を導く。また、他者と関係を築いて意思を伝え合うのに役立つ。情動の目的や機能が解明されたところで、我々の生活を豊かにしてくれるその役割が損なわれることはない。逆に、人間であることの意味をより深く理解できるようになるはずだ。

第3章

心と体のつながり

――身体状態は思考や感情にどのような影響を及ぼすのか

何が危険を察知させたのか

ジーモンはポーランドのチェンストホヴァで活動する反ナチス地下組織のリーダーだった。彼の暮らすユダヤ人地区は壁やフェンスで囲われていて周囲との往来ができず、住民の運命もほぼ間違いなく決まっていた。それでも彼ら闘士はできる限り抵抗した。

ときには、町が暗闇に包まれてから何人かがこっそり抜け出して品物を調達したり、破壊活動や盗みをおこなったりしていた。そんなある晩、ジーモンと3人の仲間が、泥だらけの静まりかえった分離地帯を走る有刺鉄線のフェンスのところまで這っていった。そして穴を掘ってフェンスの下の端を引っぱり上げ、身体をねじ込んで反対側にくぐり抜けられるようにした。ジーモンはフェンスをぴんと持ち上げ、ほかの3人はその下をくぐった。最後にジーモンがくぐる番になった。

100メートル離れたところで、1人のドイツ軍兵士が小型トラックに乗って待っていた。お金をもらってジーモンたちをその晩の目的地へ連れていくことになっていた。仲間の闘士たちがトラックに向かって這っていき、ジーモンはフェンスの下に身体をねじこんで3人に合流しようとした。ところが、針金の尖った先に服が引っかかってなかなか外れない。何とか外れた頃にはほかの3人はすでにトラックに乗り込んでいて、待ちきれない運転手は車を走らせはじめていた。

ジーモンは選択を迫られたが、いますぐに決断しなければならない。トラックに向かって走っていったらきっと追いつけるだろう。だがそうすると気づかれて、全員殺される恐れがある。自分を残してトラックを行かせたら、彼らは計画より1人少ない人数で任務に取り組まなければならず、やはり危険な選択肢だ。走るのも走らないのも良さそうな選択肢には思えない。しかしトラックはどんどん遠ざかっていく。ためらっていたら、ここに残るという選択肢と何ら変わらない。ジーモンはメリットとデメリットを素早く天秤に掛け、トラックを目指して走る決断をした。

ところが1歩目を踏み出そうとしたところ、突然身体が動かなくなった。なぜだか分からない。怖かったからではないとジーモンは言う。似たような任務は何度もこなしていて、危険も慣れっこになっていたし、今回はたいしたへまではなかった。それでもジーモンの身体は何かに反応したらしい。ドイツ軍のせいで彼らは動物のような生き方をしていた。動物としての自己に乗っ取られたのだろうか？　目と耳が何か怪しい徴候をとらえたが、あまりにも微かで意識に上ってこないのだろうか？　自分の身体が何を訴えているのかどうしても分からなかったが、結局のところ、じっとしていたいという衝動がジーモンの行動を左右した。彼は地面に膝をつき、走り去っていくトラックを見つめた。

トラックがまだ遠くまで行っていないところで、ヒトラー親衛隊（集団殺戮をおこなう準軍事的組織）を乗せた車がどこからともなく現れ、トラックに向かって走っていった。そして兵士たちが行く手を遮った。その直後、トラックの搭乗者たちは撃ち殺された。もしもジーモンが原始的な本能的反応によって足止めされていなかったら、彼もほかの4人とともに殺されていただろう。もしそうだったら、私はこの本を書いていなかったはずだ。この出来事から10年後、シカゴで難民として暮らしていたジーモンに2人目の子供ができた。それが私なのだ。

この出来事から何十年も経ったとき、父はこの話をしながらどんどん感極まっていった。死の淵を垣間見た父は、自分がどうして生き残れたのか何とか理解しようとした。恐怖はいっさい感じなかったという。それなのにためらった。何が父を救ったのだろうか？　同じような状況に数え切れないほど直面して、そのたびに必ず行動を取っていたのに、あのときはなぜその場に留まろうと決めたのだろうか？実際に感知した事柄に基づいて意識的に決断したのではない。父にはいつもと同じ状況に思えた。理性的な心は、トラックを追いかけて仲間と合流するよう語りかけていた。ところが身体はそうは思わず、父を引き留めたのだ。

あなたにもこんな経験があるだろう。何らかの困難や問題で途方に暮れているとき、ジョギングをしたりシャワーを浴びたりと何か関係のないことをしている最中に、解決策が心の中にパッと現れる。そんなときは、無意識の心が「バックグラウンド」であなたに気づかれないように情報を処理していたことになる。身体が警戒態勢を取っているときも、無意識の心はこれと似たような問題解決行動を進めることがいまでは分かっている。あなたの安全を守るという目標のためだ。無意識の脳が身体の状態や周囲の脅威をとても敏感に感じ取って、あなたの命が危険にさらされているかどうか、もしそうだとしたら何をすべきかを計算しはじめる。この心と体と感覚の相互作用から、自衛のための直観や衝動が生まれるのだ。

そのおかげで父は、仲間と合流するという意識的な決心を覆した。意識的な心は事実と目標に基づいて考えていたが、無意識の心はさらなる情報として、意識にまだ上ってこない周囲の環境や自分の身体の状態に関する微かな徴候を分析していた。危険を察知するこの本能があるのは、我々の脳に組み込まれた一種のセンサーが自分の身体の状態や周囲の脅威をモニタしているおかげだ。心理学者のジェイムズ・ラッセルはこのセンサーシステムを指すために、「コア・アフェクト」という言葉を作った*。

コア・アフェクトというセンサーシステム

コア・アフェクトとは自分の身体の調子を反映したもので、身体の各器官系に関するデータや、外界の出来事に関する情報、そして世界の状態に関する自分の考えに基づいて何となく感じる気分、それを指し示す一種の温度計といえる。情動と同じくコア・アフェクトも精神状態の一つである。情動よりも原始的であり、進化のタイムライン上で情動よりもずっと前に出現した。それでもコア・アフェクトは湧き上がる情動的経験に影響を与え、情動と身体状態を結びつける。コア・アフェクトと情動の関係はまだ十分に解明されていないが、情動を生み出すもっとも重要な要素や材料の一つであると考えられている。

情動はアンダーソンとアドルフスが示した5つの主要な特性を持っていて、悲しみや喜び、怒りや恐れ、嫌悪や自尊心などいくつもの具体的な形を取るが、コア・アフェクトには2つの面しかない。一つは誘意性で、これはポジティブとネガティブのどちらかであり、自分の気分の良し悪しを表す。もう一つは覚醒（かくせい）性で、これは誘意性の強度、つまりどのくらい強くポジティブまたはネガティブであるかを指す。ポジティブなコア・アフェクトの場合は、すべてが順調に思える。一方、ネガティブなコア・アフェクトは警報を発する。その覚醒性が高いと警報が激しく大きく鳴り響き、なかなか無視できなくなる。

コア・アフェクトはおもに体内の状態を反映するが、それとともに物理的環境からも影響を受ける。芸術作品やエンターテインメント、映画の楽しいシーンや悲しいシーンに反応する。また、覚醒剤や鎮静剤、陶酔効果のある薬物など、薬や化学物質からも直接影響を受ける。多くの人がそのような薬に手を出すのは、まさにコア・アフェクトを変える性質を持った薬だからだ。覚醒剤は覚醒性を高め、鎮静剤は覚醒性を下げる。アルコールやＭＤＭＡなどはポジティブな気分にさせる。

コア・アフェクトは体温と同じようにつねに存在しているが、それに意識的に気づくのは、誰かに調子を尋ねられたり、立ち止まって自分を省み（かえり）たりするなどして、それに集中したときだけである。コア・アフェクトは一瞬ごとに大きく変化することもあるし、長時間にわたってある程度一定に保たれる

---

*「アフェクト」は情緒や感情という意味。「コア・アスペクト」（中核的要素）に引っ掛けている。

こともある。心理学では誘意性を意識的経験ととらえ、ある瞬間に感じる心地よさ・不快さとして表現する。健康でその日の調子が良かったり、おいしいものを食べたりすると、楽しい気分になる。ひどい風邪をひいていたり腹が減っていたりしたら、惨めな気分になる。そのようなときに経験するのが誘意性だ。

覚醒性を意識的経験ととらえると、自分の感じるエネルギーの強さによってそれを特徴づけられる。そのスペクトルの一方の端には、活発な状態が位置する。音楽を聴いて感動したり、デモに参加して気持ちが高ぶったりするといったことだ。もう一方の端には、眠たい状態や気怠(けだる)い状態が位置する。授業で先生の話を聴いていて退屈するといったことだ(私の授業でそうなるなんて想像もつかないが)。

情動が生じる際には、コア・アフェクトによって与えられた自分の身体からの入力が、自分の置かれた状況、その状況の背景、および予備知識と組み合わさることで、自分の経験する情動が生み出されると考えられている。コア・アフェクトは一種のベースライン状態と考えることができ、それが特定の状況における情動や、その結果として下される直観的判断、たとえば私の父がじっとしていようと決めた判断に影響を与える。そのためこのコア・アフェクトは、身体と心をつなぐ重要なものであって、身体的状態と、思考や気分、そして決断とを結びつけている。

宝くじで1万ドル当たったら、きっと一日じゅう幸せな気分で、その気分が何日も続くだろう。そのときコア・アフェクトは、ポジティブな誘意性と活発な覚醒性へと急激に変化するだろう。大金が転がり込むのは生きていく上で一般的に良い話なのだから。しかしコア・アフェクトは、経済的幸福よりも身体的健康のほうと強く結びついている。そのため、せっかくこの良い知らせを受けても、昼食を食べ損ねて腹が減ったらネガティブになるだろうし、疲れてきたら覚醒性が下がるだろうし、ドアの枠に頭をぶつけたら瞬時に急低下して何分間か元に戻らないだろう。

生命はエントロピーに抗う

コア・アフェクトの働きと、心身相関におけるその重要性を理解するには、ノーベル賞受賞者で物理学者のエルヴィン・シュレディンガーが１９４０年代に著した著作に立ち返るのがいいだろう。その中でシュレディンガーは生命を、エントロピー増大の法則に立ち向かう戦いと定義した

エントロピー増大の法則によると、物理系は本来、時間とともにどんどん無秩序になっていく傾向を持っている。たとえばコップの水にインクを1滴垂らすと、きれいなしずくの形はそう長くは持たず、やがてぼんやりした形になってコップ全体に広がってしまう。自然界に存在するきわめて秩序立った物体のほとんどは、最終的にそのような運命をたどる。しかしエントロピー、すなわち無秩序さが増大するという傾向が厳密に当てはまるのは孤立系だけで、周囲と相互作用する物体には必ずしも当てはまらない。生命はそのようなシステムである。食べ物を食べたり太陽光を吸収したりして周囲と相互作用しており、その行動によってエントロピー増大の法則に打ち勝つことができる。塩の結晶を屋外に置いておいたら、いずれぼろぼろになるか、雨で溶けてしまうかするだろう。しかし生物は、自身の崩壊に抗う行動を取る。それが生命を規定する特徴である。シュレディンガーいわく、生命は、エントロピーを増大させようとする自然の傾向に積極的に逆らう物体である。

生命を維持するための戦いはさまざまなレベルで繰り広げられている。生命の「原子」と呼べるのは我々の身体を作る細胞で、一個一個の細胞がエントロピーの増大を食い止めるためのプロセスを実行している。しかしそれも永遠にうまくいくわけではない。極端な高温や低温、あるいは害のある化学物質にさらされると、崩れてばらばらになり、生命としての短い一生を終えることがある。聖書にあるように、灰から灰へ、塵から塵へと壊れていくのだ。

多細胞生物の場合、無秩序との戦いはもっと大きなスケールでも繰り広げられる。動物では脳や神経系が臓器や体内プロセスを制御して、その作用をあるパラメータの範囲内に維持することで、それらが円滑に働いて生命が維持されるようにしている。脅威となりうる環境変化に直面しても生物や一個一個の細胞が内部の秩序を維持する能力のことを、「ホメオスタシス」という。この言葉はギリシア語で「同じ」や「安定」を意味する単語に由来していて、医師のウォルター・キャノンが1932年に著した『からだの知恵』によって広まった。この本には、人間の身体が体温を維持し、血中の水分・塩分・糖・たんぱく質・脂質・カルシウム・酸素などの濃度を許容範囲内に保つしくみが詳しく述べられている。[1]

ホメオスタシスが乱されるのを防ぐには、たえずモニタして調節している必要がある。ミクロレベルでは、細胞が内部の状態と外部の条件を感知し、長い歳月を経て進化した一定のプログラムに従って反応する。多細胞生物が進化すると、一個一個の細胞がそのプロセスを維持するとともに、コア・アフェクトのようなもっと高いレベルのメカニズムが進化した。

高等動物の場合、ホメオスタシスを乱すものを監視する番人としての神経状態がコア・アフェクトであって、身体はその影響を受けて適切に反応する。[2] 先ほど述べたとおり、コア・アフェクトは誘意性と覚醒性という2つの次元しか持っておらず、かつて情動として考えられていた繊細な状態とは異なる。さらに、恐れなどの情動的経験は多数の脳領域にまたがったネットワークから生じるようだが、コア・アフェクトは2つの特定の領域における活動と相関している。

心地よいか不快か、ポジティブかネガティブか、良いか悪いか（あるいはその中間のどこか）を表す誘意性は、「すべて問題なさそうだ」とか「何かが変だ」といったメッセージに相当する。それを生み出すのは、前頭前皮質の中でも眼窩のすぐ上に位置する眼窩前頭皮質である。[3] この脳領域は意思決定・衝動制御・行動的反応の抑制と関連していて、このいずれの機能も、私の父があの晩にフェンスのところでためらったときに重要な役割を果たしたことだろう。

コア・アフェクトの持つ覚醒性の次元は、感覚刺激に対する敏感さの状態、神経心理学的な警戒度に相当する。つまり、その敏感さの強度、すなわち強いか弱いか、活力があるか無気力であるかの尺度である。覚醒性は扁桃核というアーモンド形の小さな構造体の活性と相関しており、この扁桃核はさまざまな情動の生成に役割を果たしていることが知られている。[4]

コア・アフェクトが眼窩前頭皮質や扁桃核の活性と相関しているのは偶然ではない。これらの構造体は意思決定において重要な役割を果たしていて、感覚野および、情動や記憶に関わる複数の脳領域と大規模に連結していることが知られている。そして身体や周囲の状態に関する情報がたえず流れ込んでいる。その情報を統合したコア・アフェクトは、身体のホメオスタシスや現在の外界環境の状態が生存にふさわしいかどうかを反映していて、我々のあらゆる経験やあらゆる行動に適切な形で知らず知らずのうちに影響を与えているのだ。

小鳥のギャンブル

コア・アフェクトのパワーを見事に物語るのが、当時ロチェスター大学に勤めていた生物学者のトーマス・カラコが1980年代におこなったある実験である。心理学でコア・アフェクトが注目されるはるか以前のことだったし、この言葉すら生まれていなかった。カラコはニューヨーク州北部で小型の鳴禽（めいきん）であるユキヒメドリを4羽捕獲して、それぞれ別々の鳥小屋で飼育し、計84回の実験をおこなった。

ある実験では、好物のキビの種を入れた2枚の皿のどちらかを選ばせた。訓練段階では、一方の皿には一定の個数の種を入れ、もう一方の皿には毎回異なる個数の種を入れるが、ただし平均の個数は1つめの皿と同じになるようにした。そして鳥にそのことを学習させた。本実験では、腹を空かせた鳥の止まっている枝から見て互いに反対側の同じ距離に2枚の皿を置き、どちらかを選ばせた。自然界でも我々の生活でもよく出くわすトレードオフの状況を真似たものである。つまり、堅実にいくか、それともリスクを冒して大収穫に賭けるかということだ。

ここで一工夫して、鳥小屋の温度をさまざまに変えて実験をおこなったところ、身体状態の違いが鳥の選択に影響を与えた。暖かい（ポジティブなコア・アフェクトに対応する）と一定の個数のほうを選んだが、寒い（ネガティブなコア・アフェクトに対応する）とギャンブルを選んだのだ。理にかなった選択である。身体が温かいと一定の個数の種で十分に栄養を取れるので、わざわざリスクを冒す必要はない。しかし身体が冷たいと、ホメオスタシスを維持するのにより多くのカロリーを要するため、賭けに出て2枚日の皿を選ばないと、必要なカロリーを取るチャンスはないのだ。

人間社会でも我々は四六時中そのような選択をおこなっている。Aという職はBという職よりも給料が高いが、そのぶん安定していないとしよう。どちらの仕事も必要な収入を満たしていれば、給料は安いが安定したほうの職を選びたいかもしれない。しかしそうでなければ、いちかばちかでより儲かる職を選びたくなるだろう。我々はそのような選択をする際に意識的推論をおこなうが、ユキヒメドリもそれと同じたぐいの意識的推論を用いたとは考えにくい。しかしユキヒメドリは自分の身体状態をモニタして、頭の中で直感的な計算をおこない、その結果を考慮に入れることで、すなわちコア・アフェクトの影響を介することで、数学的なリスク分析を用いる専門家と同じ結論に達したのだ。

我々人間は論理的思考力を備えているが、それでもユキヒメドリと同じく、コア・アフェクトの影響を受けて決まった形で考えたり、行動したり、感じたりする。状況が同じでもそのときどきで反応はみな異なり、その反応の違いはコア・アフェクトの隠れた影響によることが多い。そのためコア・アフェクトのパワーを理解することは、他人にどのように反応するか、他人にどのように扱われるかを客観的にとらえる上で重要だ。

土曜日の朝、おいしい朝食を取ってコーヒーを1杯味わった後で勧誘電話がかかってきたら、丁寧に応対するかもしれない。自分が快適なレベルにあれば、そんな仕事をするほど切羽詰まった相手の境遇に同情した上で対応できる。逆に、朝から喉が痛くて咳が出るような状態だったら、週末の朝を邪魔された怒りの感情が高まり、電話の相手に悪態をついて電話をガシャンと切るかもしれない。どちらの場合にもあなたの振る舞いは、その出来事に対する反応であると同時に、自分自身の心理状態を反映してもいる。とりわけ慎重を要する状況では、あなたの言葉や行動に対する相手の反応が、その言葉や行動自体だけでなく、その人の現在のコア・アフェクトにも影響されかねないことを心に留めておくといい。

胃腸と脳の結びつき

コア・アフェクトと心のやり取りはニューロンを介しておこなわれるだけでなく、血液中を循環したり臓器に分配されたりする分子、たとえば神経伝達物質のセロトニンやドーパミンの作用を介してもおこなわれる。心身相関の中核をなすコア・アフェクトは、10年前や20年前に考えられていたよりもはるかに強力であることがいまでは分かっている。そのあまりの変化に、かつてはトンデモ扱いされていた学説がいまでは主流になっているほどだ。たとえば、近年では瞑想やマインドフルネスが科学界に受け入れられている。実践している人はそうは言わないが、どちらも自分のコア・アフェクトをつねに意識しておくための方法である。

心身相関の進化上の起源は、生命自体の誕生にまでさかのぼる。動物が出現するはるか以前、目や耳や鼻が進化する前から、細菌のような原始的な生物ですらすぐ近くの生物や分子を感知できるとともに、自分の内部状態をモニタすることができた。進化が心を生み出すのはまだ先のことだったが、それらの初期の生物はその情報に反応して、どんなプロセスを実行するかを「選択」していた。

詩人ジョン・ダンは1624年に、「人はみな孤島ではない。誰しも大陸の一部、主なるものの一部である」と詠んだ。[6] それは細胞にも当てはまる。先ほど述べたとおり、細菌ですら自分だけでは生きていけず、特定の分子を放出して信号を送り合う集団の中で生きている。そうして一個一個の細胞は、仲間の経験を糧（かて）にしながらエントロピーに立ち向かう。細菌が抗生物質への耐性を高めていけるのは、この分子シグナルのおかげだ。抗生物質の多くは細菌の細胞膜を溶かすことで作用する。しかし細菌は死ぬ前に分子からなるＳＯＳ信号を発するので、ほかの細菌はそれを受けて生化学作用を変化させ、防衛行動を取る。投与された抗生物質の量が十分でないと、細菌は全滅する前に忌避（きひ）行動を「学習」してしまうため、病気は治らない。そのため医師は必ず患者に、元気になってもう飲まなくていいと思っても、処方した全量がなくなるまで飲むのをやめないようにと念を押す。病気がぶり返して、場合によってはますます悪化するかもしれないからだ。

　細菌は地球最初の生物の一種で、誕生したのはいまから40億年近くも前だ。それでも、自身や環境の状態を感知するその能力、そしてほかの細胞が順応できるようシグナルを発するその能力が、コア・アフェクトの土台となっている。一個一個の細胞に合ったそのようなメカニズムがいったいどのようにして、人体の中の重要なプロセスへと進化したのだろうか？

　細菌から高等動物へ向けた最初の大きな飛躍は、いまからおよそ6億年前、多細胞生物が進化したことで起こった。多細胞生物はいわば細菌のコロニーの究極形だ。相互作用し合う細菌からなる一つのコロニーが一つの多細胞生物となり、それまで独立した細胞間での情報伝達だったものが、その個体内の細胞間での情報伝達となった。やがて一つの個体の中でさまざまな種類の細胞が進化し、人体の各組織に相当するものができた。それからまもなくして神経細胞が進化し、神経網と呼ばれるものを形作った。ニューロンの単純な集まりが連結しあってできたそのネットワークは、身体じゅうに広がっていて、一つの臓器に集中してはいない。

新たに進化したこの神経網の主要な機能の一つが、食餌（しょくじ）行動である。[7] その見事な例が、古代に先祖返りしたヒドラという動物である。神経科学者のアントニオ・ダマシオはこのヒドラを「浮遊する究極の消化系」と呼んでいる。泳ぎ回るチューブのような姿をしたヒドラは、口を開けて蠕動（ぜんどう）運動をおこない、漂ってきたものを消化して、反対端から残り物を出す。このような生物のおこなう感知と反応に、コア・アフェクトの起源が見て取れる。我々はヒドラよりもはるかに複雑だが、人間のコア・アフェクトシステムも、基本的にはこれらの生物で進化した身体監視能力が「成長」したものにすぎない。それどころか人間の腸神経系を解剖すると、古代のヒドラの神経網と驚くほど似ていることが分かる。

腸神経系は「第2の脳」とも呼ばれる高度な神経系で、胃腸管全体に張りめぐらされていて制御をおこなっている。詳しく研究されたのは最近になってからだが、「第2の脳」という異名のとおり、自身で「判断」して脳と独立に作用することができる。用いる神経伝達物質も脳と同じである。たとえば人体内のセロトニンの95%は、脳でなく胃腸管の中に存在する。しかしいくら独立に作用できるとはいえ、腸神経系や胃腸管全体は脳や中枢神経系と密に連結している。胃腸が精神状態と密接に関連しているという俗説には強い科学的根拠があるのだ。

胃腸と脳の結びつきはあまりにも重要なため、脳腸軸という科学的名称まで付けられている。この脳腸軸を介して胃腸系は、コア・アフェクトにかなり大きな影響を与える。

たとえば身体的に健康であるという感覚は、脾臓（ひぞう）の状態に影響されることはめったにないが、胃腸の消化状態にはたびたび影響を受ける。そして逆にコア・アフェクトが胃腸に影響を与えて、フィードバックループが形成される。不意に危険に襲われてコア・アフェクトがネガティブな覚醒状態に変わると、胸焼けがしたり消化不良になったり、「胃が沈んだような」感覚になったりするかもしれない。また近年の興味深い研究によると、慢性不安や鬱病などの精神障害と腸疾患とのあいだには関連性があるらしい。[8]脳が悩んでいると結腸の機能が乱されることは昔から知られているが、この新たな研究によると、その因果関係は逆方向にも向いていて、胃腸の不調が神経精神病の原因になるらしい。それは複雑な生化学的プロセスを介して起こるようだ。たとえば腸内細菌環境の変化によって腸管のバリアが弱くなり、有害な神経活性物質が中枢神経系に到達できるようになる。

進化的に見ると、このように我々の第2の脳とよく似た神経網が生まれてからおよそ4000万年後に、情報処理と感覚の機能がほかの細胞機能から物理的に切り離された本物の脳が誕生した。身体の断片から再生できる扁形動物の一種、プラナリアは、脳が独立した臓器として初めて進化した時代、いまから5億6000万年前に生まれた。本物の脳を持ってはいるが、身体との分化はほとんど進んでいない。そのため脳を切除されても、新たに再生した脳が残った身体から以前の記憶を取り戻すことができる。[9]

心身相関、とりわけ消化に関する心身相関を物語るもう一つの劇的な例が、マウスを使ったある驚きの実験から得られている。[10]その実験をおこなった科学者は、マウスを臆病な個体と大胆な個体の2グループに分けた。そしてそれぞれのグループから腸内細菌を取り出し、腸内をある程度無菌状態にして育てたもう一方のグループのマウスに移植した。微生物を移植するなんて変わったことをすると思われるかもしれないが、近年の研究によると、腸内細菌は胃腸の働きに大きな影響を与えるため、腸内細菌移植は腸そのものの一部を移植するようなものだという。そしてこの「腸の一部の移植」は驚きの効果をもたらした。新たな宿主の中で腸内細菌が増殖してコロニーを作ると、移植を受けたそのマウスは、その腸内細菌を提供したマウスと同じ性格特性（臆病さ、または大胆さ）を示すようになったのだ。さらに別の研究では、不安症の人の大便から取った細菌をマウスに移植すると、そのマウスは不安症に似た振る舞いを示すようになり、対照群である平静な人から取った細菌の場合はそのようなことは起こらなかったらしい。[11]

では人間についてはどうなのか？　MRIスキャンによって数千人の被験者の脳を調べ、その脳の構造と腸内細菌の構成とを比較する研究がおこなわれている。その結果、どのような細菌種が支配的であるかによって、脳領域どうしのつながり方が異なることが明らかとなった。この研究から、人間の場合もマウスと同じように、腸内細菌の構成が脳回路の発達や連結のしかたに影響を与えるものと考えられる。さらなる研究が必要だが、細菌が宿主のコア・アフェクトにおよぼす影響は何か重要な役割を果たしているようだ。

行動力のある医学研究者だったら、この話を聞いてこう考えるかもしれない。強力な抗生物質を投与してから別の人の腸液を摂取させれば、望ましくない性格特性を変えられるかもしれない。陰気なおばのアイダに1週間ペニシリンを飲ませて、誰か幸せな人の吐瀉物を食べさせたら、メリー・ポピンズみたいに変わってくれるのだろうか？　もしかしたらそうかもしれない。ここ数年、慢性不安や鬱病、統合失調症などの治療法として、大便移植の研究が進められている。[12]まだ生まれたばかりの分野だが、いずれそのような治療がおこなわれるようになるかもしれない。現段階でこの研究から分かるのは、脳と身体を切り離して考えるのは不自然であるということだ。脳と身体は完全に一体化した一つの生物ユニットであって、コア・アフェクトはそのシステムの重要な一部なのだ。

頭部移植をしても意味はない

1960年代の西洋は、心身相関の重要性が受け入れられるにはほど遠い状況だった。"mind-body connection"（「心身相関」）というキーワードでここ10年間を対象にグーグル検索すると、数十万件ヒットする。しかし、1961年から1970年までの10年間に書かれた文章でヒットするのはたったの5件だ。しかもうち2件は外国語の文書。ユダヤ人の精神性に関する記事と、残酷な殺人事件の裁判記録である。

当時はこのように前衛的な概念だった心身相関だが、先見的な科学者の中にはその研究を進める者もいた。その一人が、カリフォルニア州ロングビーチにある退役軍人局病院の心理学者ジョージ・W・ホーマンである。ホーマンは第二次世界大戦での従軍中に脊髄を損傷して、下半身不随だった。[13] 脊髄を損傷すると筋肉を制御したり動かしたりする能力が損なわれることがあるが、脊髄は感覚信号も伝えているため、熱さや冷たさ、圧力や痛み、手足の位置、さらには自分の心拍すらも感じられなくなることがある。退役軍人局病院で同じく脊髄を損傷した患者たちと日々接していたホーマンは、ふと考えた。身体状態が情動的感情への入力として重要なのだとしたら、身体からのフィードバックを失った彼ら患者はおそらく自分と同じように、情動を弱くしか感じられないのではないだろうか？　それを確かめるためにホーマンは、男性患者26人に質問して、怪我の前後における何種類かの情動的感情を比べてもらった[14]。いまや有名なその論文では、下半身不随患者は怒りや性的興奮、恐怖の感情が著しく弱まっているようだと結論づけられている。近年おこなわれた下半身不随患者の情動反応に関する研究でも、この結論は裏付けられている[15]。

今日では、人間の心身相関はきわめて重要であることが知られている。頭部と胴体をつなぐ脊髄やそのほかの神経、および血管を切断して、頭部のない別の胴体にその頭部を慎重に縫い合わせても、脳と身体のあいだのフィードバックループが混乱を来して、新たな個体の生存は著しく脅かされる。ありえそうもない突飛な例に聞こえるかもしれないが、長年にわたってまさにそのような試みが何度もおこなわれてきた。むしろ頭部移植には長く豊かな歴史があり、ハーヴァード大学医学部のある外科医が先頃、外科学の学術誌でこのテーマに関する論文「頭部移植の歴史に関する概説」を書いている[16]。

その論文の冒頭で挙げられているのは、いまから100年以上前に外科医のアレクシ・カレルとチャールズ・ガスリーがイヌに対しておこなった初の頭部移植の試みである。移植を受けたイヌはものを見たり鳴いたり身体を動かしたりすることはできたが、数時間後に死んでしまった。カレルは移植に関する研究で1912年にノーベル生理学・医学賞を受賞している。1954年にはロシア人外科医のウラディミル・デミホフが同じ手術をおこない、移植を受けたイヌは29日間にわたって生き長らえた。ただし今度はノーベル賞は与えられなかった。その後、同様の手術がマウスや、さらには霊長類でも何度かおこなわれてきた。1970年には、頭部移植を受けたアカゲザルが「どんな基準から見ても正常に」8日間生き延びた。

「正常」の基準は人によって違う。人生で何度か手術を受けたことのある私は知っている。「手術が終わればすぐに『正常』になります」と医者から言われたら、その言葉の定義を問いただしたほうがいい。切り離されて担架で運ばれる頭部はきっとそんな言葉は口に出さないだろう。アカゲザルの頭部移植手術をおこなった外科医が言いたかったのは、噛んだり食べたり飲んだり、目でものを追ったり、覚醒時に特徴的な脳波のパターンを示したりしたということ、それだけだ。その間、たえず薬剤を点滴したり、窒息しないよう断続的に人工呼吸をおこなったりする必要があった。「どんな基準から見ても正常である」このサルが、木から木へ飛び移ったりバナナをつかんだりすることはけっしてなかった。

このような状況を踏まえると、人間でそんな手術をおこなおうなんて誰一人考えようともしないはずだ。ところが実はそれほど突飛な話ではなかった。2017年にイタリアのセルジオ・カナヴェーロと中国の任暁平が、頭部外傷で死んだばかりの人の胴体に生きた人の頭部を移植する計画を発表した。[17] カナヴェーロらによれば、免疫療法の近年の進歩によって新たな頭部の拒絶反応を防ぐことができるし、超低体温法によって、胴体に接合するまでのあいだ頭部を生き長らえさせることができるという。計画では、第4頸椎と第6頸椎のあいだで動脈と静脈を縛って切断し、脊髄と神経を切る。そして体温を29℃に保ちながらポンプで血液を循環させた状態で、これらをすべて再びつなぎ合わせる。

そんな身の毛のよだつような実験に誰が協力するというのか? カナヴェーロらは、末期状態の患者の中から協力者を何人も見つけられるはずだと信じていたようだ。もしかしたらそうかもしれない。欧米ではそんな手術は認められそうになかったため、2人は中国で手術をおこなう計画を立てた。「自分たちはマッドサイエンティストではない」と、学術誌『国際外科神経学誌』の中で述べている。またカナヴェーロは、「西洋の生命倫理学者が世界中を見下すのはやめるべきだ」と言う。

純粋に倫理的な懸念を別にしたとしても、カナヴェーロの提案する手術が大問題である理由はもちろんいくつもある。下等動物で十分に試験されていないし、特段成功してもいないというだけではない。費用がおよそ1億ドルにも達すると見積もられている上に、患者はほぼ間違いなくすぐに死んでしまうだろうし、激しい痛みに苦しめられるかもしれない。それをすべて脇に置いたとしても、心身相関のとてつもない重要性を考えるとどうだろう。仮にこのような手術が物理的に成功したとして、患者のコア・アフェクト、情動の健全性、そして心理全般にはどのような影響がおよぶのだろうか？

任とカナヴェーロもこの問題を認識している。身体の一部が患者のボディイメージにうまく統合されなかったことで失敗した別の移植手術例について論じた上で、「外来の身体部位を自分自身のものとして受け入れるには、心理的回復力が必要である」と記している。その手術とは手の移植である。『アメリカ生命倫理神経科学ジャーナル』の編集者ポール・ルート・ウォルプは次のように述べている。「我々の脳はつねに自分の身体をモニタし、身体に反応して適応している。まったく新しい身体をもらったら、脳はその新たな入力のすべてに大規模に再適応させられて、しばらくすると脳の基本的性質や連係経路（科学者の言う「コネクトーム」）が変化するかもしれない。自分の身体につながっていたときと同じ脳ではなくなるだろう」[18]。批判する人たちはさらに、頭部移植を受けた患者は著しい心身不調和に陥って、「精神錯乱で命を落とす」可能性があると予想している。身体が機能するのに脳が必要であるのは言うまでもないが、脳も同じように、単に酸素を含んだ血液を送り込んでもらう必要があるというだけでなく、自分の身体を必要としている。脳が馴染みのない身体とつなげられたら、たとえ技術的にはどれほどの大成功であったとしても、死につながるかもしれない。心身相関がいかに深くて重要であるかを何よりも物語る話だろう。

予測マシンとしての脳

我々は単細胞生物から進化する途中のどこかで、環境に対してプログラムどおり反射的に反応するという方法をおおかた手放し（完全にではない）、環境の詳細に合わせて計算をおこなう能力を身につけた。我々が環境に合わせた形で反応できるのは、状況と自分の行動の引き起こす結果を予測するパワーが脳に備わっているからだ。

我々の脳がたえず未来を予測していることの証拠が、驚きという情動である。[19] 誰しもある程度の知識や信念を持っている。無意識の心はそれを用いて現在の環境に関する情報をたえず分析し、次に起こることに備えて計画を立てている。しかし脳の予測と合致しない出来事に直面すると、驚きという情動が生じる。その情動は無意識の心に、いまの図式（スキーマ）が間違っていて修正が必要かもしれないと伝える。さらに、意識的な精神の情報処理を中断させて、注意をその予想外の出来事に向けさせる。予測していなかった出来事は脅威になりかねないからだ。

ここで言っている「未来の予測」というのは、株価の変動を予測したり、選挙資金の流用で次に非難を浴びる政治家を予測したりするときに用いられるプロセスとは異なる。どちらかというと次のようなものに近い。「藪の中でカサカサ音がする。この前あの音が聞こえたときには、クマが出てきて食べられそうになった。だから走って逃げたほうがいい」。あるいは、「土の上にキノコが生えている。この前あれに似たキノコを食べたときは、生まれてこのかたいちばんひどい腹痛に襲われた。あのキノコは食べないほうがいい」

このようにもっと身近で個人的な事柄を即座に予測する、つまり、すぐそばで次の瞬間に起こりそうな事柄を予測するというのは、生き延びる上で欠かせない能力だし、歳を取っても最後まで衰えない能力の一つである。たとえばこの箇所を書いている時点で、私の母は98歳、思考力に欠陥がある。そのため私と出掛けるときでも、後から寒くなることを予想できずに、上着を持っていってくれと頼もうとはしない。それでも即座に反応することはできるので、寒くなってくるとすぐに、上着を出してくれと頼んでくる。また、私がテーブルの端にコーヒーカップを置くと、母は慌て出して、うっかり落とさないようずらしてくれと言ってくる。

生きていく中で人間の脳は、つねにそのような即時の予測をおこなって、必要であれば行動を取る準備を整えている。その計算で鍵となる要素の一つが、コア・アフェクトである。周囲に関する情報は感覚がもたらしてくれるが、自分の身体の状態に関するデータはコア・アフェクトが提供してくれるからだ。

コア・アフェクトの影響がいかに強いかを踏まえると、我々がそれに意識的に気づかないことが多いというのは驚きだ。別のことで注意が逸らされていると、寒いことや腹が減っていること、あるいは風邪をひいていることにすらしばらく気づかないかもしれない。そんな状況を改善してコア・アフェクトを意識する能力が、自分の思考や感情をコントロールするための鍵となる。誰しも本能的にそれをおこない、身体を介して精神状態を変化させている。おいしい食事やワインで気分を落ち着かせたり、試合やジムの前に音楽を聴いて気分を高めたり、ひとっ走りして終わった後の満足感を味わったりする。コア・アフェクトの重要性を理解した上で、自分のコア・アフェクトの「温度」をチェックして意識する術を身につければ、先回りして意識的に振る舞うことでコア・アフェクトを制御して変化させ、自分の感情や振る舞いへの効果を体感できる。

コア・アフェクトの隠れた影響

我々の暮らしている技術社会では、生活のあらゆる面に関して複雑な決断を下す必要があり、その対象も、対人関係や仕事、投資や選挙や医療など、直近の場所と時間をはるかに超えた社会的・経済的状況におよんでいる。コア・アフェクトはそのような予測や決断に影響を与えるが、そもそもコア・アフェクトが進化したのは人類がもっとずっと原始的な生活を送っていたときのことである。進化はゆっくりと作用するものだから、過去50万年にわたって通用していた方法が、ここ500年や今日において最良であるとは限らない。そのため今日では、コア・アフェクトの影響は必ずしも有益とは限らない。

5年間服役した末にようやく仮釈放委員会の審査を受けることになった、カマル・アッバシの事例について考えてみよう。アッバシは、強力な爆薬の原料となる化学物質を購入したことで有罪となった。その化学物質を注文したのは、おとり捜査の一環として立ち上げられた偽のウェブサイトだった。当時19歳だったアッバシは、テロ攻撃など計画してはいなかった。友人だと思っていたある人物がアッバシの家のコンピュータからその化学物質を注文し、購入目的についてはアッパシに嘘をついたのだ。しかし判事はアッパシの証言に耳を貸さず、即座に有罪を申し渡した。それから5年経ち、アッパシは模範囚として仮釈放を求めた。

仮釈放委員会の審査を受ける服役囚の罪状は、軽微な犯罪から凶悪殺人まであらゆる罪におよぶ。審査官には次の2つの選択肢しかない。服役囚の求めに応じて、これまでと今後の良いおこないを前提に釈放するか、あるいは要求を却下するかのいずれかだ。

聴聞会でアッパシは、当時自分は担がれたのだという説明を蒸し返すことはなかった。判決自体はもはや覆しようがなかった。そこで代わりに、自分は模範囚だったと主張することに焦点を絞った。服役中、トラブルを起こすことは一度もなかった。刑務所外での奉仕活動もおこなっていた。オンラインで大学の講座も受講していた。判決当時付き合っていた幼なじみの恋人と婚約もしていた。

アッパシは5年間毎日こつこつと働きながら、未来の希望が懸かったこの聴聞会を心待ちにしていた。ばかげた境遇から決別して世間並みの生活を築けるかどうかが、昼休み直前に開かれるこの11分間のたった一度の聴聞会にかかっていた。ところが下された決定にアッパシは打ちのめされた。仮釈放は認められなかったのだ。

聴聞会が終わるとアッパシは後悔の念にさいなまれた。訴えそびれたことがあったのだろうか？　どうしたら審査官の心を動かすことができたのだろうか？

アッパシは知るよしもなかったが、仮釈放が認められるかどうかは、過去5年間の彼自身の行動よりも、一見したところ無関係な条件のほうにはるかに強く左右されていた。その条件とは、審査を受ける時刻である。アッバシの聴聞会は午前の部の最後で、彼の仮釈放が認められる可能性はほぼゼロに等しかったのだ。

衝撃的な話だが事実だ。仮釈放審査官は毎日何十件も審査するし、その一件一件において、服役囚の未来だけでなく、釈放された服役囚から影響を受けかねない人たちの未来も握っている。仮釈放を却下する上で理由はたいして求められないが、認めるためには正当な理由が必要だし、とても荷が重い。服役囚が確かに更生したことの証拠を検討した上で受け入れ、釈放されても社会に害をおよぼさないことを確信できなければならない。判断を誤ったら、殺人などの凶悪犯罪を招きかねない。審査官は一日の初めと休憩の後には気力があるが、次から次へと審査をこなして時間が過ぎていくにつれて徐々に疲れてくる。午前中のコーヒー休憩と昼休みの直前、そして一日の終わりには、たいてい腹が減ってくたくたになっており、そのネガティブな身体状態が判断に重大な影響を与えるのだ。

その影響の大きさには心かき乱される。先頃発表されてすぐさま高く評価されたある研究では、平均22・5年の経験を持つ8人の審査官の携わった、計1112件の仮釈放聴聞会に関する統計を収集した[20]。その結果、一日の初め、またはコーヒー休憩や昼休みの直後に開かれた聴聞会では、60％のケースで仮釈放が認められた。しかし次のページのグラフが表しているとおり、聴聞会が続くにつれて仮釈放の認められる割合は着実に下がっていき、休憩前の最後の聴聞会では仮釈放がほぼ一件も認められていなかったのだ。

コア・アフェクトは身体状態を反映しているため、疲れて腹が空くにつれてコア・アフェクトもネガティブになっていく。それが意思決定に影響を与え、人は疑り深くて批判的で悲観的になっていくが、

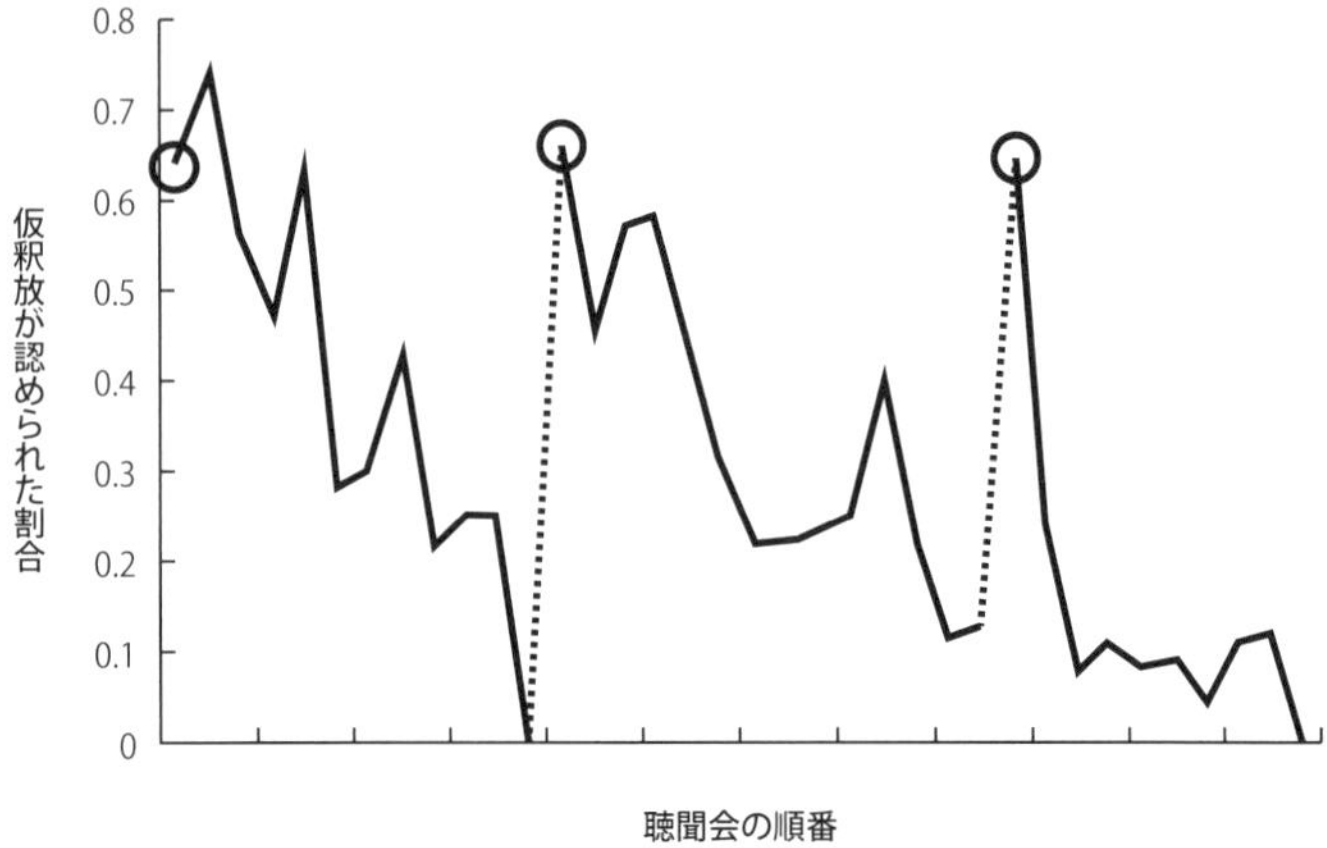

聴聞会の順番ごとの、服役囚にとって好ましい裁定が下された割合。丸印は、3回の各セッションにおける最初の判断。横軸の目盛りは3件ごと。点線は食事休憩[21]。

自分ではそのことにほとんど気づかない。研究対象となった審査官に判断の根拠を尋ねたところ、一件一件について合理的な理由を挙げた。自分のコア・アフェクトが影響を与えたこと、それによって情動が湧き上がったこと、それに促されて判断を下したことを認識もしていなければ、認めようともしなかった。服役囚の人生を文字どおり左右する聴聞会、そこでの決定にコア・アフェクトが影響を与えることはほとんど知られておらず、この不公正な制度は今後もなくならないだろう。

　ほかの調査によって、さまざまな場面で同様の影響が見つかっている。たとえば、２００人の臨床医を受診した計２万１０００人の患者を対象に、医師が抗生物質を処方したかどうかを調査した。抗生物質はウイルスには効かないが、ウイルス性と思われる病気にかかった患者の多くはそれでも抗生物質を欲しがる。そのような場合、医師は患者の要求を断るのが最善だが、それには精神力を要する。調査の結果、一日の診察時間の始まり、必要のない抗生物質を欲しがる患者に抗生物質を処方する割合はおよそ4件に1件だった。しかし時間が経つにつれてこの割合は着実に上がっていき、一日の終わりには3件に1件となった[22]。医師は何年も厳しい訓練を積んでようやく開業できるものだが、それでも仮釈放審査官と同じように、その判断は事実だけでなく自分の疲れ具合からも影響を受けていたのだ。

お金が懸かっていてもこの影響は消えないようだ。たとえば別の研究では、大企業の四半期収支報告について調査した。株式会社の経営陣とアナリスト、投資家、記者のあいだで、電話会議形式で過去四半期の財務成績が議論される。調査の結果、時間が経つにつれてアナリストや投資家はネガティブになっていき、遅い時間になると質疑応答のネガティブな影響を受けて平均的に株価が下がっていくことが明らかとなった[23]。

ユキヒメドリの実験の場合とまったく同じように、我々人間の振る舞いや決断も腹が空いているかどうかに影響を受けるのだ。たとえば他人とトラブルを起こして相手を罵りがちな人は、血糖値が下がってコア・アフェクトがネガティブになると有意に攻撃的になる[24]。まずい食べ物もネガティブな影響を与える。ある実験では、苦くてまずい飲み物を飲んだ被験者はそうでなかった対照群に比べて、より攻撃的で冷淡であると判定された[25]。

動物の進化の大部分を通じて、コア・アフェクトは意思決定の第一の導き手として重要なシステムの一部を担ってきた。そのシステムのおかげで生物は身体を適切に維持・機能させ、大自然のさまざまな困難を生き延びることができる。今日の我々はもっと安全な世界に暮らしているが、それでもいまだにコア・アフェクトは、自分の身体が必要とするものに気づいてそれを満たす上で欠かせない。眠かったり体調が悪かったりするときに休んだり、極端な暑さ・寒さを避けたり、空腹や喉の渇きを癒やしたりするよう促してくれる。しかしここまでの例から分かるとおり、ネガティブなコア・アフェクトには好ましくない副作用がある。朝に駐車違反切符を切られて、午後にクレジットカードをなくし、夜になってそのことを忘れようとして頭が痛くなってきたとしよう。コア・アフェクトはけっしてポジティブではない。そんなときに義母から電話で、次の週末に家に行きたいと言われた。ちょっと考えているうちにあなたの思考は、義母があなたの体重や家の剝げかけたペンキのことでいつもお小言を言いたがるのを気にしすぎて、義母がかけてくれる愛情をないがしろにしてしまうかもしれない。

数年前に私の家が火事に遭い、修繕するあいだの6か月間、仮の家で暮らした。そのアパートは窮屈でベッドの寝心地も悪く、火事で燃えずに済んだ家財もほとんどが使えなかった。何とかしなければと思っていたとき、娘のオリヴィアがいかにもティーンエイジャーらしいある頼みごとをしてきた。すると、以前なら許していたようなことだったのに、私はだめと言ってしまった。暮らしにくさと生活の混乱でコア・アフェクトが影響を受け、ふだんよりもずっとネガティブな気性になっていたのかもしれない。そこで私は科学者として、この仮説を検証する方法がないかどうか考えてみた。すると翌年4月、確定申告の時期になって、定量的な指標が一つあることに気づいた。仮の家で暮らしていた半年間の寄付金の額が普段よりもずっと少なかったのだ。火災の損害額は保険でほぼ全額補償されたので、家計が苦しくなったからではない。しかし私のコア・アフェクトは長い不調に陥っていたのだ。

制御下での実験とは言えないが、私は考えさせられた。火事や人の死、離婚など、人生の大きな危機に直面していないときでも、次のことを心に留めておくべきだ。自分や相手の態度や決断が、みなコア・アフェクトに大きく影響されるということを。しかも、自分も相手もその影響にはたいてい気づいていない。自分のコア・アフェクトを抑えるいちばんの方法は、コア・アフェクトをモニタすることだ。そうすれば、寒かったり疲れていたり、腹が減っていたりどこか痛かったりすることで自分がどのような影響を受けているか、接している相手もそういったことでどのような影響を受けていそうかに気づくことができる。それに気づけるようになれば、あの仮釈放審査官のような状況を意識的に避けることで、悪い決断を下したり人にきつく当たったりするのを防げる。

我々の意識的な経験は脳だけで形作られるのではなく、身体が何をしているか、身体がどう扱われているかにもかかっている。精神状態と身体状態を結びつけるコア・アフェクトは、この世界における我々の基本的経験を左右していて、情動の構成部品の一つであると考えられている。そしてプラトンの言う理性を凌いで、人間らしさの中でも最上位に位置している。次の章では情動自体の話題に戻り、情動と理性がどのように作用し合うか、情動が思考や理性をどのように導くかを探っていくことにしよう。

第2部

情動の驚くべき力

第4章 情動が思考を導く

——情動が情報処理に及ぼす影響

情動に目覚めた天才物理学者

20世紀最高の物理学者の一人で量子論を拓いたポール・ディラックの業績の一つが、反粒子の理論を打ち立てたことである。ディラックは量子論の開拓者として、現代の世界の構築に中心的な役割を果たしており、我々の社会を支配するエレクトロニクスやコンピュータ、通信技術やインターネットはすべて彼の理論に基づいている。論理的で理性的な思考にかけての非凡な天才ぶりゆえ、ディラックは20世紀最高の思索家の一人といえる。しかしそれと同じくらい特徴的だったのが、若い頃は人と付き合う上で親近感や情動をいっさい見せなかったことである。他人や人の感情にはまったく関心がないと公言していた。「子供の頃は愛情も好意もいっさい知らなかった」と友人に語っているし、大人になってからもそれを求めようとはしなかった。「私の人生は感情でなくもっぱら事実に向けられている」と述べている。

ディラックは１９０２年にイングランドのブリストルで生まれた。[1] 母親はイギリス人、父親は厳格なことで知られるスイス人教師だった。父親はディラックとそのきょうだいたち、そして妻に厳しく当たり、３人の子供には自分の母国語であるフランス語でしゃべるよう強制して、英語を話すことを許さなかった。食事は2組に分かれて取らされた。ディラックの母親ときょうだいたちはキッチンで食事を取り、英語で話した。ディラックと父親はダイニングルームで食事をし、フランス語だけで話をした。ディラックはフランス語が苦手で、間違えるたびに父親から罰を受けた。やがて最低限のことしか話さなくなり、その無口な性格は成人してからもしばらくのあいだ続いた。

ディラックは学問に秀でていたが、日々の環境や困難に立ち向かう上でそれはほとんど役に立たなかった。我々人間は純粋に理性的な思考をおこなうのではなく、情動に促され掻き立てられて理性的思考をおこなうよう進化した。しかしよそよそしくて知的なディラックには、喜びや希望、愛情がほぼ欠けていた。１９３４年9月、ディラックはプリンストンの高等研究所を訪問すべくアメリカに渡った。到着の翌日、ボルティモア・デリ・ランチというレストランに入った。すると同僚物理学者のユージーン・ウィグナーが、たばこを吸う一人のこぎれいな女性と一緒にテーブルについていた。彼女はウィグナーの妹マーギット、離婚して2人の幼い子供を育てる活発な女性で、科学はからっきしだった。友人たちからはマンシーと呼ばれていた。マンシーののちの話によると、痩せこけたディラックは途方に暮れた様子で寂しげ、おどおどしていて頼りなげだったという。かわいそうに思ったマンシーは兄に、彼をこっちに呼んであげてと頼んだ。

マンシーはおしゃべりで情緒豊か、気取っていて衝動的と、まさにディラックの反粒子のような人物だった。対してディラックは物静かで客観的、慎重だった。それでも2人はこのランチの後も何度か一緒にディナーをした。やがて、「アイスクリームソーダとロブスターのディナーを囲んで」2人の仲は深まった、とディラックの伝記作家グレアム・ファーメロは記している。その数か月後、マンシーは故郷のブダペストに、ディラックはロンドンに戻った。

帰国したマンシーは数日おきにディラックに手紙を書いた。その長い手紙には、いろいろな出来事や噂話、そして何よりも感情が込められていた。しかしディラックの返事は数週間おきで、文の数も片手で数えられるほどだった。「気の利いた手紙を書けなくてごめん。きっと感情がすごく弱いからだろう」と詫びている。

マンシーは気持ちが伝わらないことにいらいらしていたが、ディラックは彼女が何に悩んでいるのか理解できなかった。プラトニックな関係から発展することはなかったが、手紙を書いたり、ときどき会ったりすることは続いた。そうしてやがて2人の愛情は深まっていった。あるとき、ブダペストにマンシーを訪ねたディラックは、帰国後に次のような手紙を書いた。「君と別れてすごく悲しかったし、いまも君がいなくてすごく寂しい」。それからまもない1937年1月、2人は結婚し、ディラックはマンシーの2人の子供を引き取った。結婚生活でディラックは、それまで考えもつかなかったような幸せを感じた。2人はずっと相手をいちばんに思いつづけ、出会ってから50年目のすぐ後、1984年にポール・ディラックは世を去った。

ディラックはマンシーへの手紙の中で次のように記している。「愛しいマンシー、君は僕にとってかけがえのない人だ。僕の人生を素晴らしいものに変えてくれた。僕を人間にしてくれたんだ」。マンシーへの感情でディラックは目覚めた。それまでは自分の感情に気づいておらず、半分死んでいるようなものだった。しかしマンシーと出会って情動的な自己に気づいたことで、世界が違ったふうに見えてきて、人との付き合い方が変わり、以前とは違った人生の決断をするようになった。同僚いわく、別人になったのだ。[2]

情動の存在に気づいたディラックは、人付き合いがだんだん好きになってきた。そして本書の話にとってもっと重要なこととして、科学者の思考に情動が良い影響を与えることを悟った。ディラックの精神生活において、まるですばらしい悟りを得たようなものだった。それから何十年にもわたり、世代を代表する物理学者たちが師ディラックに物理学での成功の秘訣を尋ねつづけた。ディラックはどう答えたのか？　ファーメロは全438ページにおよぶディラックの伝記の最後でちょうどその話題を取り上げている。ディラックは彼らに、「何よりも自分の感情に従うんだ」とアドバイスしたのだ。[3]

いったいどういう意味なのか？　理論物理学の客観的な論理にどうして情動が役に立つというのか？　人間の活動の中で情動からもっともかけ離れたものは何だと思うかアンケートを採ったら、きっと理論物理学が上位にランクインするだろう。この分野での成功の鍵が論理と正確さであるのは確かだが、情動もそれに匹敵する役割を果たしているのだ。

論理的な解析のスキルさえあれば物理学で成功できるとしたら、大学の物理学科では物理学者でなくコンピュータが仕事をしていたはずだ。世間の人は、物理学はＡ＋Ｂ＝Ｃといった数式からできているものと考えている。しかし研究を進めていると、選んだ仮定や用いた近似によって、Ａ＋ＢがＣになったりＤになったり、あるいはＥになったりするような場面によく出くわす。しかも、Ａ－Ｂの答えを探ること自体がそもそも選択の対象である。代わりにＡ＋ＣやＡ＋Ｄに目を向けるべきかもしれない。あるいは全部あきらめて、もっと簡単な研究計画を探すべきかもしれない。

第２章で説明したとおり、人間の思考はもっとも基本的なレベルでは一定の台本に支配されており、それよりもっと柔軟に新たな状況に反応する術として情動は生まれた。そのため物理学においても情動は、どの数学的道筋を進んでいくかの決断を導いてくれる。しかも、その前提となる意識的なプロセスや無意識のプロセスに目標や過去の経験がどのように込められているかは、自分では気づかないかもしれない。かつての探検家が知識と直観を組み合わせて原野を横断する道を見つけたのと同じように、物理学者も数学的な理論だけでなく自分の感情にも基づいて決断をおこなう。そして偉大な探検家がその決断の理由についてほとんど言い訳せずに先へ進んだのと同じように、物理学者もときには「非理性的な」勢いでとんでもなく面倒な計算を進めるべきなのだ。

きわめて正確で分析的な思考ですら、それを成功させるためには情動を組み合わせなければならないとしたら、日常的な思考や決断に情動が大きな影響を与えていてもけっして驚きではない。人生において、取るべき道筋や行動がはっきりと正確に分かっていることなどめったにない。我々が決断をする際には、状況や事実、確率やリスク、そして不完全な情報の複雑な組み合わせを用いる。脳がそのデータを処理して、精神的・身体的な反応を計算する。私の父がフェンスのところで仲間の破壊工作員と合流すべきかどうかを決断しなければならなかったときと同じように、ほとんどの人は決断を下す際に、情動から強い影響を受け、単なる論理だけでは説明が難しい結論を導き出すものだ。そこでここから先、精神的な情報処理において情動が、ディラックの場合のように良い役割を、あるいは次の逸話のように悪い役割を果たしていること、そして我々にとってそれにどういう意味があるのかを明らかにしていこう。

情動が思考を左右する

20歳のジョーダン・カルデラは恋人に振られて打ちひしがれていた。[4] そんなときには、自分を変えると約束する人もいれば、花束を贈る人もいるだろう。しかしカルデラは、彼女の愛情を取り戻すための別の方法を思いついた。そもそも振られて当然としか思えないような方法だ。カルデラは考えた。自分が怪我をして入院していると知ったら、元カノは戻ってきてくれるだろう。しかしみっともない事故じゃだめだ。

彼女の心をつかまなければならない。カルデラは、自分が何かの犠牲になったと彼女に思い込ませようと決めた。その計画で肝心なのは同情心だが、ただし虐待されたイヌに対して抱くような感情だと、取り戻してもらいたい恋愛感情にはそぐわないだろう。

カルデラはある計略を立てた。知人のマイケル・ウェジックに、お金とドラッグの見返りにライフルで背中か胸を数発撃ってくれと頼んだのだ。また友人のアンソニー・ウッドールには、その後で元カノに、自分が男の集団に襲われたと電話で伝えるよう頼んだ。

だが作戦決行の時間になって、物事が狂いはじめた。第1に、ウェジックがカルデラの上半身をハチの巣にするのを嫌がりはじめた。代わりに腕を1発撃ったが、けっしてそれ以上撃とうとはしなかった。第2に、警察は彼らの話を信じなかった。そしてカルデラを偽証罪で、ウェジックとウッドールを不用意な銃の使用に加担した罪で逮捕したのだ。どちらも重罪である。第3に、何よりも元カノが相手にしてくれなかった。病院にも姿を見せなかったし、怪我の状態を尋ねてくることもなかったのだ。カルデラの身体に弾痕が開いたからよりを戻そうだなんて、当然思えなかったのだ。

検察官はこの事件について、「これまで見てきた中でも飛び抜けて愚かな事件だろう」と語った。弁護人のサンフォード・パーリスも「重罪に値する愚か者」と述べた。[5] カルデラものちにこの言葉にうなずくしかなかっただろう。思いついたときにはさほど浅はかな計画だとは思わなかったことから分かるとおり、情動は精神的な計算に大きな影響を与える。カルデラの強い恋心が、どんな犠牲を払ってでも元カノを取り戻すという目標へ駆り立てると同時に、思考プロセスを大きくゆがめ、計画を思いついたときには常識を完全に無視するところまで追い込んでしまったのだ。

神経科学者のラルフ・アドルフスは次のように言う。「情動という心の機能状態は、脳を特別な作動モードに切り替えて、目標を調節したり、注意を向けさせたり、精神的計算においてさまざまな要素に割り当てる重みを変えたりする」。自分は冷静な論理的推論をおこなっていると信じ込んでいるときでも、実はそんなことはないという。普段は気づかないが、思考プロセスの枠組み自体が、そのとき感じている事柄に、ときにはそれとなく、ときにははっきりとした形で大きく影響されるのだ。

「ｉＰｈｏｎｅを思い浮かべてほしい」とアドルフスは言う。通常の動作モードにおけるｉＰｈｏｎｅの目標は、あなたの役に立つための準備をつねに整えていることだ。それをできるだけ達成させるために、ｉＰｈｏｎｅはあなたが操作していないときでもつねに動作して、「ヘイ、Ｓｉｒｉ」と声を掛けられるのに耳を傾けたり、新着メールがないかどうかチェックしたり、アプリのアップデートデータをダウンロードしたりしている。しかし省電力モードでは優先事項が変わる。バッテリーの節約が重要なので、これらの動作を抑えたり、完全に停止したりする。論理に基づく計算を実行して動作してはいるが、通常とは違うプログラムを走らせている。

人間の脳はもっとずっと複雑だが、計算を実行する物理系という点ではｉＰｈｏｎｅと似ている。[6]健康を維持し、早死にを防ぎ、繁殖に成功する確率を高めるには、どのような行動を取ればいちばん良いかを計算するよう進化した。しかもｉＰｈｏｎｅと同じく、それぞれの問題の解決に合わせた専用プログラムを数多く備えている。食物獲得や配偶者選び、顔認識や睡眠管理、エネルギー配分や生理的反応といった、実際的な問題に用いるプログラムも持っている。また、学習や記憶、目標選択や優先順位付け、行動決定規則や確率評価など、認知に関する問題を扱うプログラムもある。

ｉＰｈｏｎｅがプログラムを調節して省電力モードに入るのと同じように、我々の脳もそれぞれ異なる特徴を持ったいくつものモードで動作することができる。情動も精神活動の一つのモード、いわばバックグラウンド機能であって、あなたの現在の状態に合わせて脳の多数のプログラムを協調・調和させ、プログラムどうしが矛盾を来さないようにしている。

あるとき、息子のニコライと一緒に、南カリフォルニアに広がるなだらかな砂漠をハイキングしていた。ニコライは8歳だった。日が傾いて腹が減ってきたので、どこで夕食にしようかと考えていた。すると、たどってきた道を見失っているのに気づいた。どの方角を見ても同じように見えるし、そもそも近くの丘に遮られて遠くまで見渡せない。あたりに誰もいないし、飲み水もなくなってしまったし、道も分からない。もうすぐ暗くなってすごく寒くなる。突然怖くなって、空腹感も消えてしまった。空腹感を無視したのではなく、感じられなくなったのだ。人は恐怖状態に陥ると感覚が鋭敏になり、空腹感といった余計な感情は抑えられてしまうのだ。

私はどうにかして気を落ち着け、何をすべきかじっと考えた。意識の上では目印もいっさい見えなかったし、どちらからやって来たかも覚えていなかった。しかしある方角にピンときたので、そちらに歩いていった。するとそれが正しい選択だった。人間の心というのはそういうふうに働くものだ。五感が周囲に関する入力を脳に与え、記憶が過去に関する情報を提供し、知識や信念がこの世界のしくみに関する基礎的データを与える。困難や脅威など、解決すべき問題に直面すると、これらのリソースを総動員して、どのように反応すべきかを計算する。その中には、意識上でおこなわれるものもあれば、意識の外でおこなわれるものもある。しかしその精神的計算のしかたは何通りもある。どこに注意を集中させるか？　取りうるそれぞれの行動に伴う代償と恩恵にどれだけの重み付けをするか？　リスクをどれだけ重視するか？　あいまいな入力や情報をどのように解釈するか？　これらの精神的情報処理はすべて情動に促されるのだ。

ジョーダン・カルデラは、失恋という精神状態のせいでとてつもない誤算に至った。しかし悠久の歳月を通じて平均を取れば、愛情や恐怖、嫌悪感や自尊心などの情動状態は、このような問題に対して脳の出す答えを調節することで、我々の生きるこの世界に立ち向かう能力を高めてくれているのだ。

思考を導く情動の役割

夜中にひとけのない暗い道を歩いていたら、背後の暗闇で何かが動いた気がした。強盗に後をつけられているのだろうか？　あなたの心は「恐怖モード」に入る。普段だったら聞こえないし気にも留めないカサカサとかキーキーといった音が、突如としてもっとずっとはっきり聞こえてくる。計画の対象が現在へと切り替わり、目標や優先事項が変化する。空腹感などの感情は消え、頭痛は治まり、楽しみにしていたその晩のコンサートは突如としてどうでもいいことに思えてくる。

第1章で分かったとおり、不安状態は悲観的な認知バイアスを引き起こす。不安を感じている脳はあいまいな情報を処理すると、考えられるいくつかの解釈の中からより悲観的なものを選ぼうとする。前に述べたとおり、恐怖は不安に似ているが、起こりうる未来の危険に対する予感ではなく、現在の具体的な脅威に対する反応として起こる。そのため、恐怖も精神的計算に不安と同様の影響を与えるのは驚くことではない。感覚入力を解釈する際、警戒すべき可能性に通常よりも高い確率を当てはめるのだ。暗い道を歩いていると、あの足音は背後から聞こえてくるのだろうかと勘ぐってしまう。そのような疑念が思考を支配してしまうのだ。

恐怖に関するある実験では、ある刺殺事件に関するおぞましい記事を被験者に読ませて、恐怖の感情を起こさせた。[7] 続いて被験者には、暴力行為から自然災害までさまざまな災難の起こる確率を見積もってもらった。そして恐怖を掻き立てられていない被験者と比較したところ、殺人など関係のある出来事だけでなく、竜巻や洪水など無関係な出来事に関しても、その災難の起こる確率をより高く感じ取った。ぞっとする写真によって被験者の精神的計算が根本レベルで影響を受け、周囲の脅威全般により用心深くなったのだ。

だが仮に、あなたがマッチョで護身術を十分に身につけていたとしよう。背後にいると思った人物が暗闇から飛び出してきて、財布を出せと脅してきた。あなたは恐怖よりも怒りを感じるかもしれない。進化心理学によると、怒りは交渉のための手段であって、利害対立を怒った側に有利に解決するよう進化したという[8]。怒っているときの精神的計算では、他者を犠牲にすることで、自分の幸福と目標により高い重要度を当てはめる。実は一人でできるおもしろい（そしてためになる）実験がある。怒りを抑えるための実証済みの方法を使ったものだ。今度怒りがわき上がってきたら、単純にその場から離れてみてほしい。関わらないこと。怒りが薄れる時間を作ること。そしてその言い争いについて考えなおしてみる。そうすれば、互いの主張に対する重み付けが変わってきて、相手の見方をより理解して受け入れられるようになるはずだ。

小さな社会集団の中で進化した人類は、協力的なやり取りと敵対的なやり取りの両方につねに関わっていなければならなかった。そのような状況で誰かが怒ると、ほかの人はその人をなだめようと思う。古代人の場合、怒りにはつねに攻撃という脅威が付きまとっていた。戦いになると強い人は弱い人よりも得をするし、強い人の脅しのほうが現実味があるので、古代人のあいだでは弱い人よりも強い人のほうが簡単に怒っただろうと予想される。実は今日でもそうであることが、研究で明らかになっている。

女性は一般的に戦いを好まないので、その相関はもっとずっと弱い。

各種の情動はそれぞれ異なる思考モードに対応していて、それに応じた形で判断や推論を調節する。たとえば、恋愛感情を抱いている相手から思いがけず冷たくあしらわれたり、優しくしてもらえなかったりしたとしよう。実際に拒まれているのだろうか？　それとも、あなたとは関係ない何らかの要因、たとえばたまたま何かに集中していたせいだろうか？　このような問題についてどう考えるかは、情動状態からさまざまな形で影響を受ける。不安の情動状態にあるときにこの手のあいまいな状況に置かれたら、気持ちをかき乱すような解釈を選んで、自分は何かまずいことをしただろうかと考えはじめがちだ。この前一緒にいたときに何か失礼なことを言ったのだろうか？　何かすべきことを忘れていたのだろうか？　どんな情動でもそうだが、不安があらぬ方向に進むとさまざまな問題が生じて、心配が理性を圧倒しかねない。その一方で、ネガティブな解釈のほうが正しい場合もあるため、不安には利点もある。不安状態にないと、自分のどんなおこないが問題を引き起こしたのか、どうすれば状況を改善できるかをじっくり考えられないだろう。

情動状態が精神的計算に与える影響をもっとも鮮烈に物語る例の一つが、１９９０年代初め、アメリカ・モンタナ州ボーズマン近郊でのハンティング旅行をめぐる悲しい出来事である。[9] 20代半ばの２人の男が、深い森を貫く荒れ果てた伐採用の泥道を、クマの話をしながら歩いていた。その日は朝からハンティングを始めたが、まだ一頭も仕留められていなかった。

２人はしかたなく家路についた。すでに真夜中で、月も出ていなかった。疲れきってピリピリしていたし、恐怖も感じていた。まだクマを仕留めたいと思っていたが、夜中だし暗かったので、クマとの遭遇を恐れてもいた。するとカーブを回ったとき、前方25メートルほどのところで何か大きい物体が動いて音を立てているのに気づいた。恐怖と興奮が入り混じった2人は、アドレナリンと、ストレスホルモンのコルチゾールの血中レベルが急上昇したに違いない。

五感で感知される光景や音がそのまま、意識的な心によって知覚されるわけではない。感覚入力は脳の中で生の情報を受け取る部位に伝えられ、何段階もの処理や解釈を通されてからようやく意識される。その処理と解釈は、事前の知識や信念、予想、そして情動状態によって影響を受ける。もしもこの2人が恐怖と興奮の状態になく、クマのことで頭がいっぱいでなかったら、あの音と動きは危険なものではないと解釈していたかもしれない。しかしあの運命の晩、2人はクマに遭遇したと結論づけた。そしてライフルを構えて引き金を引いた。

恐怖でいっぱいになり、危険から身を守ろうと思った2人の精神的計算は、実は完全に的外れだった。その「クマ」は実は黄色いテントで、中には1組の男女がいた。クマに対する恐怖は、本来なら襲われて殺されていたかもしれない無数の人の命を間違いなく救ってきたが、このときはそうではなかった。1発の銃弾が女性に当たって命を奪ったのだ。その銃弾を発射した若者は過失致死で有罪になった。そして2年後に自殺した。

たとえ暗くなっていたとはいえ、どうして揺れるテントをクマに見間違えるなんてことがあるのか、陪審員たちには理解できなかった。しかし陪審員は興奮も恐怖も感じてはいなかった。誰しもこの世界と、その中で自分が取るべき行動を、心の中での計算を通じて解釈する。情動は、自分の置かれた特定の状況にその精神活動を合わせるために進化した。何千万年もかけて発達したシステムだ。ほとんどの場合はとてもうまく機能するが、古代人がアフリカのサバンナで暮らしていた頃ですら、もちろん絶対確実ではなかった。情動はメリットをもたらしてくれる一方で、しくじると大惨事を招きかねないのだ。

道徳観念の基盤となる社会的情動

けっして変化しない生物種など一つもない。古代人の場合も、時代とともに社会的になるにつれてその情動の構成が、人との関係性の強い世界に適応した役に立つものへと進化した。忠誠や誠実、互恵関係といった、人付き合いや社会規範と関係のある、もっと複雑な新しい階層が情動のレパートリーに加わった[10]。それは、罪悪感や羞恥心（しゅうち）、嫉妬心や義憤、感謝や敬慕、共感や自尊心など、いわゆる社会的情動と呼ばれているものだ。

たとえば義憤は、社会規範を破っている人を目にしたときに生じる。感謝と敬慕は、誰かが社会規範に従ったり、それを上回る振る舞いをしたりすると生じる。嫉妬心と羞恥心が生まれたのは、人間社会が発展するにつれて、自分の利益を物理的に守る能力がもっぱら地位と繁殖力を維持するのに注がれるようになったからだ。妻が浮気をしてそれがばれ、夫の仲間に知られてしまうと、夫は繁殖を含めさまざまな場面で苦境に立つ確率が高まるだろう。性に関する男性の嫉妬心や羞恥心という情動システムは、そのような不測の事態に抗うための反応として進化した。一方で、女性が愛情を強く求めるのは女性の役割ゆえで、子孫の面倒を見てくれる一途な配偶者を見つけることを重視したものだ。

ニューヨーク大学で倫理的リーダーシップを教えるジョナサン・ハイトは、人間の道徳的推論と情動との関係性をずっと研究してきた。学術文献で7000回以上引用されているハイトのもっとも有名な論文の一つが、「情動的なイヌとその理性的な尻尾」というタイトルのもの。この章ではここまで、一見したところ理性的な思考・計算・決断は情動と複雑に絡み合っていて、情動はたいてい舞台裏で精神的計算に影響を与えていると論じてきた。ハイトはさらに論を進めて、情動、とりわけ社会的情動が、道徳的推論を含むさまざまな思考プロセスをもっとも強く促していると主張している。

ハイトの研究の大部分は、我々の生活において嫌悪がどのような役割を果たしているかに焦点を当てたものだ。もとは物理世界における嫌悪を支配していた基本的な神経回路が、社会的状況に転用されたことが明らかとなっている。傷んだ食べ物を口にすることを防いでいたその情動が、進化の過程で拡張されて、社会的・道徳的秩序のお目付役になったのだ[11]。その結果、今日の我々は、腐った食べ物だけでなく「腐った人」にも嫌悪感を抱くようになった。多くの文化において、不快な物体を拒むのに使われる単語や表情は、社会的にふさわしくない人や行動をはねつけるのにも使われている。

ハイトがある研究論文の中で報告した実験では、大学生に報酬としてチョコレートバーを与えた上で、さまざまなシナリオの道徳性を評価してもらった。対照群は通常の部屋でその課題に取り組んだが、実験群は「かなり不快な環境」の作業場で取り組んだ。ハイトの事前の予想では、被験者は環境による物理的嫌悪を、読んだシナリオに関する社会的嫌悪と勘違いするはずだった。物理的嫌悪が社会的領域に(あるいはその逆に)あふれ出せば、この2つの情動が密接に関係しているという自説が裏付けられることになる。

対照群にあてがわれた部屋は完璧に整頓されていて清潔だった。それに対して不快な部屋では、椅子のクッションは破れていて汚く、ごみ箱は油まみれのピザの箱や汚れたティッシュであふれ、机はしみがついてべとべとしており、その上には歯形の付いたペンと、スムージーのかすがこびりついた透明のコップが置かれていた。「よくある学生寮の部屋のようだ」と思った人は、大学生のことをハイトよりもよく知っているといえる。ハイトは論文の中で、学生たちに嫌悪感を抱かせようとしたがうまくいかなかったと認めている。「むかつくはずの」大学生たちはその部屋をいっさい嫌がらなかったのだ（アンケートへの回答に基づく）。

そこでハイトたちは、学生ですら嫌悪感を抱くようなもっと確実な方法を使って再度実験をおこなった。使ったのは、おならのにおいのするスプレーだ（ネット通販で購入できる）。その実験では、直前にそのスプレーを撒いた部屋で被験者にアンケートを渡し、いとことセックスしたり結婚したりするのは受け入れられるかといった道徳的問題に関する彼らの見解を探った。その結果、臭くない部屋で質問に答えた被験者よりも厳しい道徳的判断を下した。[12]

一度は失敗したものの、ハイトのこの研究結果はおおむねよく再現されている。たとえば別の研究グループがおこなった実験では、苦い飲み物を飲んで嫌悪感を掻き立てられると、倫理違反に対する道徳的非難の程度が高まった。[13] 逆に、道徳違反について考えさせられた被験者は、まずい飲み物を対照群よりも不快に感じた。[14] さらに、不健康そうな人、かなり年老いた人、あるいは外国人のように単に違う外見の人に対するネガティブな感情と、自分が感染症にどのくらいかかりやすいと感じるかとのあいだにも、相関があると報告されている。[15] とりわけ感染症にかかりやすい妊婦でも、同じ傾向が見出されている。

社会的情動を欠いたサイコパス

社会的情動が道徳観念の基盤になっているというハイトの説が正しいとしたら、社会的情動は社会の中で協力し合って一緒に暮らすために欠かせない能力だと言える。脳の構造体の機能は、その構造体を損傷した人の研究によって解明されることが多い。それと同じように、良好な社会を維持する上で社会的情動が重要であることは、サイコパスのようにその種の感情を持たない人に何が起こっているのかを探ることで明らかとなる。たとえば２０１７年、64歳の元会計監査人・不動産経営者・ギャンブラーのスティーヴン・パドックが、ラスベガスのマンダレイ・ベイホテルの32階にある並びのスイートルームにチェックインし、何も知らないベルボーイに手伝わせて、武器と弾薬を詰めたスーツケース５つを運び込んだ。そして10月1日日曜日の夜、階下で開かれるコンサートを聴きに来ていた群衆に向かって１１００発以上の銃弾を発射した。58人が死亡、パニックで怪我をした人を含め８５１人が負傷した。警察が何年にもわたって捜査したが、動機はいっさい明らかにならなかった。それどころか、まるで食料雑貨店に行くときのような、なんということのない無関心な態度で実行されたかのようだった。

それからおよそ1年後、今度はカリフォルニア州サウザンド・オークスにあるカントリーミュージック・バーに、銃を持った別の男が入っていった。大勢の大学生が足繁く通うバーで、中にはラスベガスのあのコンサートを聴きに行った人もいた[16]。男は12人を射殺してから自殺した。銃撃の最中、まるでお気に入りのバンドの演奏中であるかのように、わざわざインスタグラムに何度か投稿していた。ある投稿では、「どうして俺がこんなことをしたのか、世間の連中がお粗末な屁理屈を押しつけてくるのを見れなくて残念だ」と書き込んでいる。続いてこの男は自分の気持ちを説明しているが、そのときスティーヴン・パドックの動機にも気づいたようだ。「実際、理由なんてなかった。＄＠＃＆って思っただけさ。退屈な人生だからだよ」

世間の人はサイコパスのことをまるで「狂った」人間であるかのように扱うものだ。「狂った」という言葉には「理性がない」という意味が込められているが、サイコパスはけっしてそうではない。この2人の銃撃犯が簡単に人を殺せたのは、サイコパスには共感や罪悪感、後悔や羞恥心といった社会的情動が欠けているからだ。精神的計算は完全に論理的だが、情動に導かれていない。そのため、人を撃ち殺しに行くサイコパスが犠牲者に対して抱く感情は、クレー射撃に向かうあなたが粘土製の標的に対して抱くのと同じようなものなのかもしれない。

『精神疾患の診断・統計マニュアル』第5版（DSM-5）では、サイコパシーは「反社会的人格障害」に分類されている。扁桃核および眼窩前頭皮質の一部の異常と関連しているようで、全人口の0・02から3・3％が患っていると推計される。仮にアメリカでの有病率が0・1％だとすると、25万人の成人が罹患していることになる。無差別な銃乱射事件は増加傾向にあるが、幸いなことにサイコパスのあいだでも、人を撃ちたいという衝動が湧き上がってくるのはきわめて稀である。しかし社会的情動を欠いたサイコパスは、社会規範を無視して、反社会的で不道徳で破壊的な振る舞いをしがちだ。誰しも社会的情動がなかったらそういうふうに振る舞っていたに違いない。だからこそ進化は賢明にも社会的情動を授けてくれたのだ。[17]

情動が行動を導く

ダーウィンやその後の100年強にわたる大多数の科学者は、「基本的」とみなす情動にしか目を向けず、そのリストを拡張することをなぜだか拒んだ。欲求不満や畏敬、安らぎや愛情といった情動に関する研究は比較的少なく、性的興奮や喉の渇き、空腹感や痛みは、情動でなく動因、すなわち動機を与える力として分類されていた。しかし近年になってそんな状況が変わりはじめたのは、多くの科学者が情動は「機能状態」であるという見方を取るようになったためである。要するに、情動はそれを生み出す解剖学的特徴やメカニズムでなく、機能によって定義すべきであるということだ。

今日、情動について研究するほとんどの科学者は、情動の範囲をもっとずっと幅広くとらえて、喉の渇きや空腹感、痛みや性的欲求ですら、基本的な情動ではないもののそれとかなり共通点が多いと認めている[18]。たとえば空腹感は食料獲得の価値を高めるために進化した情動状態だが、実際にはそれよりも幅広い。物全般に当てはめる価値を高めるのだ。実験室での実験や現場での調査によって、身体的な空腹感は食べ物だけでなく、食べられないものを手に入れたいという意志も高めることが示されている[19]。腹が減った状態で食料雑貨店に入ると買いすぎてしまうのは誰でも知っているが、空腹でデパートに行くとたくさん買ってしまうのには気づいていない人もいるかもしれない。

その点については、空腹感は嫌悪感と逆の影響をもたらす。いくつかの研究で示されているとおり、食べ物であろうがなかろうが、空腹感はものを手に入れることを促し、嫌悪感はものを手放すことを促す。たとえばカーネギー・メロン大学の科学者がおこなった研究では、被験者に何ということのない映画の一場面か、または『トレインスポッティング』の中で登場人物が信じられないほど汚い便器の中に手を突っ込む場面を見せた[20]。その上で、実験開始時にあげたペンを言い値で買い取ってもいいと伝えた。何ということのない一場面を見せられた被験者は、平均4ドル58セントでペンを売った。しかし不快な一場面を見せられた被験者は、もっとずっと安い平均2ドル74セントでペンを手放したがった。後から理由を尋ねると、嫌悪感を抱いた被験者は自分が『トレインスポッティング』の一場面から影響を受けたことを認めず、代わりにもっと合理的な理由を自分の行動にこじつけた。

性的興奮による影響

性的興奮もまた「動因」の一つであって、いまでは情動の一種とみなされることが多く、精神的情報処理におよぼすその影響が研究されている[21]。たとえば性的興奮は恐怖と同じく、危険の徴候かもしれない感覚入力に対する敏感度に影響を与えるが、恐怖と違ってその敏感度を高めるのではなく、逆に引き下げる。夜中にドアの向こうで変な音がしたらふつうは警戒するだろうが、セックスの最中だと意識的に気づく確率がはるかに低くなる。同様に性的興奮は、セックスと無関係な目標、たとえば食べたいチーズケーキを手に入れるとか、病原体を避けるといった目標に対する意識を弱める。

近年おこなわれたある挑発的な研究では、性的興奮が男性の精神的計算にどのような変化を引き起こすかが調べられた。カリフォルニア大学バークレー校の若い男子大学生に、興奮していない状態、または性的に興奮した状態で、一連の質問に答えてもらった。被験者を募るためにキャンパスじゅうに貼り出されたチラシには、科学のためにマスターベーションをしてくれた男子学生に1セッションあたり10ドル支払うとあった。数十人の学生が応募し、彼らを対照群（興奮させない）と実験群（興奮させる）に分けた。対照群にはただ単に質問に答えてもらった。一方、実験群には、研究者が提供したエロ画像を見て自宅で自慰をしながら質問に答えるよう指示した。[22]その結果が次ページの表である。興奮した状態としていない状態で被験者の判断に違いが出たことに注目してほしい。0（完全に「ノー」）から100（完全に「イエス」）のスケールで答えてもらった回答を、各群において平均した値を挙げてある。

これに似たいくつかの研究によると、多くの映画で描かれているとおり、男性がセックスの相手に対して感じる絆や魅力は興奮が高まるとともに急上昇し、絶頂に達した直後に急激に低下する。[23]これらの研究ではセックスに関連した事柄しか調べられていないが、別の研究によって、ほかの分野に関しても男性の思考プロセスが興奮状態によって異なることが明らかになっている。たとえば、興奮していると忍耐力が下がる。それによって、お金などの報酬をすぐにもらうことを、満足感を後に取っておくことよりも重視する傾向が、通常時よりも強くなる。[24]

女性における興奮の影響についてはどうだろうか？　進化の観点から見る限り、女性は興奮に対して男性とまったく異なる反応を示すものと予想できるだろう。動物の雄にとって繁殖の成功は、何匹の繁殖可能な雌と交尾したかによっておもに決まるし、交尾をするのに時間や労力はほとんど必要ない。しかし雌が繁殖に成功するには、交尾とその結果にかなりの時間と労力を注ぎ込む必要がある。妊娠期間にわたって大量のカロリーを子に費やさなければならない。また妊娠に伴ってかなりの健康リスクを負

質問	興奮していない群	興奮している群
女性の靴はエロティックか？	42	65
汗をかいている女性はセクシーか？	56	72
セックスの相手を縛ったら楽しいと思うか？	47	75
自分のことを嫌っている人とセックスをしたら楽しめると思うか？	53	77
すごく太った人とセックスをしたら楽しめると思うか？	13	24
60歳の女性とセックスをすることを想像できるか？	7	23

うし、妊娠のためのコストも高い。雄が別の雌を次々に孕(はら)ませられる一方で、雌は妊娠中だけでなく、哺乳類の場合には大量のエネルギーを要する授乳期間中も次なる繁殖を控えなければならず、その期間は何年にもおよぶこともある。その結果、雌は交尾相手を選り好みして、性的興奮に流されにくいようにする必要がある。ある科学者は次のように述べている。「欲情と射精は男性の認知に強い影響を与える。……男性にとって『色情で目がくらむ』のは適応的である。……しかし女性にとっては一般的に不適応だろう[25]」

残念ながら、女性における興奮の影響に関する研究は男性の場合よりも少ない。男女両方を対象におこなわれたある研究によると、予想どおり男女とも興奮状態では、興奮していない状態に比べて、コンドームを使わないセックスを選ぶ傾向が高かったが、その影響は男性のほうが有意に大きかった[26]。別の研究では、女性において性的興奮が嫌悪感におよぼす影響が調べられた。男性についてはフロイトいわく、「男は美人の口元に情熱のキスをしたがっても、彼女の歯ブラシを使うのは嫌がるかもしれない[27]」。この矛盾した傾向は女性のほうがさらに強かったのだ。

女性の場合、嫌悪感をもっとも強く掻き立てるのは唾液や汗、体臭だが、性的場面ではそれらも魅力的になりうる。なぜか？ 仮説によると、セックスを促すために、性的興奮によって嫌悪感のプログラムが弱まるのだという。それを検証するために、次のような実験がおこなわれた。女性向けのエロ動画、または何ということのない動画を女性に観てもらった上で、大きな虫の入ったコップからジュースを飲んだり、しみ付きの汚れた紙を容器から取り出したりといった課題をおこなうよう指示した（被験者には知らされなかったが、その虫はプラスチック製で、トイレットペーパーに付いた便も偽物だった）。するとと予想どおり、性的に興奮した女性は、何ということのない動画を観た女性に比べ、それらの課題に対する嫌悪感を有意に低く見積もった。[28]

人間が直面するもっとも重要な決断の一つが、セックスの相手を選ぶことであって、性的興奮という情動はそのプロセスに用いられるツールとして発達した。男女とも、魅力的な異性とつかの間社会的交流をしただけで、表に出すかどうかは別として素早い生理的反応を示す。たとえば男女とも、美しい顔またはハンサムな顔を見ると、コルチゾールやテストステロンのレベルが急上昇する。しかし女性の場合、好ましくない評価や意思決定には進化的に重大なリスクがある。そのため進化によって女性の情動系は、性行為をしたいという気持ちを掻き立てつつも、セックスの決断を慎重に検討して、強い「選り好み」を示すように作られているのだ。

喜びやポジティブな情動は何のためにあるのか

1914年8月、第一次世界大戦の勃発をよそに、探検家のアーネスト・シャクルトン一行が帆船エンデュランス号でイギリスから南極に向けて出航した。大胆な目標があった。世界で初めて徒歩で南極大陸を横断し、南極点を越えてロス海に到達するという目標だ。しかし1915年1月、エンデュランス号は海氷で身動きが取れなくなり、10か月にわたって漂流した末に材木が傷んで浸水しはじめ、船が沈み出した。シャクルトンたちは3艘の救命ボートに乗り移り、近くに浮かぶ氷山の上に野営地を築いた。そして翌年4月、近くのエレファント島に何とかたどり着き、アザラシやペンギン、連れてきたイヌの肉で食いつないだ。しかし、この孤島から救出してもらえる可能性がゼロであることは分かっていた。そこでシャクルトンと5人の隊員は、全長7メートル足らずの救命ボートに再び乗り込み、荒れ狂う極寒の海を1200キロ以上渡ってサウス・ジョージア島を目指すことにした。2週間後、疲れきって痩せこけた姿で到着した彼らは、船から降りて、島の反対側にある捕鯨基地まで歩いていく準備をした。それまでこの島を横断した人は誰もおらず、彼らがたどり着ける可能性も低かった。出発したときの様子をシャクルトンは次のように書き記している。

不格好な岩と波に揺れる海藻によって両側から閉じかけた、洞窟の狭い出口をくぐり抜けた。……霧の中から太陽が顔を出し、波立つ海面があたり一面きらきらと輝いた。奇妙な姿の一団だったが、そのまぶしい朝の中で喜びを感じていた。歌まで歌いはじめた。[29]

死ぬかもしれない旅路に出発しようとしている、凍傷を負って飢え死にしかけたこの一団が、本当に喜びを感じていたというのだろうか？　我々の人生において喜びはどのような役割を果たしているのだろうか？

本書でここまで取り上げてきた情動は、生存や繁殖のために対応しなければならない脅威的な出来事に対する反応として起こる。札束を抱えて歩いているときには、人に見られないよう注意するものだ。注意しようというこの決断は、恐怖の情動によって促される。この場合の恐怖は役に立ち、ひったくられる確率を下げてくれる。しかし大金を手にして喜びの精神状態にある場合、その喜びという感情にはどんな目的があるのだろうか？　シャクルトン一行の喜びは、彼らが生き延びる上でどのように役立ったのだろうか？

喜びなどの「ポジティブな情動」の正体については、ようやく最近になって実験心理学者によって調べられはじめたところだ。ポジティブな情動というカテゴリーは、ここまで述べてきた社会的情動と基本的情動という2つのカテゴリーの両方にまたがっている。心理学の文献においてポジティブな情動に含まれるのは、自尊心や愛情、畏敬や楽しみ、感謝や感動、願望や勝利感、同情心や愛情、熱意や好奇心、安らぎや快楽や安堵などである。[30]　いまから20年前にはこれらはすべて、情動研究の主流ではなかった。抑えられない怒りや絶えず湧き上がる恐怖、身体を衰弱させるほどの寂しさは、是が非でも対処法が求められる問題だ。しかし強い畏敬の念に打たれたり、嬉しさのあまり何もできなくなったりしたからといって、文句を言う人は誰もいない。そのため、ポジティブな情動の進化上の目的は謎でありながら、それに関する研究はほとんどおこなわれていなかった。そんな中の2005年、当時ミシガン大学に勤めていたバーバラ・フレデリクソンとクリスティーン・ブラニガンの画期的な論文が世に出た。[31]その論文で報告された実験によって、フレデリクソンの提唱した「拡張＝形成理論」が裏付けられたのだ。[32]それ以降、ポジティブな情動は盛んに研究される分野となった。

拡張＝形成理論は、我々のポジティブな情動に進化上の理由づけを与えてくれる。リスクのある事柄に関しては、人間の脳は繊細なバランスを保たなければならない。脳は設計上、危険を避けて、すぐそばで起こる有害かもしれない事柄に注目するようにできている。その特性はリスクを取って探索することに反していて、人間の情動のほとんどはその方向に偏っている。それらの情動は、視点を絞り込んだ思考モードへ促して、脅威になりかねない状況の中で明確な行動を素早く引き起こすことで、身を守るのに役立っている。その一方で脳は、我々に好奇心を持たせ、知識を広げたいと思わせ、あえて周囲を探索しようとさせるようにも設計されている。そのためにはリスクを取る必要があるが、古代人はそのようにして新たな食料源や水源を見つけていたのであって、古い食料源や水源が尽きたときにはそれが役に立っていたのだ。

フレデリクソンの結論によると、一般的にポジティブな情動状態は、ある程度のリスクを取るよう促す効果をおよぼす。その思考モードでは視野が広がる。フレデリクソンの説によれば、それに促されて古代人は、危険性の低い時機を活かして探索したり遊んだり、社会的な結びつきを築いたり、運に任せたり、未知の事柄に乗り出したりしていたという。シャクルトン一行が南極のあの美しい朝に感じた喜びも、まさにそのように作用した。その喜びに促されて前へ前へと歩きつづけ、ついに捕鯨基地にたどり着いて、残してきた仲間たちの救出に戻ったのだ。これがポジティブな情動の目的であるとフレデリクソンは論じている。より良い新たな場所へ進みつづけるようせき立てることで、古代人に生き延びる上での強みを与えたのだ。

研究によると、喜びに満ちている人ほど創造的で、新たな情報を受け入れ、柔軟で効果的な思考をおこなうという。喜びには、自分の限界を押し広げ、何が来ても受け入れるよう促す効果があるという。また、枠を飛び越えて考え、探索して創造し、遊びたいという欲求も生み出す。大人の場合、遊びには知的活動や芸術的活動も含まれるが、子供の遊びはおもに身体的・社会的なものであって、身体的・社会的スキルの発達に役立つ。たとえばアフリカに棲むジリスの子供は、ジグザグに走り回っては、ときどき真上に飛び上がって空中で身体をひねり、着地して新たな方向に走っていくという遊びをする。それらの曲技は成体になってからも使うもので、ヘビをはじめとした緊急事態から逃れるのに役立つ。

自尊心についても考えてみよう。これは、他人と話をして自分の手柄を伝え、さらに大きな手柄を目指したいという欲求を生み出すことで、未来の可能性を広げてくれる。また好奇心は、基礎知識や経験を広げるために探索して探求したいという欲求を生み出す。そうして高まった能力は、将来の課題、古代の場合には水や食料、逃げ道や隠れる場所を見つけるという課題に対処するのに役立つ。現代の世界でいうと、昨日のスキルが今日の課題に十分に役立たないような、たえず変化しつづけてどんどんリスクが膨らんでいく環境を克服するための機転をもたらしてくれる。

一方で畏敬の情動は、宗教や自然に対して湧き上がることが多い。それは次の2つの事柄に集約される。自分よりも大きなものの中に存在しているという感覚と、他人に良くしようという意欲である。狭い利己心から自分の属する大きな集団の利益へと視点を広げるよう促すことで、協力し合う社会集団の一部を構成して、みんなのために集団で行動する能力を高めるという恩恵をもたらしてくれる。たとえば心理学のある研究では、イギリス国内の１５００人に、常日頃どのくらい畏敬の念を抱いているかを答えてもらった。[33]その上で、実験とは無関係なふりをして、現金の当たるくじを10枚引いてもらった。被験者には、10枚全部引いてしまってもいいし、もし良ければまだ引いていない人に何枚か譲ることもできると伝えた。結果、生活の中で畏敬の念を抱くことが多いと答えた人は、ほとんど抱かない人に比べて、くじを40％多く人に譲った。別の実験では、カリフォルニア大学バークレー校の構内にそびえる、高さ60メートルを超す「タスマニア原産のユーカリの壮観な木立」のところに一部の被験者を連れていった。残りの被験者は、どこにでもあるような科学棟の建物の外に連れていった。そしてどちらの場合でも、近くを歩いていた実験協力者がつまずいてペンの束を落とした。すると、壮観な木々に見とれていた被験者では、建物の外に立っていた被験者に比べ、実験協力者を助けてあげる人数が有意に多かった。

どんな目的があるにせよポジティブな情動は、健康や長寿と強い相関がある。数十件の研究結果をまとめた２０１０年の総説論文では、ポジティブな情動が有益な効果をおよぼすプロセスとして、ホルモン・免疫・抗炎症作用が挙げられている。[34]ロンドンの保健専門家がおこなったある研究では、45歳から60歳までの男女数百人の健康に関するデータを収集した。[35]彼ら対象者のポジティブな情動を評価する上では、『ファスト＆スロー』の著者でノーベル経済学賞を受賞した心理学者のダニエル・カーネマンが開発した方法を用いた。カーネマンは、幸せな人生かどうかを本人に尋ねただけでは、あまり正確なところは分からないと気づいた。その瞬間の気分や直前に起こった出来事、あるいは日が出ているかどうかが、回答に反映されてしまう。常日頃の状態でなく、一時的な感情を答えてしまうのだ。そこでカーネマンは、何回かに分けて具体的な質問をして、そのデータを統計的に解析するほうが良いと考えた。くだんの保健研究者もそのとおりの方法を採った。対象者の携帯電話に一日何度かランダムな時間に電話を掛け、そのたびにいまどんな気分かを尋ねたのだ。その結果、もっとも不幸せな人はもっとも幸せな人に比べて、コルチゾールなど、長期的な疾病リスク要因に関連した化学物質のレベルが約50%高かった。

別の研究では、300人以上の被験者の情動を同様の方法で3週間にわたり調査した。[36]その期間が終了したところで実験室に被験者を呼び、風邪を引き起こすライノウイルスを含んだ液体を鼻に滴下した。それから5日間、隔離状態で過ごしてもらい、風邪の徴候を調べるために入室する実験者以外誰とも会わせないようにした。その結果、ポジティブな情動のレベルがもっとも高かった被験者は、もっとも低かった人に比べ、風邪を発症する割合が3分の1弱だった。幸せな人は病気と闘う力も強いようだ。

ポジティブな情動に関する研究結果をすべてまとめると、人生でポジティブな情動をたくさん感じている人ほど、健康で創造的、他人とうまくやっていく傾向があるといえる。ポジティブな情動によって人は、立ち直る力が高まり、乗り切るのに必要な情動的リソースが強まり、認識の範囲が広がることで、何か問題に直面したときによりたくさんの選択肢を見つけることができるのだ。

残念ながら我々は古代人と比べて身体活動や遊びの機会がはるかに少なく、とくに野原や森で自然と触れ合うことも大幅に減っている。[37] 研究によると、科学者が「不協和」と呼ぶ、現代生活のこのような条件のせいで、我々はポジティブな情動を感じることが少なくなっているという。しかし良い話として、我々はそんな生活スタイルを運命づけられているわけではない。現代ではこの生活スタイルがふつうだが、努力すればそれに抗って、もっとポジティブな情動を感じさせてくれる習慣を身につけることができる。

たとえば、日に1回か2回は、人生でうまくいっている事柄や感謝している事柄に意識的に集中するとよい。また、楽しめるような状況や活動、たとえば音楽を聴いたり好物を食べたり、熱い風呂に入ったりといったちょっとしたことを思い浮かべ、そうした活動をなるべく日々の生活に取り入れるのもよい。人との関係を築いたり、友人と交わって話をしたり、人を助けたり、集団でおこなう娯楽活動に参加したり、ほかの人とアドバイスや励ましをし合ったりするなど、社交的になることでも、ポジティブな情動のレベルは高まる。[38] さらに、運動は喜びを促すだけでなく、ストレスを減らして身体的なメリットも多い。ポジティブな情動は、古代人が生き延びる上での強みを得るために進化したのかもしれないが、今日でもなお我々の生活を豊かにしてくれるのだ。

悲しみは他人に手助けが必要であると伝え、変化や適応を促す

ここまではポジティブな情動について述べてきたが、では悲しみについてはどうだろうか？　誰にとっても歓迎される情動ではない。ではその役割は何なのだろうか？[39]　人は目標を達成すると喜び、目標

の達成を阻むものに気づくと怒り、目標の達成が不可能になったり維持できなくなったりすると悲しくなる。悲しみには2つの重要な機能があるらしい。第1に、悲しい表情をしている人はやむにやまれぬメッセージを発信している。目を伏してまぶたが垂れ、口角と眉毛が下がると、見た人に強い影響を与える。他人に悲しみを伝えるこの方法は、手助けを必要としていることを伝えるもので、我々は社会性動物であるがゆえ、多くの場合その手助けを得られる。みんな知っているとおり、誰かが泣いていると、たとえ相手が大人であっても心が痛んで助けたくなるものだ。

悲しみのもう一つの機能は、考え方を変えさせて適応を促すことである。悲しみという精神状態は、信じていたことを考えなおして目標の優先順位を付けなおすという、困難な精神作業のきっかけを与える。情報処理の対象範囲を広げ、喪失や失敗の原因と結果、成功を阻む障害の理解を助ける。さらに戦略を評価しなおして、好ましくないが変えようのない新たな条件を受け入れるよう準備を整える。

悲しい状態のときの情報処理は、なぜ悪いことになったのか、どうしたら変えられるのかを思いつくのに役立つ。そのような思考によって、現実味のない期待や目標を捨て去り、より良い結果につなげることができる。この結論を裏付けるある研究では、過去のある期間にわたる市場データに基づいて被験者に外貨取引のシミュレーションをおこなってもらった。経済学や財政学を学ぶ学生にその期間中のある時点における市場情報を提供した上で、音楽を流して楽しい気持ち、または悲しい気持ちへと誘導しながら、取引の判断をさせた[40]。あくまでもシミュレーションで、実験者は実際の外貨市場のデータを持ち合わせていたため、彼ら学生トレーダーの成否を判断することができた。その結果、悲しい気持ちの被験者は楽しい気持ちの被験者に比べて判断が正確で、より現実的な取引をおこない、より多くの利益を上げた。

もちろん、楽しいか悲しいかを選べたとしたら、誰でも楽しいほうを選ぶだろう。情動は思考や計算や決断を導いてくれる精神状態だが、同時に我々はその感情を経験する。情動の科学では通常、情動に対応する脳の状態を、その意識的経験とは切り離して調べるものだ。この章では、思考プロセスに影響をおよぼす精神的情報処理モードとして、情動のことを説明してきた。次の章では、情動の持つもう一方の意識的側面、すなわち感情について掘り下げていくことにしよう。

第5章 感情はどこからやって来るのか
――脳はどのように情動を形作るのか

心臓手術とプラセボの効果

私の父は晩年になって動きが鈍くなった。数歩ごとに立ち止まることが多くなったし、激しい肉体活動はことごとく避けていた。精力が衰えたせいでもなければ、老化に伴う痛みやうずきのせいでもなく、文字どおり心臓の問題だった。心臓は情動と結びつけられることが多いが、血液を送り出すポンプの役割も担っていて、ポンプという装置はエネルギーを大量に必要とする。そのため、循環不全のせいで父の心臓壁が傷むと、この血液ポンプが不調を来し、心臓に過度の負担を掛けないよう活動を最小限に抑えなければならなくなったのだ。

我々の長期的な健康に関して言うと、自然は何とも寛容である。ベーコンとミルクシェーキを控えて定期的に運動しろなどと命令してはこない。しかし緊急事態では強権を発動することがある。人の排泄物を食べようとしたら吐きたくなってしまうだろう。猛獣に出くわしたらひるんでしまうだろう。早足で歩いていて心筋が血液不足になってきたら、自然はあなたに抗ってくる。とりわけ心拍数が上がると、心筋の中の神経が脳に強い警報信号を送って、耐えがたいほどの激しい痛みに襲われる。狭心症である。

20世紀半ばの外科医は、狭心症の新しい有効な治療法があるはずだと考えた。胸腔中のある動脈を縛れば側副血管への血流が増え、患部への循環が改善するだろうという仮説を立てたのだ。物理学では、紙の上に数式を殴り書きすることで理論を掘り下げていくものだ。医学の場合、その紙に相当するのは患者である。そこで医師たちはそのとおりの手術をおこなってみた。すると仮説が実証されたかに思われた。患者は痛みが大幅に緩和したと言ってきたのだ。すぐさま至るところの外科医がこの処置を取り入れた。すでに有効性が分かっている治療法を、制御下での科学研究でわざわざ検証する必要があるだろうか?

しかし外科学の晴れ渡った空には、不吉な雲が2つ浮かんでいた。病理学者が問題の手術を受けた患者の検死解剖をおこなったところ、血流が改善したことを示す証拠は見つからなかった[1]。患者は手術が成功したと言ったが、心臓はそうではなかったのだ。イヌに同様の手術をおこなった動物研究者も、効果がいっさい見られなかったと報告した。医師たちは疑念を抱きはじめた。改善したといっても、患者の頭の中だけのことだったのではないだろうか?

1959年と60年に2つの医師チームが、この一見矛盾した効果を探るために、今日なら倫理上認められないはずの制御実験をおこなった。実際の手術と見せかけの手術をおこなって効果を比較したのだ。[2]見せかけの手術では、患者の胸を切開して問題の動脈を露出させ、それを縛らないまま胸を縫合した。

この2つの実験によって、この手術は医学的でなく心理学的な理由で効果を発揮したという説が裏付けられた。一方の実験では、実際の手術を受けた患者の4分の3が、狭心症の痛みが和らいだと言ってきた。しかし偽の手術を受けた5人は、全員がそのように報告した。プラセボ効果が働いたのだ。

その研究の論文によると、偽の手術を受けた患者の一人は次のように言ったという。「すぐに気分が良くなった。……手術以降、[8か月間に]ニトログリセリンを10回くらいしか飲んでいない。……手術の前は1日に5回も飲んでいた」。別の患者は狭心症の痛みを一度も訴えず、未来に希望が持てるようになったと語ったが、残念ながらその翌日、「ちょっと身体を動かしたせいで急死した」。

論文によると、患者の心臓が示す異常の程度は、自身が感じる狭心症の痛みの程度とは相関していなかった。同じように侮辱されても人によって感じる怒りの程度が違うのと同じように、身体的損傷の程度が同じであっても、感じる痛みの強さは人それぞれ異なるのだ。また、他人から食ってかかられても腹が立たない人がいるのと同じように、ほかの人ならもがき苦しむような損傷にいっさい痛みを感じない人もいる。プラセボ効果が痛みの緩和にこれほど効力を発揮するのは、このような心理的要素が強いからなのだ。

「内乳動脈結紮術(けっさつ)」と呼ばれたこの外科的治療法はやがておこなわれなくなり、1990年代には、そこまで切開を必要とせずにもっと洗練された、「ステント留置法」と呼ばれる治療法が開発された。

ステントとは針金で編んだ微小な籠状の物体で、これを鼠径部か手首から入れていって、塞がった動脈に挿入することで、血管を広げて血流を増やす。内乳動脈結紮術と同じく、ステント手術を受けた患者も結果は良好だと伝えてきた。そのため、大規模な制御研究によってその効果を示す証拠が得られていないにもかかわらず、アメリカで1万ドルから4万ドルもの費用のかかるその手術は広くおこなわれるようになった。ところが2017年、権威ある医学誌『ザ・ランセット』に、ステント手術もかつての結紮手術と同じく、見せかけのプラセボ手術と比べて有効性は高くないとする論文が掲載された。[3]

結紮手術は痛みの身体的な原因を実際に緩和するものではなかった。損傷した心臓は手術前後とも同じ救難信号を発していたが、手術が本物だったかどうかにかかわらず、患者の感じる痛みは大幅に弱まった。ステント手術もまた、患者の意識的な痛みの知覚に影響を与えるだけで、その知覚のもととなる神経信号は変化しないらしいのだ。

この論文を受けてある外科医は、「心臓病治療のガイドラインをすべて見直すべきだ」と語った。[4] 別の外科医は、「これほど否定的な結果には衝撃を受けた」と述べた。また別の外科医は、「とても屈辱的な研究結果だ」とこぼした。

プラセボがどのように作用するかはいまだ解明されていないが、情動反応に関連した脳領域がそのメカニズムに関与していることは分かっている。従来の見方では、情動は特定の状況に対する基本的な反応であるとみなされる。脅かされたら恐怖を感じる。予想外の事柄に出くわしたら驚きを感じる。給料が上がったら喜びを感じる。そして身体が傷ついたら、たとえばやけどや切り傷、あるいは心臓への血流が失われて命の危機に見舞われたら、神経の送る信号によってあなたは痛みを感じるだろう。理屈の上ではそのとおりだ。ところが人は必ずしもそんなふうには感じない。痛みのような原始的な感情ですら、それを引き起こすとされる原因と強く関連づけられてはいないのだ。だとしたら、そのほかの情動についてははたしてどうなのだろうか？

情動状態を決定するもの

心理学者のミケル・ボワジェとバッチャ・メスキータは、恋人どうしの2人の女性、ローラとアンについて次のように記している。[5]

アンが自宅に電話を掛け、今晩は仕事で帰りが遅くなると伝えた。ローラはアンと一緒に過ごしたかったし、病気で休んだアンを何日か看病した後だったため、自分のわがままを聞いてくれてもいいじゃないかと思った。そこでアンに、病み上がりで残業するなんて無責任だし、休養を取るべきだと言い返した。アンは追い詰められた気がした。仕事が遅れているし、病気で休んだ直後に仕事をサボったらばつが悪いと思った。何よりも、ローラが自分のことを理解してくれていないと感じた。苛立ったアンは上から目線のローラに悪態をついて、すぐさま電話を切った。一方のローラは舐められて見下されていると感じた。

この一悶着が物語っているとおり、日常生活では情動がとらえがたく複雑に作用し合っている。2人ともこの状況に情動的に反応した。その反応のしかたには、その瞬間の出来事だけでなく、過去数日間の出来事（そしておそらく、出会って以降の歳月に基づくお互いのもっと複雑な関係性）が反映されていたのだ。

情動反応が、その引き金となった出来事以外からも影響を受けるというのは、情動の一つの特徴である。店で順番に並んでいるところに誰かが割り込んできたら、ある程度腹が立つのはふつうだ。だがしばらく何も食べていないと、ネガティブな刺激によって感情が増幅していざこざにつながるかもしれない。あるいは、就職面接に向かうために急いで車を走らせていて誰かが割り込んできたら、激しい怒りで反応するかもしれない。相手の身勝手さや無礼さのせいにするかもしれないが、そこまで興奮していない状態だったら、冷静を保って、あの人は軽率なだけだとか、何か大事な約束に遅れているんだろうとかと思って片付けていただろう。

情動のおかげで我々は、互いに似たような出来事に対しても、過去の経験や予想、知識や欲求や信念に基づいて異なる反応を示すという柔軟性を持っている。先ほどの2人の女性の件について言うと、アンは仕事が遅れていると感じていた。ローラは舐められていると感じて、アンが自分との時間を優先してくれないらしいことを悲しんでいた。もしも2人ともそこまでのストレスを受けていなかったら、同じ状況でも違う反応をして、そこまで傷つかず、そこまで腹が立たず、そこまで相手を恨まなかったかもしれない。

ある状況や出来事の結果として感じる情動は、たったいま起こった出来事の持つ明確な意味合いだけでなく、背景状況やコア・アフェクト（身体状態）といったもっととらえがたい要因も考慮した複雑な計算によって生じる。情動がどのようにして起こるのかをもっともはっきりと物語る実験の一つが、スタンリー・シャクターとジェローム・シンガーの著した広く引用されている論文「情動状態の認知的・社会的・生理的決定要素」に挙げられている。その実験では、被験者にアドレナリンまたはプラセボを注射した上で、「いま打ったのは『スプロキシン』というビタミンで、この実験のテーマである視覚能力に影響を与える薬剤だ」と嘘を伝えた。

アドレナリンを投与されると心拍数と血圧が上がり、顔が紅潮し、呼吸が速くなる。いずれも情動が喚起されたことの徴候である。第1グループの被験者には、興奮した感じがするのはスプロキシンの「副作用」であると伝えた。第2グループの被験者には何も伝えなかった。彼らは第1グループと同じ生理的変化を感じたが、それに対する説明は受けなかった。第3グループ（対照群）の被験者は何の効果もない生理食塩水を注射され、生理的影響はいっさい感じなかった。

続いて各被験者を、社会的状況が生じるよう工夫した状態に置いた。一人一人に部屋の中で待つよう指示したが、その部屋にはもう一人別の被験者がいる。しかしその人は実は実験協力者である。半数の被験者では、実験協力者は満足そうに振る舞って、このような重要な実験に参加できたことを喜んでいる様子。残り半数の被験者では、実験協力者は不機嫌そうに振る舞って、実験に文句を言っている。

情動が喚起されていない場合、実験協力者の演技する感情は被験者に何の影響も与えなかった。つまり、生理食塩水を注射された被験者は、とりわけ何の情動も感じなかったと報告した。スプロキシンを注射された上でその「副作用」についての注意を受け、自分の生理的興奮に対する説明を聞いた被験者も、何の情動も感じなかったと報告した。しかし、スプロキシンを注射されてもその副作用についての注意を受けなかった被験者は、出会った見知らぬ人の振る舞いに応じて喜びまたは怒りを感じたと報告した。どうやら彼らの心が作り上げた情動的感情は、自分が興奮しているという事実と、それを感じている場面の両方に基づいていたようだ。

シャクターとシンガーによるこの実験では、制御された単純な実験室環境に被験者を置くことで、もっと複雑な現実世界の研究ではなかなか難しい形で情動の由来に光を当てることができた。実生活でランダムにアドレナリンを注射されることなどありえない。しかし生理的興奮は、日常のさまざまな現象によって引き起こされる。その中のいくつかについては、シャクターとシンガーの研究を真似て、アドレナリン注射とは別の方法で興奮を引き起こした実験によって調べられている。[6] それらの実験では、運動や大きな音、人混み、あるいは驚かすことで身体的興奮を引き起こした。するとその出来事が終わってから何分間もその興奮が続き、ちょうどアドレナリン注射の場合と同じように、場面に応じて怒りや喜びなど、喚起した出来事に関連した感情を抱いた。別の研究によると、運動も大きな音も、挑発に対する攻撃的な反応を有意に増幅させるという。また別の研究では、運動後の興奮状態によって、魅力的な異性に性的に惹きつけられる程度が高まることが分かった。

脳が現実を組み立てる

シャクターとシンガーによるこの実験は、前に挙げたプラセボ効果に関する実験とは逆の効果を示している。プラセボの研究では、ふつうなら情動（痛み）を引き起こすような状態（狭心症患者が激しい運動をした状態）であっても、その情動を感じないかもしれないことが明らかになった。一方でシャクターとシンガーの実験では、ある情動に値する状況、つまりその情動を強く感じるのが適切であるような状況でなくても、その情動を感じるかもしれないことが示された。このように置かれた状況にふさわしくない感情を抱くという、「誤帰属」と呼ばれる現象は、情動において錯視に相当するものと言える。

視覚において起こるのと同様の現象が、情動の知覚においても起こるというのは、単なる偶然ではない。脳が状況を評価してそこから情動的感覚を生み出す方法は、視覚の世界を解読する方法に似ている。もっと言うと、脳の作用全般の代表例ともいえる。神経科学によって得られた重要な教訓の一つは、物理的世界に関しても社会的世界に関しても、我々の知覚する現実は客観的な出来事を受動的に記録したものではなく、能動的に構築したものであるということだ。

それにはれっきとした理由がある。この世界を直接知覚するためには膨大な量の情報が必要だが、我々の意識的な精神能力はそれを処理するにはあまりに限られているため、脳はいくつもの便法を用いるしかない。視覚の世界について考えてみよう。周囲の様子の「スナップショット」1枚、たとえばデジタル写真1枚には、少なくとも数千万バイトのデータが必要である。それに対して、あなたの意識的な心が扱うことのできる情報の帯域幅は、1秒あたり10バイトにも満たないと推計されている。そのため、もしも数千万バイトのデータをありのままに解釈して視覚の世界を理解しなければならないとしたら、あなたの意識的な心は容量オーバーのコンピュータのようにフリーズしてしまうだろう。そこで脳は、データの洪水に圧倒されるのを防ぐために、もっとずっと限られたデータを扱って、欠落部分を補うためのトリックを利用する。グラフィックソフトが画像をシャープにするのに似た方法だが、もっとずっと高度である。要するにあなたが見ているのは、そこにある物体を直接複製したものではない。網膜は外界の様子をかなり低い解像度でしか記録しない。しかし、脳が無意識に処理した上であなたが知覚する画像は、クリアでシャープだ。そのように画像をシャープにするために脳は、視覚データ以外のものも用いる。過去の主観的な経験や、自分の予想・知識・願望・信念といった、情動の構築に影響を与えるのと同じ要素を利用するのだ。

私の著書『しらずしらず』では、聴覚においてその事実を明らかにした有名な実験を取り上げた。誰かの声に耳を傾けているときには、完全な音声データの一部しか聴いていない。そして無意識の音声処理中枢が推測によって欠落部分を埋め合わせることで、意識的な心に認識される知覚が生み出される。それを実証するために、実験では、"The state governors met with their respective legislatures convening in the capital city"（各州知事は州都に集まった各州議会議員と相まみえた）という文を録音して、被験者のグループに聴かせることにした。しかし再生前に、"gis"という音節を消去して代わりに咳払いの音を入れ、被験者には"le-［咳払い］-latures"と聞こえるようにした。そして被験者たちには、途中に咳払いの音が入っていると伝えた上で、渡した紙に記されている文の中で、咳払いによって音がかき消されている箇所に丸印を付けるよう指示した。もしも人間の聴覚経験が音声データを直接複製したものだったら、かき消された音節を簡単に特定できるはずだ。しかし被験者は一人も正しい箇所を特定できなかった。それどころか、"legislatures"という単語がどのように聞こえるはずかという「知識」があまりにも強く、20人中19人が、消えている音などなかったと言い張った。[7] 咳払いの音が、この文に対する被験者の意識的な知覚に影響を与えることはなかった。彼らの知覚が実際の音声とそれ以外の要素の両方に基づいていて、脳がそれらの要素を使って消えている音を埋め合わせてしまったからだ。

知覚が作られたものであるというのは、視覚情報や聴覚情報などの感覚入力に対する知覚だけに当てはまることではない。あなたが出会う人、食べるもの、さらには買う商品といった、社会的知覚にも当てはまるのだ。たとえばワインを用いたある研究では、目隠しをしてワインをテイスティングすると、味の評価と値段とのあいだに相関はほとんど、あるいはまったくなかったが、ワインに値札が貼ってあると有意な相関が見られた。[8] とはいっても、高いワインほどおいしいはずだと被験者が意識的に信じていて、それに従って自分の判断に手を加えたからではない。というよりも、意識レベルだけで起こったことではないのだ。被験者がワインをテイスティングしている最中に、その脳の活動をスキャンしてみた。すると、高いと思い込んでいるワインを口にしたときには、中身は同じだが安い値札が貼ってあるワインを口にしたときと比べて、心地よい味を感じる中枢が実際により強く活性化することが分かった。プラセボ効果に相当する現象である。味も痛みと同じように、単なる感覚信号の産物ではなく、心理的要素にも左右される。人はワインを味わうだけではない。その値段も味わっているのだ。

感情の場合、情動的経験が構築される際には、状況や環境、そして自分の精神状態や身体状態、すなわちコア・アフェクトといった直接的なデータが用いられる。これらの入力は、痛みや味、音などの感覚を知覚する際に脳が用いるのと同じたぐいのトリックや便法を用いて統合・解釈され、最終的にあなたは何かを感じる。このように処理されるのはありがたいことだ。というのも、引き金となる出来事と情動反応との結びつきが完全には定まっていないおかげで、自分の感じる情動に干渉して意識的に影響を与える余地ができるからだ。それについては第9章で探っていくことにしよう。

情動の種類は区別できるのか

今日、構成主義者と呼ばれる心理学者や神経科学者の一派は、引き金となる出来事とあなたの経験する情動との対応関係が完全には定まっていないという見解をさらに拡大解釈している。情動には恐怖・不安・喜び・誇りなど別個のカテゴリーがあるという考え方自体に疑問を投げかけているのだ。

構成主義者の主張の中で広く受け入れられているポイントの一つが、日常会話で使われる情動という言葉は、実際にはたった一つの情動を指しているのではなく、あらゆるカテゴリーの感情をひとくくりにまとめた言葉に近いということだ。この主張の由来をさかのぼると、1894年にウィリアム・ジェイムズが論文「情動の身体的基礎」の中で、情動の種類は事実上無限であり、そのそれぞれが身体の取りうる一つ一つの状態に対応すると論じたことに行き着く[9]。「身体が濡れることへの恐れは、クマに対する恐れとは異なる」と記されている。今日の科学者ならそのような差異を記録して、各種の情動に関連した脳活動を正確に突き止めることができる。たとえばある劇的な実験で実証されたとおり、ヘビやサソリなど外的な脅威への恐怖と、窒息など内的な脅威への恐怖は、どちらも恐怖という言葉で呼ばれてはいるものの、実際には異なる精神状態であって、脳の活動パターンも異なる。

その実験は、扁桃核を損傷した患者を対象におこなわれた。扁桃核は何種類もの情動にとって重要な役割を担っていて、恐怖もその一つだが、あらゆるタイプの恐怖が含まれるわけではない。この実験では、ヘビやサソリが自分の腕を這い上がってきても何も感じない被験者が、呼吸する空気に高濃度の二酸化炭素を混ぜられて窒息を模した感覚を覚えると、実際に恐怖を感じてパニックになった[10]。構成主義学派の主導者の一人であるリサ・フェルドマン・バレットは、「人は大きく異なる［情動の］実例を同じカテゴリーにまとめ上げて、それに同じ名前を与えるものだ」と述べている[11]。

構成主義者の指摘によると、我々はさまざまな情動状態を区別できずに、それらを同じ名前でひとまとめにする一方で、逆に実在しない区別を設けてしまうこともあるという。つまり、我々の使っている情動のカテゴリーには重複が見られるということだ。たとえば前に述べたとおり、恐怖と不安は別々のものとみなされている。恐怖は具体的な事柄や状況への反応としてとらえられるが、不安は未来に向けた漠然とした恐れととらえられる。しかし実生活の状況ではその境界線はあいまいで、恐怖と不安を区別しづらいことがある。重い病気にかかっていて死ぬのを心配していたら、それを恐怖と分類する人もいれば不安と分類する人もいるだろうが、どちらの言葉を使ったとしても情動は同じである。

恐怖や不安など考えられるあらゆる情動を表現するのに我々が使っている言葉は、広く用いられてはいるものの、根本的な意味はほとんどないと構成主義者は主張する。彼らの考えによれば、幼い子供は言語を学習する際に、さまざまな情動的経験を、特定の言語や文化で規定される慣習的な形でひとくくりにすることを学ぶのだという。色についても同様のことが言える。ほとんどの言語や文化では、さまざまな色に対して、赤・オレンジ・黄・青・藍・紫といった限られた数の不連続な名前を当てはめる。しかし物理学では、色の種類は無限で、赤から紫まで連続したスペクトルをなしている。構成主義者は、我々が情動を表現するのに使っている言葉も、色に当てはめる言葉と同じくらい恣意的なものとしてとらえているのだ。

数々の比較文化研究で示されているとおり、各文化の言語どうしで、名前の付いた「基本的な」色の種類が食い違っていることが多い。名前の付いた色の数が大きく異なる場合もある。構成主義者の主張をもっとも強く裏付けるのも、情動を表す言葉に関する同様の研究だ。現在では人々が世界中を行き来して国際通信も発達しているため、文化どうしの交流が盛んで強く影響をおよぼし合っている。そのため、ほかの文化からさほど影響を受けていない文化を見つけ出すのは難しいだろうが、それでもそのような文化は確かに存在する。その一つがフィリピンのイロンゴット族で、彼らは深い森の中で孤立して暮らしており、同化や近代化の試みをことごとく拒んできた。イロンゴット族の人々は、彼らが「リゲト」と呼ぶ特有の情動を認識しており、それにはれっきとした理由がある。この言葉は、首狩りに出掛ける際に感じる、喜びに満ちた強い攻撃心を意味しているのだ。

そこまで風変わりでない例もある。悲しみと怒りについて考えてみよう。西洋ではこれらは別々の情動として感じられるが、トルコ（およびトルコ語）では「クズグンルック」と呼ばれる一つの情動とみなされる。[12] もっと視野を広げると、個人の自主性を重視する西洋文化では、調和と相互依存を重視する東洋文化に比べて、怒りのような情動はありふれている。[13] 一方でタヒチ語には、「悲しい」と訳せる単語が存在しない。ある科学者は、妻と子供に先立たれて別の島に移り住んだタヒチ人の男について書き記している。[14] その男は、「気力がなくなった」と言って、自分は病気になったと思い込んだという。

英語には情動を表す単語が何百もある。しかしほかの言語ではもっとずっと少なく、たとえばマレー半島に暮らすシワン族の言語には7つしかない。ある情動研究者は、「言語ごとに認識する情動がそれぞれ異なる。感情の範囲がそれぞれ違うふうに切り分けられている」と述べている。[15] 人によって感じる情動が違うということではなく、各文化において区別される情動のカテゴリーにある程度の任意性があるということだ。

ダーウィンは、我々の感情は一連の典型的な刺激に対する反応として生まれつき組み込まれていると考えていたが、以上の事実はそうではないことを物語っている。私はこの問題に関して、リサ・フェルドマン・バレットおよびラルフ・アドルフスと共著で論文を書いた。その中でバレットは、ある人や動物がどの情動状態にあるかを確実に判断できるような真に客観的な基準が、科学ではいまだ見つかっていないと論じた。[16] 一方でアドルフスは大多数の情動研究者と同じく、バレットのこの主張を認めながらも、通常のカテゴリー分けを否定するところまでは踏み出そうとしなかった。どちらの考え方が正しいのか、結論はいまだ出ていない。

社会的な成功の鍵となる情動的知能

2018年秋、タイ人のナハリン・ブーンチャイがカオヤイ国立公園近くの道路で車を走らせていると、2頭のゾウが道を横切ってきた。[17] 車は後ろを歩いていたゾウに衝突し、脚を2本怪我させた。するとそのゾウは振り返って車をじっと見つめてきた。そして一呼吸置いてから近づいてきて車を踏みつけ、ブーンチャイは即死した。情動に掻き立てられた路上暴力だったのか？　それとも身体的な脅威に対する反射的反応だったのか？　ゾウの情動的側面に関する研究はいくつかあるが、ゾウが意識的な感情を持っているのか、持っているとしたらどの程度のものなのかは誰にも分からない。しかし我々人間は確かに意識的感情を持っている。

自分の感情なんて自分でよく分かっているはずだと思われるかもしれない。しかし、自分が実際に何を感じているか、その理由が何であるかが分かっていなかったと気づかされることはしょっちゅうあると思う。自分の無意識の情動状態、意識的な感情、そしてもっと一般的な生活環境の役割をはっきりと認識することが、情動を手なずける、あるいは少なくとも情動が不利に作用するのを防ぐための第一歩だ。もっと幸せでもっと成功した人生を送るために目指すべき目標は、その自己認識に基づいて情動的知能を高めることである。

この箇所を書いている時点で、車椅子生活の母はケアハウスで暮らしている。100歳近いわりに身体は健康だが、何年も前から精神は衰えてきている。私や家族を認識して、私の子供時代について話すことはできるが、9＋3は何かと聞かれても答えられない。食べ物を2つ差し出して選んでもらおうとしても、考えをまとめることができない（どちらか一方がチョコレートだったら別だが）。いまの大統領は誰かとか、ここは何という国かとか聞いても分からない。それでも私が迎えに行くと、即座に「何を悩んでいるの」とか「何か引っかかっていることがあるんでしょ」などと声を掛けてくる。しかもいつも図星。何とも不思議だ。情動的知能は我々の中に深く根付いていて、最後まで残りつづけるらしいのだ。

「情動的知能（心の知能）」という言葉はあまりにも定着していて、まるで昔からあったかのように思われているが、実は1990年に2人の心理学者が作った言葉だ。その2人とは、「はじめに」で紹介したイェール大学のピーター・サロヴェイとニューハンプシャー大学のジョン・メイヤーである。このテーマに関して初めて大反響を巻き起こした2人の論文の冒頭には、次のように記されている。「『情動的知能』とは、自身や他者の情動を的確に評価して表現すること、自身や他者の情動を効果的に統制すること、感情を生かしてやる気を起こし、計画を立て、物事を達成すること、これらに寄与すると仮定される一連のスキルのことである[18]」

「『情動的知能』というのは矛盾した言葉だろうか？」と2人は問いかけている。自然に湧いてくる疑問だ。前に述べたとおり、西洋の伝統的な考え方では、情動は理性的な精神活動に役立つものではなく、それを混乱させるものとして作用するとみなされている。最近まで人々は、理性的能力というものが何であったとしても、真の知能を表しているのはＩＱスコアであって、それ以外の指標は関係ないと思い込んでいた。しかしサロヴェイとメイヤーは、情動と理性を切り離すことはできず、それどころか社会で大成功を収めている人たちの多くは情動的知能が高いことを見抜いた。また逆に、ビジネスや社会における知能がきわめて高くても情動的知能の低い人の多くは、苦境に陥ることにも気づいた。

例として、２００８年にノースウエスタン大学ケロッグ経営大学院のアダム・ガリンスキーと３人の共同研究者がおこなった実験を取り上げよう。経営学修士課程の学生たちに、ガソリンスタンドの売却に関する模擬交渉をおこなってもらった[19]。その際、買い手の出せる最高額が売り手の受け入れられる最低額よりも低くなるように設定した。しかし交渉するのは価格だけではない。買い手にも売り手にもほかにいくつか考慮すべき事柄があり、それらを適切に踏まえれば両者とも満足できる形で取引できるかもしれない。

交渉に先立って、3分の1の被験者にはごく一般的な助言を与えた。別の3分の1の被験者には、相手が何を「考えている」かを想像するようにと助言した。そして残り3分の1の被験者には、相手が何を「感じている」かを想像するようにという助言を与えた。その結果、相手の思考または感情に注目した被験者は、そうでなかった被験者に比べて、交渉をまとめられる割合が有意に高かった。ビジネスの世界で交渉は一つの役割を果たしているにすぎないが、ここ何十年かの研究によって、他者の感情を理解する能力を備えた実業家は、経営管理や人材確保、リーダーシップなど、職業上のさまざまな面に秀でていることが明らかとなっている。

科学者には情動的知能が欠けていることが多いが、それでも重要である。というのも、残念ながら優れた研究をおこなうだけでは、競争の激しいこの職業で成功するための第一歩にしかならないからだ。片付けるべき研究が爆発的に増えてしまったとき、自分の研究に関心を持って理解してくれる共同研究者を集める能力は、少なくとも本来の科学的才能と同じくらい重要だ。

他人に合わせられない人は友達作りにも苦労する。たとえば、会話の相手が話を終わらせようとしていたり、口をはさんで受け答えをしようとしていたりしても、社会的手掛かりに気づかずに話しつづける人もいる。他人が感情を込めた話をしているのに、適切に反応できない人もいる。情動的知能は人間にとってきわめて重要なもので、2歳かそれよりも幼いうちに身につく。その歳の幼児でも、家族が困っているのを見ると、助けようとしたり泣き出したりするという反応を示す。

情動状態は情報処理に影響を与えるだけでなく、コミュニケーションにも影響をおよぼす。情動は会話の潤滑剤として働き、相手と関係を深めたり、他人の求めていることや必要とすることを理解したりするのに役立つ。誰かと会ったときには必ず情動的な信号を送るものだし、その信号を読み取るには意識的プロセスと非意識的プロセスの両方を使う。情動的知能に秀でた人は、自分の情動表現をモニタして、他者の反応に自分自身を合わせる術をわきまえている。相手が送ったり受け取ったりしている信号に気づいて、はるかに効果的に意思疎通ができる。他人の心を読んで理解するのにとりわけ秀でた人を見ると、あの人はカリスマ的だと感じてしまう。優れたリーダーは周囲の一握りの人に考えを伝えるだけでなく、大勢の人に直接、またはテレビを通じて語りかけることができる。

人間は他人の心を読む能力を持っているだけでなく、他人に自分のことを知ってもらいたいと思うものだ。[20]研究によると、人の会話の30から40％は自身の経験や人間関係に関する内容だという。SNSでは投稿の80％が、そのとき自分の経験した事柄に関するものである。2012年にハーヴァード大学でおこなわれた研究では、被験者に自分のことまたは他人のことを話してもらいながら、fMRI装置で脳をスキャンした。すると、自分のことを打ち明けているときには、他人のことを話しているときと比べて、報酬や快楽に関連した脳領域が有意に活性化することが分かった。

別の実験では、被験者に195の質問を出して、1問答えてくれるごとに数セント支払うと伝えた。質問は、自分自身に関すること、誰か別の人に関すること、そして事実に関することの3種類を用意し、被験者には1問ごとにそのうちのどれかを選ばせた。3種類すべての報酬額を同じに設定した場合、被験者は約3分の2の割合で自分に関する質問を選んだ。質問の種類ごとに報酬額に差をつけると、たとえもっとも報酬額の高い種類の質問ばかりを選んだ場合より稼ぎが少なくなったとしても、自分に関する質問をもっとも多く選んだ。人は自分のことを打ち明けるためなら「進んでお金をあきらめる」と、その論文には記されている。

我々は社会性動物である。ひとりぼっちで生きているのではなく、社会の一部をなしている。鳥の群れが飛ぶ方向を変えるとき、ほかの鳥に指示を出すリーダーの鳥がいるわけではない。おのおのが本能的に心を通わせて他者に合わせることで、協調行動を取る。それは我々にも当てはまる。みなつながっていて、そのつながりは情動によって築かれているのだ。

私は短いあいだ会社勤めをしていたとき、2人の取締役副社長の下に付いた。1人目は部下たちを心から気遣い、部下の情動を読み取って、親身になって建設的に対応するのに秀でた女性だった。部下たちも誠実に応え、どんなときでも進んで全力を尽くした。しかしそのボスが引退して後を継いだ女性は、他人の感情に無頓着だった。あるとき会議の席で檄を飛ばし、自分の目標はこのグループで多くの利益を上げて、5年以内に自分の報酬を100万ドル超えにすることだとぶち上げた。だが誰もその目標のために進んで努力しようとはせず、士気も利益も大きく下がった。心理学では、他人の考えや感情を理解できる人のことを「パースペクティブ・テイカー（視点取得型人間）」という。他人の視点に立てる人は、集団の情動を円滑に導いて、競争と協力のちょうど良いバランスを見出すことができる。そうでない人はもっとずっと苦労する。このように、他人の視点に立つことは重要な社会的スキルであって、仕事でも私生活でも、人を惹きつけて説得し、数々の分野で成功するための鍵となるのだ。

第6章 動機——欲求と嗜好の関係
——欲望の起源と脳内の快楽、および両者と動機の関係

なぜ何かを食べたくなるのか

イングランドのダービーに暮らす若い母親クララ・ベイツは、よちよち歩きの娘ファラのおこないのせいで、1年あまりのあいだに2度も借家から追い出された[1]。家主が嫌がったのも納得できる。ファラがカーペットや壁を食べてしまうのだ。クララが初めてその問題に気づいたのは、ファラにトイレのしつけをしていたとき、ブツの中から変な破片が出てきたからだった。そうしてクララは、カーペットの端にできた変な穴がふつうにすり減ってできたのではないことを悟った。娘の靴のマジックテープがなくなっているのもそのせいだった。

ファラのこの行動には先例がなかったわけではない。このように変なものを口にしてしまう病気を異食症（パイカ）といい、1563年の医学書に初の記載がある。[2] このパイカという呼び名は、カササギのラテン語名に由来する。カラスに近縁で、種子や果実、木の実やベリー、クモや昆虫、鳥の卵や雛、齧歯類や幼いウサギ、外に置いてあるペットフードや散らかったゴミなど、何でも食べてしまう知能の高い鳥だ。カササギにとっては正常な行動だが、人間にとってはいうまでもなく異常である。

多くの異食症患者が口にしたがる物体は食事に関係したものだが、食べる前でなく食べた後に関係がある。皿の上に出てくるものでなく、皿を洗うためのものを食べたがるのだ。ある男性は液体洗剤を飲む癖があった。ある女性経営者はキッチンスポンジを食べたがった。異食症患者の中でもいわばマイケル・ジョーダンに匹敵する存在なのが、フランス人エンタテイナーのミシェル・ロティートである。[3] ロティートはレストランには行きたがらず、金物店がお気に入りだった。文字どおり金物を味わっていたからだ。金属が好物だった。口に入らないような大きさだと、小さい破片にばらしてから、鉱物油や大量の水とともに飲み込んだ。自転車やショッピングカート、あるいは小型飛行機のセスナ150を何年もかけてばらしては、高価な食事を味わっていたという。そのような行動を40年続けた末の2007年、未公表だが「自然な」死因で世を去った。鉄分不足だったわけではないだろう。

なぜ我々はしかるべき行動を取るのか？　なぜ枕でなくパスタを食べるのか？　そもそもなぜものを食べるのか？　脳内のどんなプロセスが行動を引き起こすのか？　どうすればそのプロセスをコントロールしたり修正したりできるのか？

動機とは、目標達成のために努力しようという意志だと考えることができる。我々の行動を引き起こして導く推進力である。動機の中には生物学的なものもあり、たとえば食べたいという動機は、空腹感という恒常性情動によって引き起こされる。また、社会的に認められたいとか、物事を達成したいとかというように、社会に由来する動機もある。それらも情動と密接に結びついている。情動（emotion）と動機（motivation）の深いつながりはそれらを指す言葉からも明らかで、どちらもラテン語のmovereという同じ単語に由来する。しかし人（および動物）の動機は、情動を生み出す神経ネットワークから直接起こるのではなく、「報酬系」と呼ばれる別の神経システムから湧き上がってくる。

報酬系の柔軟なメカニズムのおかげで我々の心は、多様な要素を考慮に入れた上で、いつ行動すべきかを判断したり、もっとも適切な行動を取るためにさまざまな選択肢を選り分けたりすることができる。きわめて原始的な生物は、生まれつき持っているプログラムに書き込まれた一定のルールや引き金に従って行動する。それに対して我々を含むほとんどの脊椎動物は、行動に関する衝動の大部分を担う、もっと柔軟で繊細なこのメカニズムのおかげで、単なる生物学的なロボットを超えた存在でいられる。

動機に関する新たな科学的知見によって、依存症など動機に関連した病気の原因に光が当てられるだけでなく、自分や他者の衝動を手なずける方法も明らかになりつつある。その知見は、数十年を隔てて起こった2度の大きな進歩によって得られた。1つめは1950年代、報酬系が発見されて、その構造体が脳のほかの部位に大きな影響をおよぼしていることが明らかとなり、ドライブ理論（動因理論）がついに否定されたことによる。

「快楽中枢」を探して

神経科学の論文を読んでいると、次のような文にしょっちゅう出くわす。「欠損したマシャド＝ジョセフ病遺伝子のオレキシン特異的発現によって、伸長したポリグルタミン鎖を持つ生成物（アタキシン-3）を生成することで、オレキシンを含むニューロンが除去されたトランスジェニックマウスを作成した」[4]。この論文は、日中に我慢できない眠気に襲われる、ナルコレプシーと呼ばれる睡眠障害の治療法に関するものだが、私にはこの論文自体がナルコレプシーの原因になりそうに思えてくる。学術誌にはこのような難解な実験手順の記載があるものだと決めつけていた私が、1972年に『神経疾患・精神疾患ジャーナル』に掲載された一本の論文を読んでどれだけあっけにとられたか、きっと想像していただけると思う。その論文には次のような記述があった。「この研究をおこなった日の午後、この患者には再度、トランジスタを組み込んだ自慰装置を3時間にわたって使用することを認めた。……その後、彼を売春婦に引き合わせた」[5]。のちに「学術的であると同時にポルノのようでもある」と紹介されたこの論文を書いたのは、40年にわたる研究人生で推計420本もの科学論文を執筆したロバート・G・ヒースである[6]。

1915年に生まれたヒースは、精神分析・神経学・精神医学の資格を有する臨床心理士として職業人生をスタートさせた。そして1948年にコロンビア大学の主任精神科医となり、統合失調症や鬱病の治療法としてロボトミーを発展させる研究を率いることになった。ロボトミーとは、前頭前皮質と脳のそれ以外の部分とをつなぐ神経線維の大部分を切断して、いわば前頭前皮質のプラグを抜くという手術のことだ。今日では分かっているとおり、そのような手術を受けた患者は人間性をおおかた失ってしまう。

　前頭前皮質は複雑で見事な構造体であることがいまでは分かっている。ほかの多数の脳領域から与えられる入力を受け取って、意識的・理性的な思考に重要な役割を果たす。思考を整理して明確にするのに役立っている。行動や目標を調整している。無用な考えを排除したり、相反する行動の選択肢の中からどれかを選んだりするのを助けたりしている。また、長期的な計画を立てたり、衝動を抑えたり、情動を律したりする役割も担っている。その前頭前皮質の中にある眼窩前頭皮質は、情動を感じることに関わっていると考えられている。

　このように前頭前皮質の役割は多岐にわたる。しかしヒースがロボトミーを「発展」させようとしていた当時、前頭前皮質の機能は完全には明らかになっていなかった。それどころか、前頭前皮質はたいした機能を持っていないとすら考えられていた。ただし、チンパンジーの前頭葉を切除するとおとなしくなって協調的になることが分かっていた。ポルトガル人神経科医のアントニオ・エガス・モニスは、前頭葉に怪我を負った兵士にも同様の「性格や人格の変化」が見られることに気づき、１９３５年にロボトミーを考案するに至った。そして１９４９年にその功績でノーベル生理学・医学賞を受賞した。[7]

　ヒースもモニスと同じく、「生物学的精神医学」という新たな分野に夢中だった。これは、心理的なトラウマでなく、脳の物理的な異常が精神疾患の原因であるとする考え方に基づいた分野だ。しかしヒースは、ロボトミーはさほど有効ではないと考えていた。確かに患者はおとなしくなって扱いやすくなるが、症状が治まったのは、そもそもの疾患が治癒したというよりも、情動が全般的に鈍くなったためであるように思えた。やがてヒースは、精神疾患の原因は脳の奥深くにあってもっと手の届きにくい皮質下組織に潜んでいると確信するようになる。ナプキンを折りたたんだような形の大脳皮質よりも内側に位置する構造体である。ネコではそれらの構造体が情動にとって重要であることが明らかになっていた。もちろんネコの結果をそのまま人間に当てはめたら、誰かが裏庭でスズメを捕まえるとか、ベッドの上でなくて下で眠ろうとするなどと言う人が出てくるかもしれない。それでもヒースの結論は基本的に正しかった。

科学的アイデアは腐るほどあるが、その中で価値を帯びるのは実験的研究で裏付けられたものだけである。ヒースにとっては残念なことに、彼が関心を持った脳領域は繊細な表面からあまりにも深いところにあって、従来の手術では手が届かなかった。そのため、自説の証拠を見つけるというヒースの取り組みは困難を極め、何十年もの歳月を要することとなる。

初期の取り組みは、10年ほど前の１９３０年代に何人かの医師が使いはじめたある手法に基づいていた。その新たなタイプの精神外科術では、患者の脳の奥深くに細い電極を挿入して測定をおこない、疾患に応じてある部位を電気的に刺激したり、破壊したりする。ヒースはこの手法を使って動物で実験を始めたが、人での実験はできなかった。患者が嫌がる恐れがあるからではなく、ヒースの説を疑う同業研究者たちが必要な研究資金の提供や支援を渋ったためだ。

そんなある日、アトランティックシティのビーチでくつろいでいるときにたまたま見知らぬ人とおしゃべりをしたことで、ヒースの人生は一変することとなる。休暇中だったその相手は、ニューオーリンズにあるチューレーン大学医学部の学部長だった。まだ互いに自己紹介もしないうちから、その学部長は自分の仕事について話しはじめた。新設された精神医学科の立ち上げの最中だという。そして、コロンビア大学のある研究者が進めている研究を褒めはじめた。ヒースという名前の男だ、と学部長は言った。

今日、教授のポストを勝ち取るのは、市長選に出馬することと郵便局の仕事に応募することの中間のようなものだ。しかし当時、教授を雇うのはもっと簡単だった。官僚組織も委員会もなければ、面接も政治工作も必要なかった。ビーチで水着姿の学部長が水着姿のあなたと出くわしたら、その場であなたを教授職に招くことができた。くだんの学部長はまさにそうしたのだ。

当時、チューレーン大学の神経外科医たちは慈善病院で手術をおこなっていた。のちにヒースの同僚となる医師の一人は、「増築に増築を重ねたきれいな病院で、今後もけっしてお目にかかれないような重篤な患者が何人か入院している」と説明している。菓子屋の壁一面にピカソの絵が飾られていても子供がいっさい気にしないのと同じように、ヒースもその病院の外観には目もくれなかった。ヒースを惹きつけたのは、良くなるためならどんな治療にでも進んで同意する、世間から見放された（そしてときに暴力を振るう）精神疾患の患者がいくらでも手に入ることだった。ヒースはそんな患者たちを「臨床材料」と呼んだ。

1949年にヒースはニューオーリンズに移り住んだ。同僚いわくハンサムでカリスマ性があり、すぐに病院を説得して40万ドルの予算を確保し、ベッド数150床の精神科を立ち上げた。そこがヒースの研究活動の場となるが、彼には壮大な目標があった。動物に対して使ってきた脳深部電気刺激法を用いて、精神疾患患者の症状を緩和する方法を探ると同時に、各種精神疾患の生物学的な根本原因を調べるという目標だ。とくに関心を持っていたのは統合失調症である。

当時、ドライブ理論から導き出される仮説として広く信じられていたのが、人はおもに空腹感や喉の渇きなど、不快な感情を避けたいという欲求に掻き立てられるという考え方だった。[8] しかしヒースは、痛みと同じくらいに報酬や快楽も、動機を与えるものとして重要だと考えた。この考え方は臨床研修を通じて得たのかもしれない。というのも、フロイトがこの何十年か前に、快楽が人の動機において中心的な役割を果たしていると唱えていたからだ。この「快楽原則」は脳手術の研究者にはあまり受け入れられていなかったが、ヒースの心には響いた。そこでヒースはさらに一歩踏み出して、脳にはその感情を生み出す一つまたは複数の独立した構造体、いわば「快楽中枢」が存在するはずだという仮説を立てた。そして、統合失調症はその快楽中枢の不調が原因であるという説を示した。ヒースは次のように述べている。「統合失調症の患者は苦痛の情動が優勢である。ほぼつねに恐怖や闘争・逃走の状態にあり、それを中和する快楽を持たない」

ヒースは、脳を刺激して快楽を引き起こすことができれば、統合失調症の症状を緩和できるかもしれないと考えた。そこで、脳に半永久的に電極を埋め込んで、ちょうど頭痛のときにアスピリンを何錠か飲むのと同じように、患者自身が必要に応じて刺激を与える方法の開発を目指した。同世代の人たちによれば、ヒースは統合失調症を治療することだけでなく、「華々しい」ブレークスルーを成し遂げることに取りつかれていたそうで、そのせいなのか実験の計画・実行・結果の解釈が杜撰（ずさん）だった。

自分のかかりつけの医者について、「あの医者は時代を先取りしすぎている」などという噂は聞きたくないものだ。１９４０年代末、ヒースはまさにそのような医者だった。当時、快楽が脳内のどこで生まれるのかも分かっていなかったし、そもそも人の脳内に快楽中枢たるものが存在するなどと信じる科学者もほとんどいなかった。しかもヒースを除く誰一人それを探そうなどとはしなかった。そのためヒースは、どの構造体に狙いを定めたらいいいか、ほとんど手掛かりを持っていなかった。そこで、患者の脳のあちこちに鉛の電極を突き刺して、試行錯誤で自ら調べていった。

現代のテクノロジーが存在していなかった当時、電極を突き刺す場所はかなりおおざっぱにしか決められず、下手な場所に突き刺すと脳が深刻なダメージを負いかねなかった。重い感染症も頻繁に起こった。それだけではない。ヒースが最初に扱った10人の患者のうち２人が死亡したのだ。ほかの患者も痙攣を起こした。ある患者などは、電流を流されると叫び出し、ベッドから起き上がって服を破り、「お前を殺してやる！」と叫んだのだ。

このような危険な併発症に対してヒースは、彼ら患者はそもそも重篤なのだから何も失うものはないとでもいうような態度を示した。確かに患者たちは自ら志願して実験に参加していたし、うち多くは処置にも同意していたかもしれない。それでも今日の基準から見ると、倫理的に暗黒時代から一歩しか進んでいないようなものだった。私はあるとき友人の神経科学者から、西洋では比較的最近の１９８０年頃まで「残酷な」人体実験が認められていたと聞かされた。その後、いわば科学界の「Ｍｅ Ｔｏｏ」運動によって、被験者に許容されるリスクが考えなおされ、基準が変更されていった。その結果、１９８０年代以前なら許されるとみなされていた実験の中には、今日では逮捕につながりかねないものもある。

ヒースは1955年、電極を用いた統合失調症の実験を中止した。犠牲者が出たからではなく、統合失調症に関する自らの説が間違っていることが証明され、処置に効果が見られなかったからだ。それでも、トランスミッションの修理工場が潰れてマフラー屋を開く自動車修理工のように、ヒースはそれから何十年かのあいだ、ナルコレプシーやてんかん、慢性痛など、統合失調症以外の疾患の患者を使って危険な電極実験を続けた。また、動機と情動のおよぼす影響についても研究を続けた。

ヒースの説は細部こそ間違っていたものの、重大な精神疾患には身体的な原因があるとする点はおおむね正しかった。しかし残念ながら、統合失調症やそれに類似の病気の原因は、それから60年間も解明されなかった。原因の特定が難しかったのは、死亡した患者の脳を見てもその患者が統合失調症だったのか双極性障害だったのか区別できなかったし、顕微鏡で脳組織を調べてもいっさい違いが見られなかったからだ。ようやく2015年、遺伝学の進歩に後押しされて、これらの病気の真の原因が明らかになりはじめた。いまだに膨大な研究が必要だが、いまでは次のようなことが分かっている。これらの病気の患者ではニューロン間の信号伝達に関わる遺伝子が少なくなっていて、逆に炎症性ニューロンに関連する遺伝子が多くなっているため、脳に軽度だが慢性的な炎症が起こっている。報酬系に関連するドーパミンの生成が過剰であることも寄与しているようだが、ただしヒースが考えていた快楽の欠如よりも複雑でとらえがたい形で作用しているらしい。このような発見が積み重なれば、いずれは有効な治療法につながるかもしれない[10]。

統合失調症の原因は快楽中枢の不調であるというヒースの考え方は、かなり的外れだった。しかし、動機において快楽中枢がどのような役割を果たしているかという点については正しい道を進んでいたことが、やがて証明されることとなる。また、快楽が特定の脳領域の活動によって生じるという考え方もまもなく裏付けられた。今日ではそれらの領域は、人の動機にとって鍵となる報酬系の一部を構成するとされている。しかし残念ながらヒース自身は、テクノロジーの限界と未熟な実験方法のせいで、必死に探していた報酬系の発見を成し遂げられなかった。一方、ヒースが統合失調症の実験を中止してからまもなくのこと、マギル大学の実験室でラットに電極を挿入する練習をしていた2人の若い科学者が、偶然にも報酬系を発見することとなる。

動機はどこから生じるのか

皮肉にも、電極を正確に挿入できないことはヒースを悩ませた一方で、ジェイムズ・オールズとピーター・ミルナーには幸運をもたらした[11]。1953年、オールズはポスドク研究員になったばかりだった。ラットの脳を扱った経験がなかったため、ミルナーから教わっていた。そして腕を磨こうと、当時盛んに研究されていた脳底に近いある領域を狙って電極を挿入してみた。本人は気づいていなかったが、狙いは外れていた。

ラットが目を覚ますのを待って、脳への刺激の効果を調べてみた。ラットを大きな箱の中に入れて、電極から弱い電気ショックを与える。すると、刺激を与えられたときにいた場所の周辺を嗅ぎ回って、そこから引き離されても同じ場所に戻ってきた。また、ラットが別の場所に来たときに脳を刺激すると、代わりにその場所に向かって走っていった。脳を刺激することで、ラットを箱の中のどんな場所にでも駆り立てられることが分かったのだ。あたかもラットがその刺激を喜んで、もっと欲しがるために戻ってくるかのようだった。

そのラットの脳をX線で調べたところ、オールズの挿入した電極は、脳の奥深くにあって当時あまり注目されていなかった、側坐核（そくざかく）と呼ばれる構造体に達していることが分かった。側坐核は、脳の奥深くにある重要な辺縁系（へんえんけい）の構造体の一つで、各半球に1つずつある。人間の場合、大きさは角砂糖やビー玉くらいだ。

オールズとミルナーは新たなラットを何匹か調達して側坐核に電極を挿入し、最初のラットに見られた現象が再現されるかどうか確かめた。するとラットは同様の反応を示した。続いて2人は、ラットがレバーを押して自分で電極に電流を流せるような仕掛けを作った。すると驚いたことに、ラットは自己刺激に取りつかれて、1分間に何十回もレバーを押すようになった。交尾や、さらには食べたり飲んだりすることなど、ほかのあらゆる行動に対する興味を失ったのだ。十分な水を与えておいても、レバーを押しつづけるあまり脱水で死んでしまいかねなかった。

そこで2人は次のような仮説を立てた。ラットが依存症になったのは、情動的な快楽の感情にとって側坐核が何らかの役割を果たしているからだろう。まさにヒースが信じていたとおり、ラットの脳には快楽中枢が存在し、快楽の感情が生存衝動よりも強くラットを掻き立てたようだ。オールズらは、ほかにどの脳領域で自己刺激が引き起こされるのかを調べはじめた。すると、脳の正中線に沿って神経線維の太い束でつながったいくつかの領域が見つかった。今日では報酬系と呼ばれているシステムの各領域である。

オールズとミルナーはヒースと同様、快楽の獲得が動機の最大の源であると結論づけた。そしてこの研究結果を、「ラットの脳の中隔領域などいくつかの領域への電気刺激によって生じる正の強化」というタイトルの論文で発表した。地元紙『ザ・モントリオール・スター』は2人の研究をもっとセンセーショナルに取り上げ、「マギル大学、脳の『快楽部位』の発見で大きな新分野を開く——人間の行動の鍵か」という大見出しで伝えた。まさにヒースが夢見ていた華々しいブレークスルーだったが、ただしほかの人によって成し遂げられたのだった。

ここで話は、あの男性と売春婦に関する論文に戻ってくる。オールズとミルナーの発見を受けて多くの科学者が動物実験に取り組んだ。独自の倫理観を持つヒースも2人の研究から影響を受けた。統合失調症の研究はあきらめていたが、それでもオールズとミルナーの実験を自ら追試することにしたのだ。そこで2人と同じように、側坐核とその周辺の領域に電極を挿入していった。ただしラットでなく人間の脳である。

それ以前にヒースは、患者が身体を動かしても電極がずれないようにする方法を編み出して、実生活の環境で患者を調べられるようにしていた。実生活の状況の中でももっとも心躍らせたのが、性的な状況である。くだんの1972年の論文では、電気刺激とポルノ映画を組み合わせたいくつもの実験について報告している。その中の一つの事例が、売春婦を使って被験者をオルガズムに導き、その最中の脳波を測定するというものだった。しかしオルガズムを引き起こすことはできたものの、そのメカニズムの解明には至らなかった。

科学的方法というものにはれっきとした理由がある。誤った結論に飛びつくのを防ぎ、妥当な結論へ導いてくれる。科学はたいてい、大きな跳躍でなく小さな一歩一歩で前進していく。日常生活に関する推測と違い、科学では一つ一つの考えや仮説を正確に表現し、一つ一つの実験を細かい精度でおこなわなければならない。バスケットボール選手の場合、何か魔法の靴下を穿いたときにとりわけパフォーマンスが高かったら、その靴下を穿いているときのほうがより良いプレーができると信じてしまうかもしれない。しかし科学者を納得させるには、「より良い」という言葉の意味を定量的に表現した上で、魔法の靴下を穿いた場合と別の靴下を穿いた場合に何度も試合をおこない、その結果を統計的に解析しなければならない。バスケットボール選手にとってはマジック・ジョンソンというあだ名は何とも光栄だが、科学者である私がマジック・ムロディナウと呼ばれても嬉しくはない。

しかしヒースは入念な科学研究が性に合わなかった。偉大な科学者にとってもっとも重要な長所のいくつかは備えていた。聡明で創造的、動機を生み出す物理的プロセスを見抜く先見性を持っていた。しかし杜撰で無鉄砲だった。ヒースを偉大な科学者と呼んだとしたら、「彼は優秀なシェフだが料理を全部焦がしてしまう」と言うのと同じことになってしまう。脳内での快楽の役割とメカニズムに関する研究の先駆者ではあったが、考え方に関しても、それを掘り下げるために選んだ手法に関しても、主流からは外れていた。そのため有望な理論の数々を生み出しておきながら、事実の解明にはほとんど役に立たずにいまでは単なる変わり種とみなされている論文を４００本以上発表し、自身の考えを開花させるチャンスを結局ほかの人に奪われてしまったのだった。

哺乳類の報酬系

動物はたえず、チャンスと困難の両方をもたらす状況に直面する。食べ物を探して狩りをする一方で、自分が狩られる。生き延びるためには、周囲から得られる手掛かりと体内の生理的状態を処理して、効果的な行動を生み出さなければならない。それが動機づけシステムの目的である。

きわめて原始的な生物は、動機づけシステムはおろかニューロンの助けがなくても環境に的確に反応する。たとえば細菌は報酬系を持っていない。細菌が行動するのは快楽を求めるからではなく、自動的な反応の引き金となる分子と出合うからだ。前に述べたとおり、細菌は栄養分の存在を感知してそれに反応する。栄養分の乏しい環境に置かれると、効率を高めるために集団を作って協力しあう。そばにいる細菌がエネルギー源を消費するだけで何も貢献しなければ、その細菌のことは無視する。別の細菌集団に対して自分たちの縄張りを守り、相対的な個体数に応じて「戦法」を調節する。多様な分子を放出・吸収することで、生き延びるという離れ業を成し遂げる。そしてそれが成功するかどうかが、個体数を左右する。たとえば人体の中には、人の細胞よりも多い数の細菌が棲んでいる。それは例外ではなく、地球全体の細菌の生物量は全動植物を上回る。食物連鎖の頂点に君臨しているのは人間だと思われるかもしれないが、人間は移動式の細菌培養槽だと考えることもできるのだ。

細菌は確かに有能に振る舞うが、報酬系を持たないため、細菌のコロニーは刺激に対して自動的にしか反応できず、まるで生化学的なからくりマシンのようなものだ。細菌の方法論はそもそも柔軟性がなく、ゆえに限界がある。プラナリアなどの生物は、いまから5億6000万年前に初めて神経系を手にしたことで、あらかじめプログラムされた反応に依存した状態からついに卒業した。そして新たな能力を獲得した。初めて出合う状況を評価して、特定の環境や目標に合わせた行動で反応できるようになったのだ[12]。

このようなきわめて単純な多細胞生物にすら、原始的な報酬系が見て取れる。たとえば線虫のC・エレガンスはニューロンを302個しか持っていないものの、感覚入力を中枢神経系で統合し、我々の報酬系に特有の神経伝達物質の一つであるドーパミンを使って餌探索行動を促す[13]。

爬虫類・両生類・鳥類・哺乳類といった脊椎動物の進化に伴って、今日の人間と共通したさらに複雑な報酬系の構造が生まれた。脊椎動物の報酬系は多目的の動機づけネットワークをなしており、快楽をもたらすさまざまな種類の刺激に対してそれぞれ似たような形で活性化する。そして哺乳類の脳ではほかの動物よりも精巧になっている。

近くに栄養分を感知した細菌は、その栄養分を追いかけるとともに、無用な、または有害な分子を避けるようプログラムされている。健康な人も、セスナ150をむさぼり食うよりオレンジを食べたほうが満足できる。細菌の場合、漂ってきた分子を取り込むかどうかは生化学的からくりによって決まってしまう。しかし哺乳類は判断をする。それが実際に役に立つ報酬系の利点だ。我々は自動的に反応するのではなく、さまざまな要素を天秤に掛けた上で行動を選ぶ。我々の脳は、起こりうるそれぞれの経験がもたらす快楽を評価するとともに、それに伴うコストを見積もる。その際に利用するのは、コア・アフェクトを通じて知った身体の状態や、それぞれの行動が引き起こす将来の結果など、関係のあるデータである。その分析をおこなってからようやく脳は目標を定め、我々を行動へと掻き立てる。

ロバート・ヒースは1980年に引退した。その頃までにほかの科学者たちが何十年にもおよぶ丹念な研究によって、人間など多くの動物の持つ報酬系の詳細をかなり明らかにしていた。1980年代半ばには心理学の教科書でも、報酬系は喜びを引き起こす構造体であって、快楽の感情を通じて生存や繁栄に必要な行動を促すと説明されるようになった。この理論によれば、我々は痛みや不快感を引き起こす事柄を避けて、喜びを最大化するような行動を取る。報酬系のもたらす快楽が脳内の飽満フィードバックループによって弱まると、その行動をやめる。そのため我々は、チョコレートやチーズケーキを食べたい衝動に駆られ、そしてやがて食べるのをやめるのだ。

報酬系理論ではかつてのドライブ理論よりもはるかにうまく動機を説明できた。しかし一部の研究者、とりわけ依存症を研究している人たちは、このモデルでは答えられない疑問に直面していた。たとえば依存症患者の中には、薬物の効果がもう好きではないと言いながらもその薬物を取りつづける人がいる。彼らを掻き立てるのは何なのか？　誰にも答えられなかった。それでも報酬系理論に異議を唱える人はいなかった。そんな中、たった一人で研究に取り組むある科学者が、実験がなかなかうまくいかずに悩んだ末、うまくいかないのは実験方法のせいではないのだと気づく。実験手順の前提である理論そのものに問題があったのだ。そうして、動物の報酬系の解明における次の革命が起こった。その科学者は、我々の感じる快楽の程度だけでは報酬系を半分しか説明できないことに気づいたのだ。

欲求と嗜好は別のものである

報酬系をめぐるその第2の革命によって、快楽と欲求の関係に対する心理学者の考え方は改められることとなる。以前から明らかだったとおり、我々は自分の好きな事柄であっても、健康に悪いと分かっていたり、倫理にもとると判断したりすると、それを求めないという判断をするかもしれない。意識的な意志によって行動を抑えるという一例だ。しかしだからといって、健康や倫理は別として、自制したその事柄が嫌いなわけではない。ズボンが入らなくならないようにチョコレートケーキを食べるのを控えたからといって、チョコレートへの欲求がなくなったわけではなく、その欲求を乗り越えられたというだけだ。心理学者も、楽しい経験を先送りしたり拒んだりする能力があるからといって、それを経験したいという事実は変わらないと考えていた。人は好きなものを欲しがり、欲しがるものを好む。それは自明なことだと思われていた。ところが実はそうではなく、その事実が受け入れられるには30年近い歳月を要することとなる。

その第一歩が踏み出されたのは1986年のクリスマスの少し前、当時ミシガン大学の若き助教授だったケント・バーリッジのもとに、ロイ・ワイズから一本の電話がかかってきたときのことだった。ワイズはそれまで10年間にわたって、報酬系におけるドーパミンの役割に関する画期的な研究を進めており、その研究を受けてマスコミはドーパミンを「快楽物質」と呼ぶようになっていた。[14] ワイズがバーリッジと手を組みたいと思ったのは、彼がラットの表情を解釈するのに長けていたからだ。バーリッジはラットをつぶさに観察することで、喜びから嫌悪感までさまざまな情動を読み取ることができた。何とも変わった能力だが、快楽に関する実験を構想していたワイズの周囲に、ラットが楽しんでいるかどうかを見極められる（さらには見極めたいと思っている）人なんてそう多くはいなかった。しかしバーリッジはその方法に関する全25ページの総説論文を書いており、その論文は学術誌で500回以上引用されていた[15]。

ラットの脳は基本構造こそ人の脳と同じだが、それよりもはるかに単純で、そのぶんラットの心理も単純である。ラットにとって、砂糖水の出てくる仕掛けのあるケージは、ミシュランの3つ星レストランのようなものだ。ワイズは考えた。もしもドーパミンが本当に快楽物質だったとしたら、その作用を妨げれば砂糖水を湿ったおがくずと同じように楽しめなくなるはずだ。そこでワイズは、ドーパミンを阻害する薬剤をラットに注射し、その前後で砂糖水に対するラットの反応を比較するという計画を立てた。

予想では、注射前のラットは習性どおり、ちっぽけな舌を突き出して満足そうに唇を舐めるはずだ。そして注射後はその快楽反応が弱まるはずだ。だがその変化を定量化するにはどうすればいいのか？ そこでバーリッジの能力がものを言う。唇を舐める（リック）頻度が快楽の程度を表す指標となり、それは「リッコメーター」と名付けた特製の装置で測定できる。ワイズの研究の「美しさ」に感心していたバーリッジは、この有名科学者とタッグを組めることに心躍った。

しかし実験は失敗した。ドーパミンを阻害する前後のどちらでも、ラットは同じ快楽の表情を示したのだ。これがもしハリウッド映画だったら、その晩バーリッジは落ち込んで家に帰り、暖炉をじっと見つめていると、突然ひらめいてすべてを説明できたことだろう。だが現実では、バーリッジもワイズも失敗をあまり深刻には受け止めなかった。「実験してみてうまくいかないことなんてよくあるものだ」とバーリッジはつぶやいた。失敗したらまたやってみればいい。バーリッジもそうした。だがやはりラットの反応に違いは見られなかった。

ワイズはやがて関心を失ってしまった。しかしもっと若いバーリッジは、新たな発想をもっと受け入れやすかったのか、もう一度だけ実験をしてみた。今度は、ドーパミンを攻撃して「完全にやっつけてしまう」強力な神経毒を用いた。それでも、ラットが喜んで舌なめずりをするのは止まらなかった。しかしバーリッジはほかにある奇妙なことに気づいた。ドーパミンを阻害されたラットは、依然として砂糖水に喜んでいるように見えるものの、自分からそれを飲む行動を取ろうとはしないのだ。それどころか、むりやり餌を与えないと飢え死にしてしまう。砂糖水に対する「喜び」は消えないのに、それを飲もうという「動機」は消えてしまったのだ。

この実験結果は、当時受け入れられていた、快楽が人を駆り立てるとする説と矛盾しているように思われた。また常識にも反するように思えた。餌に喜んだ動物がそれを欲しがらないなんてありえるだろうか？

そこでバーリッジは、我々の報酬系の中では、何かを好むこと（嗜好（しこう）、liking）とそれを欲しがる動機とは別のものであるという仮説を立て、後者を“wanting（欲求）”と名付けた。そして問いかけた。我々は好むものを欲しがるものだが、その関係性は論理的に必然だろうか？　何かを喜びながらも、それを手に入れたいという動機がないということはありえるのだろうか？

ロボットのプログラミングについて考えてみよう。ロボットの脳の中では、ある状況において「感じる」快楽の程度は、何らかのレジスタに記録された数値で表現されるだろう。そのプログラムは、どんな事柄がロボットに快楽をもたらすかを指定して、それぞれの誘因がどの程度の快楽をどれだけ長くもたらすかを数値で表している。ロボットの快楽の程度、つまり快楽レジスタの数値は、ロボットの経験に応じて時間とともに変化するだろう。

たとえばそのロボットが外を歩いていると、遠くに咲く薔薇（ばら）の微かな香りのような、プログラムで快楽と定義されている事柄に偶然出くわしたとしよう。その薔薇に近づいていけば香りがもっと強くなって快楽は高まるかもしれないが、新たな行動を起こすには決断または命令が必要だ。そのため、プログラムに「快楽の程度を高めるような行動を取れ」といった命令が書き込まれていない限り、このロボットは進行方向を変えて薔薇に近づくことはない。薔薇に近づいていくためには2つのシステムが必要だ。一つは「快楽」を定義するシステム、もう一つは、快楽レジスタの数値を大きくするような行動を引き起こす、「欲求」を司るシステムである。

バーリッジは実験の末、ラットでもまさにそのようなことが起こっているのだと結論づけた。報酬系の中にある、連結し合っているが別個のサブシステムによって、嗜好（快楽）と欲求（動機）がそれぞれ生み出されるということだ[16]。さらにバーリッジは、人でもそのようになっているのだろうと推測した。我々の報酬系の中には「快楽レジスタ」つまり「嗜好回路」が存在するが、それとは別に、好むものを求めようとするためのプログラムも持っていなければならない。そのため報酬系の中には「欲求回路」も別に存在していて、それが、特定の快楽を追求するだけの動機を抱くかどうかを決めているのだ。

人の脳の中では100種類以上の神経伝達物質が特定されている。たいていの場合、各ニューロンは、そのうちの1種類だけを使って信号を送るよう特化している。そこでバーリッジは考えた。もしも欲求システムがドーパミンを使っていて、嗜好システムは使っていないのであれば、実験結果を説明できる。ドーパミンを阻害するとラットの欲求システムは停止するが、嗜好回路は停止しない。それが正しければ、ドーパミンは「快楽物質」でなく「欲求物質」だということになる。

バーリッジはこの仮説を裏付ける証拠を探した。砂糖水に喜ぶがそれを欲しがらないラットはすでにできていた。では、砂糖水を欲しがるがそれを喜ばないラットは作れたのだろうか？　作れたのだ。微弱電流で欲求回路を刺激したところ、ラットは苦いキニーネ水溶液をがぶ飲みしたが、そのときの表情から判断するに、その水溶液はまずいと感じていたのだ。[17]

こうして、欲求と嗜好が脳内で別々に作用していることを示す強力な証拠が得られたが、バーリッジはさらに歩を進めた。嗜好システムの用いる神経伝達物質が、オピオイドとエンドカンナビノイド、すなわち脳内にもとから存在するヘロインとマリファナであることを明らかにしたのだ。これらのドラッグが快楽の感覚を増幅させるのはそのためである。本当の脳内「快楽物質」はオピオイドとエンドカンナビノイドだったのだ。[18] バーリッジがこれらの神経伝達物質を阻害したところ、ラットは予想どおりの振る舞いを見せた。砂糖水を好まなくなったように見えたが、ドーパミンを用いる回路は影響を受けていないため、依然として砂糖水を欲しがったのだ。[19]

さらにバーリッジは、人間の行動でも同じように欲求と嗜好が別々になっている証拠を探した。後から考えれば見つけるのは簡単だ。その一例が、ニコチンなどの薬物にほとんど、あるいはまったく快楽を感じないというのに、その薬物に依存していてどうしても一服やりたがる人である。もっと害の少ない例としては、店先に人目を引くような形で商品が並んでいると、目に入る前と同じくその商品が「好き」でなくても、それを買いたいという衝動が湧き上がってくることだ。広告の狙いは、その商品を好む気持ちではなく、それを手に入れたいという欲求を掻き立てることである。[20]その商品をただ目の前に置いたり、単にその魅力的な写真を見せたりするだけでも、その狙いを果たせることがある。ある実験では、高カロリーの食べ物を写した魅力的な写真を被験者に見せながら、その人の脳をスキャンした。そうすると、その写真によって「欲求」回路が刺激され、その強さは人によって異なることが分かった。その後、彼ら被験者に9か月間の減量プログラムを受けさせたところ、写真にもっとも強い反応を示した人がもっとも減量に苦労した。[21]このようなデータを使えば、ダイエットがうまくいくかどうかを脳のスキャンによって予測できるのだ。

欲求と嗜好のミスマッチが起こる原因としてよくあるのが、望みを達成するには相当の苦労が必要であることだ。心理学者によると、何かを成し遂げようとしていて障害にぶつかると、欲求が高まる一方で嗜好は下がることがあるという。2013年に香港の研究グループがそれを確かめるために、男子学生61人を合コンに招いた。[22]学生たちには、話しかけたい相手を自分の意志で決めているかのように思わせたい。しかし制御下での実験なので、全員が同じ女性に話しかけるように仕向けたい。そこで合コンの数日前、学生たちに4人の女性のプロフィールを送り、その中から1人を選ぶよう指示した。実はそのプロフィールは1人の女性だけがとりわけ魅力的に見えるよう細工されていて、もくろみどおり学生全員がその女性を選んだ。合コンの準備は整った。

学生たちがプロフィールを気に入った女性は、実は研究協力者だった。彼女は、一部の学生にだけ愛想良くしてよく微笑みかけ、共通の話題を探して思わせぶりな質問をするよう指示されていた。実験者たちはそれを「ゲットしやすい条件」と名付けた。それ以外の学生にはもっと無愛想にして、ときどき相手の質問を無視するよう指示されていた。「ゲットしにくい条件」である。

合コンが終わると学生たちに、相手にどんな印象を持ったかを1（とてもネガティブ）から7（とてもポジティブ）までのスケールで評価してもらった。そして、「また会いたい気持ちがどれだけ強いか」を同じスケールで答えてもらった。すると当然ながら、「ゲットしやすい条件」に置かれた学生のほうがその女性をより気に入った。ところが2度目のデートへの関心は、「ゲットしにくい条件」に置かれた学生のほうが強かった。いまから2000年ほど前、名うてのデートアドバイザーだったソクラテスは高級娼婦のテオドーティに、ときには相手が欲求に「飢える」まで情愛を抑えたほうがもっと大勢の男の気を惹けると助言した[23]。それがこの研究によってようやく裏付けられたのだ。

欲求と嗜好の脳内地図作り

ケント・バーリッジは「嗜好」システムの解剖学的な地図作りに何年も費やした。喜びの源の場所を特定するために、研究チームで脳のあちこちにオピオイドを顕微注射し、どの位置に注射するとラットの快楽が高まるかを、舌の振り動かし方に基づいて記録していった[24]。その結果、嗜好は一つの主要な構造体の中で生じるのではなく、報酬系全体に散らばるいくつもの小さな組織塊に分散していることが分かった。人の場合、それぞれの組織塊は直径が1センチメートル強。バーリッジはそれらを「快楽ホットスポット」と名付けた。[25] そのいくつかは、中脳の奥深く、側坐核や腹側淡蒼球（このわずか10年ほど前に解剖学者によって特定・命名された）などの構造体の中にある。また、意識的な快楽の経験を生み出す眼窩前頭皮質の中にもいくつか存在している。

一方、欲求システムの鍵となるのは側坐核であって、欲求システムは嗜好回路に比べてより集中していることも分かった。食べたり飲んだり、セックスしたり歌ったり、テレビを見たり運動したりしなければと感じているとき、我々は実はビー玉サイズの側坐核の中にあるニューロンからの信号に掻き立てられているらしい。その欲求の意識的経験が生み出されるのは、その部位で生じた欲求が眼窩前頭皮質に伝わってからのことだ。[26]

欲求システムは嗜好システムよりも基本的で、きわめて単純で原始的なものを含めすべての動物種に見られる。[27] 欲求システムは嗜好システムよりも昔に進化した。太古の動物は嗜好システムを持っておらず、欲求は食べ物や飲み水など生存に必要なものによってのみ掻き立てられていた。必要なものを欲しがるようプログラムされていれば、それを好きにならなくても動物は生き延びられるからだ。

もしもその逆だったら、つまり必要なものを好んでもそれを欲しがらないようプログラムされていたら、その動物は欲求を満たすよう掻き立てられることはなく、死んでしまっただろう。しかしもっと高等な動物の場合、嗜好システムを持っていることにはとても有用な目的がある。欲求によって行動が直接引き起こされるのを防げるのだ。欲求は嗜好によって掻き立てられるが、自動的にではない。欲求回路が活性化する前に、我々の脳は嗜好とともにほかの要素も合わせて考慮する。たとえば食べ物は基本的に必要なもので、我々は食べ物を好むようプログラムされている。しかしおいしそうな食べ物を見ても無心でむさぼり食うのではなく、いったん立ち止まって、食べることの快楽と栄養や体形への配慮とのバランスを取るだろう。嗜好システムの進化によって動物は、このようなもっと微妙な振る舞いをして、惹かれる事柄をあきらめられるようになった。おもしろいことに、そのような「自制的な」決断は意識的な心に支配されているため、訓練や決意でその能力を高められることが多い。

側坐核は恐怖をも生み出す

近年になってバーリッジは、動機をめぐる全体像に残されていたもう一つの空白を埋めた。報酬系の研究ではそれまで、何かを獲得しようとする動機ばかりが注目されていて、それと同じくらい重要と思われる、何かを避けようとする動機には光が当てられていなかった。しかしいまから数年前にバーリッジは、側坐核が欲求だけでなくその逆の、避けたり逃げたりする動機をも支配していることを発見した。[28] そしてその側坐核の一方の末端は欲求を生み出すが、もう一方の末端は恐怖を生み出しているらしい。そしてそのあいだの部分では、欲求から恐怖へと滑らかに変化している。バーリッジはそれを、低音や高音も弾けるがその中間のいろいろな音も出せる鍵盤楽器にたとえている。

この発見についてもっとも興味深いのは、場面や心理的要素によってこの側坐核の鍵盤が調律しなおされることだ。まぶしい光やうるさい音楽など、刺激が強すぎてストレスを感じるような環境に置かれると、恐怖を生み出す領域の境界が広がって、欲求を生み出す領域の境界が狭まる。逆に静かで心地よい環境では、鍵盤のピッチが逆のほうに変化して欲求の領域が広がり、恐怖の領域が狭まる。

無意識レベルで起こるこれらの現象は、自分がその由来を意識しないまま影響をおよぼすので、それに気づけるようになるとためになる。騒々しいオフィスで働いているある友人は、就職してからずっと心の底に不安が渦巻いているようだと気づいたが、何が問題なのかはなかなか突き止められなかった。ようやくオフィスの騒音を疑ってヘッドホンを付けはじめたところ、その不安は消えたのだった。このような環境要因に影響されやすい人とされにくい人がいる。しかしバーリッジの研究結果から説明できるとおり、全般的に言って我々は環境要因が異なると、同じ状況に対しても違う反応を示すかもしれないのだ。

バーリッジは長年におよぶ丹念な研究によって、報酬系に関する革新的な新理論を作り上げた。しかしそれは険しい道だった。かつての師であるロイ・ワイズには自身の結論を受け入れてもらえなかった。誰も受け入れてはくれなかった。そのため最初の15年間は、ほかの研究の合間に資金ゼロで進めるしかなかった。しかし2000年にようやく研究資金を調達できたことで、研究のペースを上げられるようになった。それでも、自身の説が広く受け入れられるまでにはさらに15年かかった。最近になってやっと疑念が消え、2014年以降は論文が確実に年4000回ほど引用されるようになった。オックスフォード大学で現在バーリッジと共同研究をおこなっているモルテン・クリンゲルバッハは、「ケントは偉大な先駆者の一人だ。まわりから何を言われても無視してここまでたどり着いた」と語っている。

加工食品が肥満をもたらす理由

第二次世界大戦末期、私の父は、ドイツ・ヴァイマールのブナ林の中にあるブーヘンヴァルト強制収容所に囚われていた。ヒトラー親衛隊の看守の気まぐれによって収監者数千人が人体実験や絞首刑、銃殺刑で殺されたが、そもそもこの収容所の創設理念は「労働による根絶」だった。収監者を死ぬまで働かせる計画だったのだ。

父は1943年末にブーヘンヴァルトに送られた。体重は時を刻むようにどんどん減っていった。いちばん重いときには75キロあったのが、1945年春にはその半分になった。そしてその年の4月4日、米軍第89歩兵師団が、ブーヘンヴァルト付属のオールドゥルフ収容所を奪取した。それから数日間をかけて米軍が迫ってくる中、ドイツ軍はブーヘンヴァルトから引き揚げ、数千人の収監者が「死の行進」を強いられた。だがそれ以外の収監者たちは混乱に救われた。父もその一人だ。友人のモシェと一緒に穴蔵の奥に潜り込み、山積みの箱の後ろに隠れた。出ていくのが恐ろしく、食べ物も飲み物もないまま、寒い中で何日も身を寄せ合って互いの身体を温めた。

4月11日午後3時15分、米軍第9機甲歩兵大隊の分遣隊がブーヘンヴァルトの入場門に到着し、収容所を解放した。けっして静かな入場ではなく、父とモシェは戦闘の音を耳にした。そこでようやく隠れ場所から抜け出した。表に出ると、多くは十代そこそこの米軍兵士たちが、痩せこけた収監者や至るところに積み上がった死体の山に恐れおののいていた。

彼ら米軍兵士は度量が大きく、父とモシェに何でも与えた。チョコレート、サラミ、たばこ、水筒に入った飲料水。のちに父が語ったところによると、何年も飢えていた上に何日も食べ物を口にしていなかったため、ネズミや泥水にすらそそられたという。しかしその日、父とモシェはごちそうにありついた。父は自制したが、モシェは延々と食べつづけた。サラミも丸ごと平らげた。すると数時間もしないうちに激しい腹痛に襲われた。そして翌日、息を引き取った。

どんな気質面も人によって違う。私の父は性格上自制したが、かわいそうなモシェはそうではなかった。一般的に哺乳類の動機づけシステムは、通常範囲の状況下で作用することが前提となっていて、極端な状況は想定されていない。極限状態では誰もがすさまじい試練にさらされる。たとえばラットに餌をやる頻度を減らし、通常ラットが食べるよりも少ない量の餌しかしばらく与えなかったとしよう。そののちに自由に餌を食べさせると、そのラットはまさにモシェのように腹一杯に餌を詰め込む。[29]予想外の環境に置かれると、ふだんは有能だった神経系が、父の友人の身に起こったように死を招きかねない。社会が混乱すると決まって起こる問題だし、報酬系がバランスを崩したり惑わされたりしている人にとっては日常的な問題だ。

そこで、我々の報酬系を惑わせて利益を上げることを生業（なりわい）にしている人たちがいる。加工食品産業について考えてみよう。2000年頃、パック入りのフローズンチーズケーキ、サラ・リーのメーカーが、「サラ・リーが好きじゃない人なんて誰もいない」という昔ながらのキャッチフレーズをいっとき復活させた。[30]その10年後、神経科学者のポール・ジョンソンとポール・ケニーが、このキャッチフレーズはまさに真実であることに気づいた。彼らの研究するマウスやラットですらサラ・リーを好むと指摘したのだ。サラ・リー社が「齧歯類もサラ・リーが大好き」なんていうキャッチフレーズを使うことはないだろうが、この商品があらゆる者を惹きつけるのにはれっきとした理由がある。砂糖・油脂・塩分・化学調味料のオーケストラが奏でるシンフォニーに誰もが満足し、しかもけっして飽きることがないのだ[31]。癖になる上に健康に悪い配合で、ジョンソンとケニーがラットに通常の餌とともにチーズケーキを与えたところ、たった40日間で体重が325グラムから500グラムに増え、脳の各部位に病理変化が見られた。サラ・リーは30種類の原材料を詰め込んだいわば複雑な化学実験室といえるが、それでもこの結果はかなり衝撃的だ[32]。

公正を期すために言っておくと、この実験で用いたラットは、サラ・リーだけでなくほかに何種類もの加工食品を好んだ。砂糖菓子やキャンディー、パウンドケーキなどが並んだ、いわば24時間営業のカフェテリアに自由に出入りできたそれらのラットは、食事と報酬系に関する実験の対象だった。ジョンソンとケニーの狙いは、過食症につながる「依存症的な報酬系の機能障害」を研究すること。ジャンクフードは、まさに加工食品やファストフードのメーカーのもくろみどおり、人をいともたやすく過食症にしてしまう。コカ・コーラ社の元取締役トッド・パットナムが言ったとおり、同社のマーケティング部門の仕事は、「より多くの量をよりたくさんの人体により頻繁に流し込むにはどうすればいいか」に行き着くのだ[33]。

加工食品の食べ過ぎを依存症と呼ぶのは奇妙に思われるかもしれないが、今日ではこの言葉は、ドラッグやアルコールなど化学物質への依存症というかつての意味よりも幅広く定義されている。神経科学の新たな研究によって、依存症はもっとずっと広い意味でとらえられるようになっているのだ。今日では、ギャンブルやインターネット、ゲームや性的行動化、そして食品もすべて依存の対象になりうるとみなされていて、根本原因はすべて共通している。それを受けてアメリカ依存症医学協会は２０１１年、依存症を「脳の報酬系の原発性慢性疾患」と定義しなおした。[34]

報酬系が進化の意図したとおりに働いていれば、嗜好と欲求とが複雑で繊細な形ながらも連携して作用し、それらを区別してとらえることができる。セックスまたはアイスクリームが好きであれば、それを求めたいと掻き立てられることもあるし、あるいはバーリッジが示したとおり掻き立てられないこともある。しかし依存性のある物質や活動の場合には、側坐核に物理的変化が起こって、放出されるドーパミンの量が劇的に増え、欲求回路が過剰に刺激される。[35]そしてその対象が与えられるたびにこの効果が増幅され、依存的行動を繰り返したいという衝動がますます強くなる。科学者はこれを「鋭敏化」と呼んでいる。その物理的変化は長期間残り、元に戻らなくなることもある。困ったことに依存性薬物は嗜好システムにその逆の作用をもたらすことが多い。耐性が高まって、主観的な満足感が弱くなる。その結果、長く常用しているほどドラッグをより多く欲しがるようになって、しかも好きでなくなってくるのだ。

この作用にとりわけ影響されやすい人もいて、新たな手法によってその遺伝学的な関連性が解明されつつある。依存症にかかりやすいかどうかは、欲求システム内のドーパミン受容体に関連した遺伝子によって決まるらしいのだ。[36]かなり多くの人に何らかの依存症が見られるのだから、我々の遺伝子のデザインには大きな欠陥があるのではないかと思われるかもしれない。しかし実際にはそうではなく、自然の環境下では依存症はめったに見られない。遊牧生活を送る狩猟採集者の社会では依存症は問題にならないし、ラットやマウスも人工の実験室環境に置かれない限り依存症にはかからない。現代人が依存症を患うのは、あくまでも「文明化された」人間社会の副作用である。その社会の中で我々は、30種類の原材料からなるチーズケーキや危険なドラッグなど、ノーベル生理学・医学賞受賞者のニコラス・ティンバーゲンが「超正常刺激」と呼ぶ製品を次々に生み出しているのだ[37]。

依存症をもたらす超正常刺激

ティンバーゲンが超正常刺激の概念を思いついたのは、ちょっと場違いな場面でのことだった。オランダにある自分の実験室で、水槽に飼っているイトヨを研究していたときのことだ。雄のイトヨは下腹が鮮やかな赤色をしている。水槽で飼われていても縄張りを主張し、侵入してきたほかの雄を攻撃する。その行動を調べるためにティンバーゲンと学生たちは、死んだイトヨを針金にくくりつけて雄に近づけてみた。しばらく繰り返したところで、便宜上、代わりに木製の模型を使いはじめた。するとすぐに、攻撃を誘発するのは下腹の赤さであることに気づいた。精巧な模型でも腹が赤くなければ邪魔には思わないが、魚にいっさい似ていない模型でも下面が赤ければ襲ってくるのだ。窓辺の水槽に飼っていた雄は、赤いトラックが通り過ぎただけで攻撃モードに入った。そして何よりも重要な点として、模型を本物のイトヨよりも鮮やかな赤に塗ると、雄はその模型を攻撃するために本物のイトヨを無視したのだ。

鮮やかな赤に塗ったこの模型のイトヨ、それが超正常刺激である。すなわち、自然のどんな刺激よりも強く動物を刺激する人工物ということだ。ティンバーゲンは、そのような刺激を作り出すのが難しくはないことを明らかにした。ガチョウは、外に出てしまった卵を転がして巣の中に戻すのに慣れすぎてしまうと、自分の卵を無視して、代わりにもっとずっと大きいバレーボールを回収しようとする。孵化したばかりの雛は、親鳥のくちばしよりも派手な模様を付けた偽物のくちばしを見せられると、親鳥を無視してその偽物のくちばしから餌をもらおうとする。誇大な魅力を放つよう巧みにこしらえた人工的な刺激を使えば、どんな動物の自然な行動でも乗っ取れるようだ。まさにそれと同じことを、加工食品メーカーやたばこメーカー、違法ドラッグの密売組織、そしてオピオイドの場合には大手製薬会社が、人間の「客」に対しておこなっているのだ。

依存性のある物質や活動のほとんどは超正常刺激になっていて、イトヨの世界と同じく我々の身の回りの世界における自然のバランスを乱してしまう。たとえばほとんどの依存性薬物は、植物由来の物質を精製・濃縮した上で、化学処理によって効果を高め、活性成分が血液中に素早く吸収されるようにしてある[38]。

例としてコカの葉について考えてみよう。噛んだり煮出したりしただけでは作用は穏やかで、依存性もほとんどない。しかし精製してコカインやクラックにすると、速やかに吸収されるし依存性も高くなる。同様に、ケシの実を噛まない限りオピオイドを摂取できなかったとしたら、オピオイドが蔓延するようなことはなかっただろう。たばこについても同じことが言える。たばこの葉を収穫して、煙として吸い込めるような形に加工し、味や香りを良くして肺の中で速やかに吸収されるよう何百種類もの成分を添加すると、未加工のたばこの葉よりもはるかに依存性が高くなる。アルコールも加工製品である。店でウオッカを買うのでなく、自然に腐って発酵したじゃがいもを食べるしかなかったとしたら、アルコール依存症になる人なんてほとんどいなかっただろう。

肥満が蔓延している根本原因も超正常刺激であって、食品分野の科学者はそれを「ハイパーパラタブル（超おいしい）食品」と呼んでいる。我々の脳は栄養失調を防ぐために、果物や動物の肉など、糖質や脂質の多い高カロリーの食べ物を好むよう進化した。しかし古代にはそのような食べ物は比較的乏しかったため、肥満はめったに見られなかった。産業革命以前の時代の人々も、おもにたんぱく質や穀類、農作物など、塩分の比較的少ない未加工の食物で生きていて、肥満はまだ比較的稀だった。しかしここ数十年、市販食品の製造業者が、ちょうどドラッグの依存性を高める処理法に相当する方法で食品を改良してきた。我々の報酬系がどんなものに反応するのかを探り出した彼らは、それを不自然なまでに濃縮し、血液中に速やかに吸収されるような形で提供するようになった。違法ドラッグと同様、食品成分が濃縮されていて、しかも速やかに血液中に吸収されると、そのぶん報酬系の作用は高まるのだ。

今日、食品メーカーは何千万ドルもかけて、そのようなハイパーパラタブル食品の開発研究を進めている。彼らはそれを「食品の最適化」と呼んでいる。ハーヴァード大学で研鑽を積んで現在この分野の研究をおこなっているある実験心理学者は、次のように言う。「私はピザを最適化した。サラダのドレッシングとピクルスも最適化した。この分野では私がゲームチェンジャーだ[39]」

食品の最適化に取り組む人たちがゲームチェンジャーであるのは、ちょうどバレーボールがガチョウの母性に干渉したり、偽物のくちばしが雛の採餌行動に干渉したりするのと同じように、ハイパーパラタブル食品が人の自然な性向に干渉するからだ。結果その人は、最適化された食品を、そこから得られる快楽の求める量よりもはるかにたくさん欲しがってしまうのだ。

アメリカだけでも肥満による死者が年間30万人におよぶと推計されている。[40] 年月をかけて徐々にそのような状況になっていったため、ゆっくりと熱せられる鍋に入れたカエルのことわざのように、何が起こっているのか気づいたときにはもはや手遅れだった。乱用薬物が手に入るようになり、営利目的の食品科学が進歩したことで、人の情動的な報酬系はますます欺かれるようになっている。我々が食品に夢中になってしまうメカニズムは科学で説明できるが、その警告に耳を傾けて、肥満へと誘導されるのを避けられるかどうかは、消費者にかかっているのだ。

我々の欲求・嗜好システムのからくりやメカニズムも、それが発見された経緯も、どちらも魅力的だ。我々の報酬系の働き方が分子レベルで明らかになったことで、それを我々の行動や生化学的作用を介して操ることで利益を上げる術を獲得した人たちがいる。たばこメーカーや食品メーカー、ドラッグ密売組織、そして大手製薬会社だ。しかし賢い消費者である我々は、彼らのやっていることを知った上で、より良い健康的な選択をすることで、彼らの狙いを打ち崩すことができる。

第7章

情動と決意

——情動は鉄の意志をもたらす

堅い決意がもたらしたボクシング史上最大の番狂わせ

マイク・タイソンは対戦相手に詰め寄られていた。1990年2月、東京で開催された世界ヘビー級選手権、第8ラウンド残り5秒。[1]対戦相手のジェイムズ・〝バスター〟・ダグラスがここまで粘るなんて予想外だった。肘を突き出して顎の前で左右のグラブを合わせ、両腕で狭い輪っかを作っている。ダグラスに見下ろされるタイソンは、膝が曲がり、頭1つ分小さく見える。まるでダグラスにいじめられているかのようだ。

するとそのとき、タイソンが素早く立ち上がった。そして右のグラブがダグラスの腕のあいだから突き上がり、すさまじいアッパーカットがダグラスの顎の下にまっすぐに突き刺さった。ダグラスの頭が右に倒れ、両膝が折れた。後ろによろめき、背中から激しく倒れ、マットの上を60センチほど滑った。

ダグラスが茫然とする中、レフェリーのカウントが始まった。カウントが7まで来たところでダグラスはようやく肘をつき、両足で身体を起こしはじめた。カウント9で立ち上がったが、まだよろけている。「足下がおぼつかない」とケーブルテレビ局HBOの解説者ラリー・マーチャントの実況。もしもあと10秒早かったら、タイソンはさらに攻め込んでダグラスにとどめを刺していただろう。しかしそこでラウンドが終了し、ダグラスはゴングに助けられた。何とかコーナーに戻って60秒間で正気を取り戻し、次のラウンドに備えなければならない。

試合開始直前、マーチャントはこう言っていた。もしもダグラスが勝ったら、ソ連の崩壊で混沌とする東ヨーロッパに、「まるで地元の政治問題と同じく衝撃が走るだろう」。横に座る解説者のシュガー・レイ・レナードはそれを受けて、ダグラスが最初の数ラウンド持ちこたえただけでも世界中に「衝撃」が走るだろうと答えた。ラスベガスのブックメーカー、ザ・ミラージュのジミー・ヴァッカロは、当初、タイソンの勝利に27対1のオッズを付けていた。それでも「みんなタイソンに乗ってきた」ため、バランスを取るために、オッズを32対1に、最終的には42対1にまで引き上げた。この試合を賭けの対象にするカジノはほかに1か所もなかった。ダグラスに賭けたがる人なんて誰もいなかったからだ。そこで代わりに、試合がどこまで続くか、つまり、ダグラスがどれだけ持ちこたえたところでタイソンに倒されるかをめぐって賭けを募った。タイソンはそれまで5回のタイトル戦で相手をノックアウトしていた。1つ前の対戦相手はたったの93秒しか持たなかった。

もともとダグラスはタイソンと対戦する予定ではなかった。誰もが待ちわびていた「本当」の試合は、6月にアトランティックシティで開かれる、タイソンと、ダグラスよりも格上のイヴェンダー・ホリフィールドとの対戦だった。実はダグラス戦前日のディナーの席で、ボクシングプロモーターのドン・キング、当時カジノ王だったドナルド・トランプ、そしてホリフィールドのマネージャー、シェリー・フィンケルがアトランティックシティ戦の計画を話し合い、タイソンに2200万ドル、ホリフィールドに1100万ドルのファイトマネーを支払うことで決着させていた。ダグラス戦のことなど誰も気に掛けていなかった。東京戦は後から追加された単なる肩慣らしのための試合で、ビッグイベントを控えたチャンピオンにとってはおまけで賞金をかすめ取るチャンスだった。東京戦ではタイソンに600万ドルのファイトマネーが支払われた。苦戦が予想される無名のダグラスのファイトマネーは130万ドル。それまで戦ったどの試合よりもはるかに高額だった。

誰一人バスター・ダグラスに期待してはいなかったが、母親だけは違った。ダグラスが対戦に向けたトレーニングを進める中、ルーラ・パール・ダグラスは街じゅうで息子の自慢話を始めた。息子に控えてくれと言われたが聞かなかった。「息子はチャンピオンと戦うのよ。たたきのめしてやるの」。ダグラスもまた、みんなの予想を覆して賞金で母親に何でも買ってやることを夢見た。

試合の3週間前、ダグラスは午前4時ちょうどに電話で起こされた。母親が脳卒中で倒れて危篤だという。それからまもなくして母親は世を去った。47歳だった。ダグラスは打ちひしがれた。「殻に閉じこもった。俺の苦しみなんて誰も分かっちゃくれなかった。いちばんの友である母親を亡くしたんだ。誰にも頼れなかった」。セコンドが試合放棄を提案したが、ダグラスは断った。「母は俺に強いままでいてほしかったはずだ」

第8ラウンドでのダグラスのノックダウンについて、『ニューヨークタイムズ』紙のジェイムズ・スターンゴールドは、「あの瞬間、これで試合終了だと思った」という。ほとんどの人もそう思った。マイク・タイソンに倒されでもしたら二度と立ち上がれないはずだ。コーナーに引き下がったダグラスにも分かっていた。何とかしてリングに戻っても、タイソンが野獣のように追いかけてきて、34回目のKOを狙ってくるだろう。だがダグラスには戦いを続ける必要なんてない。ここまで持ちこたえて、パンチを受けても立ち上がるなんて誰も予想していなかったし、もしも130万ドルもらってここで引き下がったとしても誰一人責めてこないはずだ。しかしダグラスはそうはしなかった。立ち上がって再びタイソンと向かい合ったのだ。それから2ラウンド後、第10ラウンド残り1分52秒、ダグラスの連続パンチがマイク・タイソンをノックアウトした。数十年経ったいまでも、ボクシング史上最大の番狂わせとされている。

ダグラスに敗れたマイク・タイソンは、それから次々に負けを重ねていく。技術がある上に、すさまじく攻撃的でパワーも備えていた。それまでボクサーはみなタイソンを恐れていた。しかし最初の数ラウンドを気合で耐え抜けば、タイソンが疲れてきて試合の流れが変わってくることを、ダグラスが実証した。タイソンのオーラが剝がれてしまった。もはや昔のタイソンではなかった。ダグラスのほうもあっという間に衰えていった。タイソンに代わってホリフィールドと対戦することになり、ファイトマネー2000万ドルを手にしたが、もはや闘争心は消えていた。第3ラウンドでノックアウトされ、それからまもなくして引退した。

タイソン戦ののちにダグラスはあるインタビューで質問攻めに遭った。どうやって勝ったのか？　第8ラウンドでのノックダウンからどうやって立ち直って戦いつづけたのか？　無名のあなたがどうやって誰にもできなかったことを成し遂げて、マイク・タイソンをノックアウトしたのか？　ダグラスは目に涙を溜めてこう答えた。「母が、母が……神よ、母にご加護を」。自分を信じてくれた母親の夢を叶えたいと思っていた。ありきたりとはいえ感動的な瞬間だった。しかしそれとともに、人間の経験にとってもっとも重要な要素の一つに光を当ててくれた。決意である。東京でのあの晩のダグラスは、タイソンよりもはるかに強い決意、のちのホリフィールド戦のときの自分よりもはるかに強い決意を抱いていたのだ。

モハメッド・アリに何回腕立て伏せができるかと尋ねたら、きっと「9回か10回」という答えが返ってきたことだろう。当然もっとずっとたくさんできたが、自伝の中で語っているとおり、もうこれ以上続けられないというくらいにつらくなってきてから、ようやく回数を数えはじめていた。[2]バスター・ダグラスはアリのような根性を持ち合わせてはいなかったが、あの一度の試合のときだけは、母親の死が、勝ちたいという鉄のような堅い決意を掻き立てたのだ。

何か目標に向かって進んでいると、途中でいくつもの障害に突き当たるものだ。才能不足、金銭問題、何らかの事情や物理的問題が道を塞ぐ。しかし決意はそうした障害を打ち崩すツールになりうる。人生のどんな場面でもそのとおりだが、とりわけあからさまにそれが分かるのは、ルールが決まっていて勝敗がはっきりしており、統計がきちんと得られるスポーツにおいてである。ダグラスの勝利もけっしてほかに例のないものではない。すさまじい決意を秘めた人間の精神が、みな不可能だと思っていたことを成し遂げたという出来事は、スポーツの歴史を通じていくらでもある。たとえば一流アスリートたちは何十年ものあいだ、1マイル（約1・6キロメートル）を4分で駆け抜けることを目指していたが、誰も成功していなかった。専門家は、人体にはそれは不可能だと論じて、挑戦するだけでも危険だと訴えていた。ところが1954年5月6日、医学生のロジャー・バニスターが1マイルを3分59秒4で走った。その1か月後には、オーストラリアのジョン・ランディが3分58秒の記録を出した。するとすぐに、トップランナーが4分の壁を破るのは日常茶飯事になった。『トラック&フィールド・ニューズ』誌によると、アメリカではこれまでに約500人がその壁を破っていて、毎年約20人ずつ増えているという。[3]まるで何かのスイッチが切り替わったかのようだ。身体的なスイッチではなく、精神的なスイッチだ。実現可能だと気づいたことで、達成するまであきらめないという決意が生まれたのだ。

シェイクスピアはこう問いかけた。「非情な運命の放つ石や矢にじっと耐え忍ぶか、はたまた、海のように押し寄せる困難に立ち向かって相手を打ち倒すか、どちらのほうが気高いか？」[4]。自然が生物に授けた答えは明らか。困難に立ち向かうほうである。

前の章では、我々がある決まった形で行動する理由（欲求と嗜好）、すなわち動機について見てきた。この章ではそれに関連したテーマとして、決意について探っていこう。決意とは、達成したいと思った目標を、障害や困難をものともせずに追求しようという堅い決心のことである。我々の感情の進化的起源や、人間の経験するあらゆる情動の微妙な特徴や目的については、ここまで説明してきたとおりだ。しかし新たな情動の科学からは、次のような有力な知見も得られている。もっとも基本的なレベルにおける情動の目的の一つは、チャンスをとらえ、困難に立ち向かって耐え忍び、それを克服するための心理的リソースを提供することである。人間だけでなく、きわめて下等なものを含めほかの動物でもそのとおりだ。驚くことにいまでは決意の由来も明らかになっている。あなたの脳の中に存在するある回路は、病気や怪我で傷つくと熱意をなくすが、ひとたび活性化すると、タイソンを倒したあの晩のバスター・ダグラスと同じモードにあなたを切り替える。現在ではその回路を正確に特定できるのだ。

決意はどこから生じるのか

1957年6月、チリの14歳の少年アルマンドが激しい頭痛で目を覚まし、その痛みが15分ほど続いた[5]。そのときは発作は治まった。だが数週間後、再び同じような発作に、今度は起きている最中に見舞われた。3回目の発作の後、医師のアドバイスに従って、両親に連れられてミネソタ州の巨大病院メイヨー・クリニックを受診した。検査を受けたところ、脳の正中線の近くにある、体液で満たされた脳室の中に小さな腫瘍が見つかった。そこで8月初めにその腫瘍を切除した。

手術前のアルマンドは、素行にも問題がなく知能も平均レベルの陽気な若者だった。ところが手術後、周囲にまったく無関心になってしまう。目を動かして部屋を見渡すこともなければ、自分から動くこともなくなった。明らかにぎこちない体勢にさせられても、身体を動かしてもっと快適な体勢に戻そうとはしなかった。指示されればものをしっかりとつかむことはできたが、言葉を発したりほかの反応を示したりすることはなかった。話しかけられない限りしゃべらないし、答えたとしてもぶっきらぼうだった。ものを食べようともしないし、口の中に食べ物を突っ込まれると、噛んだり味に何かしらの反応をしたりすることもなく、丸ごと飲み込んだ。両親を見分けることはできたが、彼らにも、またはどんなものにも情動的反応を示すことはなかった。バスター・ダグラスの決意と正反対の気質が存在するとしたら、それはこの少年に備わった深い無気力(アパシー)だといえる。

手術から1か月ほど経って脳の腫れが引きはじめると、アルマンドの無気力も薄れていった。周囲に反応し、目標を追い求め、まわりの人と交わるようになってきた。以前の性格があっという間に戻りはじめたのだ。両親の名前を声に出し、再び自分からしゃべるようになった。世話になっている医師に愛想良く挨拶したり、ジョークを聞いて笑ったり、周囲に関心を示したりするようになってきた。英語の学習に精を出し、やがてスペイン語を話せない職員たちと簡単な文章で会話できるようになった。なぜこのようなことが起こったのか、当時は誰にも分からなかった。脳の腫れによって脳内のどの構造体が影響を受けたのだろうか？　それから50年後におこなわれた研究によって、その有力な説明が浮かび上がってくることとなる。

一つの生物である我々は、生き延びて繁殖せよという最優先の指令を受けている。しかしそれに加えて二次的なプログラムとして、報酬を欲して罰を避けようという決意も与えられている。決意という特性が進化によって授けられたのは、最優先の指令に従うためだ。決意はあらゆる精神現象と同じく、心理的な要素と身体的な要素の両方からなっていて、バスター・ダグラスのエピソードは前者を、アルマンドのエピソードは後者を浮き彫りにしている。この2つは密接にからみ合っているため、決意は物理的な脳内プロセスによって生じるとはいえ、心理的な出来事を通じて引き起こすことができる。最愛の人を失うと脳が変化する。激励の言葉をかけられても、また脳手術を受けても変化する。そしてのちほど見るとおり、運動や瞑想によってもっと長期的に変化する。

ほとんどの情動プロセスは、いくつもの脳領域にわたって複雑な形で分散している。前に述べたとおり、欲求と嗜好を生み出すのは報酬系である。決意もまた多くの側面を持った複雑な精神現象であって、最近まで神経科学者も、決意を生み出すのに直接関わっている明確なネットワークや経路を特定できるとは思っていなかった。そのため、2007年に決意の物理的側面を支配する神経回路の集まりが発見されると、大きな衝撃が走った。[6]その集まりは、「情動サリエンス（顕著性）ネットワーク」と「指揮制御（実行制御）ネットワーク」という、協調して働く2つの別個のネットワークからなる。

情動サリエンスネットワークを構成する複数の小さな神経節は、それまで生活の情動的側面における多様な役割と結びつけられていた一連の構造体の中に存在する。それらの構造体とは、島皮質や前帯状皮質、そして「はじめに」で触れた扁桃核など、辺縁系と呼ばれるものである。それに対して指揮制御ネットワークには、注意の持続や作業記憶において役割を担うことが知られている前頭前皮質のいくつかの部位が含まれている。

1990年代、脳研究のための新たなハイテク手法が次々に登場したことで、はるか昔に解剖学者が特定した脳の各領域全体の機能がすぐにでも解明されるだろうという期待が広がった。しかしそうはならなかった。解明されるどころか、新技術によってとんでもない複雑さが明らかとなり、科学者は自分たちが何を調べているのかをつかみはじめるのにすら長い歳月を要したほどだった。驚きの事実の一つが、大きな構造体の中にもっと細かい二次構造体や別個の領域が多数存在することだった。さらに、それらの構造体をつなぐ神経回路もすさまじく複雑であることが分かった。苦労してそれをたどっていって作成された地図は、期待されていたような単純な回路図というよりも、鍋に入ったスパゲッティのような有様だった。

これらの近年の発見によって、一か所だけに局在した脳機能はあったとしてもごくわずかであるという考え方が裏付けられた。脳組織のどこか一か所を刺激したり破壊したりするとある決まった影響が生じるかもしれないが、おそらくその組織は、もっとずっと大きな機械を構成する一枚の歯車にすぎないのだろう。一般的な脳機能の多くは、大きなものから直径数ミリメートルと小さなものまで、多数の神経節からなる複数のネットワークの相互作用によって生じるのであって、しかもそれらのネットワークは複数の構造体に分散している。情動サリエンスネットワークと指揮制御ネットワークもまた、そのように複数の構造体が集まってできている。

「サリエンス」とは「もっとも顕著なこと」または「もっとも重要なこと」という意味で、サリエンスネットワークはその言葉どおり、内的情動や外的環境をモニタして、何が重要であるかに注目する。情動サリエンスネットワークの発見者の一人である、カリフォルニア大学サンフランシスコ校の神経科学者ウィリアム・シーリーは次のように述べている。「我々の脳はたえず大量の感覚情報を浴びせられているため、行動を導く上で自分にどれだけ関係が深いかに応じて、それらの情報にすべてスコアを付けていかなければならない[7]」。情動サリエンスネットワークは、それらの入力の中からもっとも関係性の高いものを特定し、それをもとにあなたを行動（または行動しないこと）へと駆り立てる。

一方、指揮制御ネットワークの働きは、目標に関係のある事柄に集中しつづけて、気を逸らそうとするものを無視することである。サリエンスネットワークが活性化すると、指揮制御ネットワークもすぐさま働きはじめる。そして脳のリソースを準備して、必要であればあなたが行動できるようにする。

サリエンスネットワークを構成する神経節のどれか一つが刺激されたら、いったいどんな感じがするのか？　2013年、スタンフォード大学医学部の神経科医のチームが重いてんかん患者の発作の原因を特定しようとしていて、偶然にもそれがまざまざと明らかになった。[8]彼らは悪さをしている組織を切除したかったが、ただしそれで患者の健康が損なわれてはならない。そこで問題の部位を特定するために、患者の脳のさまざまな領域に電極を挿入して数ミリアンペアの電流を流し、身体的反応を観察した。また患者に、感覚や頭に浮かんだこと、気分を尋ねた。

すると、ある領域に電極を挿入したときの患者の答えに神経科医たちは衝撃を受けた。「決意」を感じると答えたのだ。何か特定の目標に伴う感情ではなく、漠然とした感情だった。患者はそれを、車で坂道を上って不穏な嵐の中に突入していかなければならないときの情動にたとえた。とはいっても恐怖ではなく、「もっと進め、もっと進め、もっと進んでこの嵐を抜けるんだ」というポジティブな感情だ。ただしバスター・ダグラスが感じたのと違って、克服すべき何か具体的な困難が見えているのではなく、脈絡なしに決意だけが感じられるのだと患者は念を押した。

彼ら医師たちは幸運に巡り合った。図らずも、複雑なサリエンスネットワークを構成する1個のちっぽけな神経節に電極を挿入していたのだ。電極を数ミリメートルだけどちらかにずらすと効果は消えたが、ちょうど良い位置に挿入すると患者は、行動しなければ、または辛抱しなければという切迫感を覚えると答えた。そこで医師たちが2人目の患者でも同じ神経節を探すと、解剖学的に同じ位置にそれが見つかった。

「我々の研究によって、忍耐に関連した複雑な心理的・行動的状態を支える解剖学的位置が正確に特定された」と、この研究論文の主執筆者である神経科医のジョゼフ・パルヴィジは述べている。[9] 彼らが刺激を与えたのは大きなネットワークを構成する神経節のうちのたった一つで、そのため具体的な目標や状況とはいっさい結びつかない感情が生じた。それでもパルヴィジが驚いたとおり、「意識のある人の脳細胞の集団に電気パルスを与えると、忍耐といった人間の美質に関連した一連の情動や思考がこれほど高いレベルで生じる」のだ。

サリエンスネットワークが重要な役割を担っていることは、このネットワークが多数の神経節を持っていて脳のほかの部位と密につながっていることからも分かる。脳の正中線に沿って伸びるサリエンスネットワークは、指揮制御ネットワークおよび前頭葉のいくつもの「指揮領域」、さらには複雑な情動や生理的反応の生起に関わる皮質下領域と、情報のやり取りをしている。そのため、我々が考えていることや感じていることに関する情報を受け取っている。

交感神経β受容体遮断薬を投与されるなどしてサリエンスネットワークの影響が弱くなると、患者は生気がなくなって反応が異常に遅くなる。[10] またアルマンドのように、サリエンスネットワークの構成部品が著しく乱されると、深い無気力状態になる。逆に過剰に活性化すると、強い決意が生じる。シーリーいわく、「行動しなければ、辛抱しなければ」というやむにやまれぬ感情が湧くのだ。バスター・ダグラスも母親の死によってそのような状態に導かれたのだろう。脳の中でいわば「決意スイッチ」がオンになったのだ。

鉄の意志は脳内の具体的な単一のプロセスにさかのぼれるとか、現代の強力なテクノロジーを使えばそのプロセスを特定できるとかいった考え方は、きっと安易すぎるように思われるだろう。しかし2017年におこなわれたある驚くべき実験によって、実験室環境でバスター・ダグラス張りの奇跡が起こり、その考え方の威力が実証された。その実験をおこなった科学者たちは、脳に刺激を与えることで、情動サリエンスネットワークと指揮制御ネットワークの複合システムに備わったいわば「気合スイッチ」をオンにしたのだ。[11]

脳の「決意スイッチ」をオンにする

その実験における「チャンピオン」と「挑戦者」はボクサーではなくマウスで、その2匹がダグラス＝タイソン戦に相当する戦いに挑んだ。マウスにボクシングをさせることはできないが、身体的な競争をさせることはできる。そのために彼ら科学者は、細い管の両端から中に2匹のマウスを放した。どちらのマウスも自然の本能に従って、前に進んで外に出ようとした。しかし管がかなり細いため、どちらか1匹しか前に進めず、もう1匹はその戦法をあきらめて後ずさりするしかない。綱引きと逆の状況だ。どちらのマウスも最初は前に進もうとするが、一方はいずれ引き下がるしかない。体格はほぼ同じなので、体力でなく決意が試されることになる。

実験者たちはそのような対戦を何度もおこなわせ、勝敗を判定した。そして敗者を集め、光遺伝学と呼ばれる最先端の手法を使って、一匹一匹の決意スイッチを自在にオンオフできるようにした。そのスイッチを使って敗者を勝者に変えることができたのだろうか？

光遺伝学の手法では、マウスの脳のどこか正確な位置に挿入した光ケーブルを通じてレーザーパルスを与える。そうすることで、そのそばのニューロンを「オン」または「オフ」にすることができる。実験者たちは敗者のマウスにそのような処置を施した上で、元勝者と再び対戦させた。すると、決意スイッチがオンになったことで、元敗者の80から90%が今度は勝利したのだ。

私はこのマウスバージョンの英雄物語を聞いて、バスター・ダグラスの武勇伝と同じくらい気持ちが高ぶった。ダグラスの逸話から感じ取れるのは、適切な情動的決意があれば、自分を奮い立たせてそれまでの自分を超えられるということだ。しかしこのマウスの実験を知って私は確信した。信じることはただの思い込みではなく、何個かの適切なニューロンを刺激することで本当に立ち直る力と決意を高めるのだ。

スタンフォード大学でおこなわれたこの実験の結果から考えるに、困難な状況に対処する各個人の能力は、指揮制御ネットワークの構造や機能の生まれつきの違いに関係しているのだろう。「それらの先天的な違いを小児期に特定し、行動療法や投薬、あるいはここで示されたように電気刺激によって修正できるかもしれない」とパルヴィジは述べている。この研究から何年かのあいだに、指揮制御ネットワークを強化するさまざまな方法に関する研究が盛んにおこなわれ、幸いなことに、身内を死なせたり脳の中にレーザーパルスを当てたりしなくても済むようになっている。

中でも2つの手法が抜きん出ている。あまり身体を動かさない人には、1つめの方法である有酸素運動がお勧めだ。近年の研究で明らかになったとおり、一日たった15分運動するだけで、心臓が健康になるとともに指揮制御機能が高まる。[12] そんなのありえないと思われるかもしれないが、運動をすると

ＢＤＮＦと呼ばれる「成長因子」が増えることが分かっている。成長因子は脳にとっての肥料のようなものだ。新たな神経連結を作る手助けをして、おおむね計算能力を高めてくれるため、学習や適応に欠かせないものである。ＢＤＮＦのレベルが上がると鬱が抑えられて立ち直る力が高まることが、動物実験で明らかになっている。もちろん、生活に運動を取り入れるのはハードルが高いかもしれない。指揮制御に劣っていたら、そもそも運動しようという決意が湧かないだろう。しかしどうにかして始めれば、運動によって指揮機能がどんどん高まって、運動しようという決意が簡単に湧いてくるようになり、好ましい正のフィードバックが進んでいく。

決意を高めるもう一つの方法は、マインドフルネス瞑想によって注意制御や情動制御、自己認識を身につけることである。ある研究では、喫煙者にマインドフルネスのトレーニングを2週間受けてもらったところ、喫煙量が60％減少した[13]。本来ならきわめて達成困難な数値である。トレーニングプログラムの終了後に脳をスキャンしたところ、指揮制御ネットワークの活動が有意に高まっていることが確認された。

もともと指揮制御に秀でていて、生まれつき「実行家」である人もいる。そういう人は目標達成への道を何ら邪魔されない。彼らにとって決意は生き方そのものだ。そうでない我々は、決意を高められる方法があることを知っておくといいだろう。

ロボットが無気力である理由

いつ行動すべきかを決定するパワーが情動システムに備わっているという特徴は、人などの動物をコンピュータと分け隔てるものの一つである。たとえば、2015年にハンソン・ロボティクス社が開発したロボット、ソフィアについて考えてみよう。顔は女優オードリー・ヘップバーンをモデルに作られていて、姿も声も人間に似ているし、印象的な表情を作ることもできる。それでもあまり人には見えない。

ソフィアはさまざまな刺激の一つ一つに対して特定の形で反応するようプログラムされている。たとえば会話能力は、プログラムに書き込まれた一連の定型的な反応に基づいている。見た目は印象的だが、ほかのコンピュータと同じく、自主的に考えたり行動したりはできない。部屋や庭、あるいは交通量の多い車道の真ん中に持っていってスイッチを入れたら、ソフィアはどうするだろうか？　部屋の中を見て回るだろうか？　いいや、それには好奇心が必要だ。美しい庭に見とれるだろうか？　いいや、ソフィアには喜びの感覚がない。注意しながら車道の端まで歩いていって、安全な歩道に上がるだろうか？　いいや、ソフィアには危険なものを避けようという衝動がない。

ソフィアのようなロボットは確かに魅力的だ。おもしろいことを言ったり、軽い冗談で相手の気持ちを和らげたりできる。しかし人間がおこなうような意味で、行動を「決断」することはない。一定の命令群を実行するだけであって、起動したら実行を開始し、プログラムが停止命令に到達したら終了する。

そのため、人前に出ている最中にプログラマーの予期しなかったことが起こっても、ソフィアはそれに反応しない。火災警報が鳴り出しても逃げようとはしない。チョコレートを差し出されてもそそられることはない。

あらかじめ定められた動因に反応して決められたとおりの振る舞いをするスキルは、進化の歴史の初期に生まれ、いまでも我々人間を含めあらゆる動物の台本の中に残っている。しかし高等動物はもっと原始的な生物やロボットのソフィアと違い、前もって定められた動因から外れた新たな状況を評価して、それに基づいて行動するかどうかを決定する能力を持っている。その能力は、複雑さの異なるいくつものプロセスを通じて発揮される。いちばん下のレベルには、第3章で述べたとおり、すべての経験を良し悪しで分ける二者択一的な感情を抱く能力が存在し、心理学ではそれをコア・アフェクトという。その上のレベルには、恐怖や不安、悲しみや空腹感、痛みなどの基本的感情が存在する。さらに人間の場合は、誇りや当惑、罪悪感や嫉妬といった、繊細で高度な社会的感情が脳回路によって生み出される。最後に、この全レベルの情動が作用し合うことで、行動したい、あるいは行動を控えたいという衝動が生まれる。行動すべきかどうかを決定したり、困難で不愉快であってもやりつづけようと奮い立ったりできるのは、情動がもたらしてくれるありがたい賜物の一つなのだ。

決意力テスト

動物の脳内で決意の果たす役割を理解するためにもっとも注目すべきは、動物は環境の中を動き回る際に、取りうる各行動のコストとメリットをつねに評価しつづけていなければならないということである。我々の決意回路は、それぞれの目標がどの程度重要か、どのような行動にもっと注意を向けたり実際に行動したりする価値があるか、どの行動を無視すべきかを判断するのに役立っている。その回路は思考・感覚・運動の回路に信号を送り、それらの神経プロセスを変化させてもっと効率を高めさせる。どんな課題に直面していても、どんな問題を解決しようとしていても、成功したいという動機があれば、本来備わっていた精神的・身体的能力が高まるのだ。

ある瞬間における決意の強さは、もちろんそのときどきの状況によって違う。しかし人それぞれ決意や衝動のベースラインレベルというものがあり、それを評価するためのテストが心理学者によって考案されている。[14] セラピスト、またはこの分野に通じた人が代わりに答えるタイプのテストもあるが、いまから紹介するのは自分で答えるタイプだ。ただし精神的機能障害のある人の場合は、友人や家族に記入してもらったほうが正確な評価ができる。

動機について研究するある科学者は次のように記している。「無気力という望ましくない状態は、当精神科病院の患者に見られるだけでなく、一日何時間もテレビの前でただ座っていたり、教室の後ろのほうでぼんやりしていたり、嫌々仕事をしながら週末を待ちわびたりしている何千万もの人たちにも見られる」[15]。あなたの決意はどれだけ強いだろうか？　以下の各質問に、「まさに当てはまる」、「ある程度当てはまる」、「少しだけ当てはまる」、「まったく当てはまらない」の4段階で答えてみてほしい。

1＝まさに当てはまる　2＝ある程度当てはまる　3＝少しだけ当てはまる

4＝まったく当てはまらない

1. いろいろなことに興味がある。
2. やるべきことをその日のうちに片付けてしまう。
3. 自分で物事に取りかかるのが大事だ。
4. 新しい経験をすることに興味がある。
5. 新しいことを学ぶのに興味がある。
6. いろいろなことにかなり努力する。
7. 全力で生きている。
8. 最後までやり通すのが大事だ。
9. 興味のあることに時間を使う。
10. その日やるべきことを誰かから指示される必要はない。
11. 自分の問題点をちゃんと気にかけている。
12. 友人がいる。
13. 友人と会うのは大事だ。
14. 何かいいことがあったら嬉しくなる。
15. 自分の問題点を正しく理解している。
16. やるべきことをその日のうちに片付けるのが大事だ。

17. 進取の才を持っている。
18. 意欲がある。
合計＝

このテストでは、スコアが高いほど全般的に無気力で、低いほど決意が強い。最低点は18点。健常な若い成人の平均は24点。60代の人では平均は28点に上がる。全被験者の約半数が各年代の平均から4ポイント以内に、3分の2が6ポイント以内に入る。

このテストはあなたの決意のベースラインレベルを測定できるように作られている。一瞬ごとに感じる決意はそのときどきの状況で変わるが、ベースラインレベルは時間によってあまり変動しない。ただし先ほど述べたとおり、運動や瞑想といった長期的な方法によって、決意のベースラインレベルを引き上げることはできる。また、特定の病気によってベースラインレベルが下がってしまうこともある。そもそもこのテストが考案されたのは、健常者を評価するためでなく、外傷性脳損傷や鬱病、アルツハイマー病など、決意が損なわれるような問題を抱えた人を診断するためだ。外傷性脳損傷を負った30歳から50歳の人では、平均スコアは37点。鬱病を患う人では42点、中程度のアルツハイマー病の患者では49点である。

加齢による意志の衰え

前頭側頭型認知症と呼ばれる病気などの極端なケースでは、情動サリエンスネットワークの劣化によってアルマンドのような深刻な無気力に陥ることがある。アルマンドの無気力は手術後の脳の腫れによって突然起こり、影響は一時的だった。それに対して認知症は時間をかけて進行するため、情動サリエンスネットワークが徐々に働かなくなるにつれて振る舞いがどのように変化するかを、長期間にわたって段階的に観察するまたとない機会となる。

私の母にもそれが見られた。子供の頃、私は両親および兄弟2人と、エレベーターのないちっぽけなアパートで暮らしていた。もしも居住スペースの3分の1が立入禁止でなかったら、狭苦しさにももう少し耐えられただろう。立入禁止エリアはリビングダイニング。ほかのスペースに置いてある安物の家具よりも2段高いところに、両親がいろいろな調度品を並べていた。そのエリアの床にはカーペットが敷かれ、テーブルはフェルトで覆われ、ソファーと肘掛け椅子にはビニールが掛けられていて、高校の友人たちはそれを家具のコンドームと呼んでいた。そのエリアは何か物理的なものに遮られていたわけではないが、その「立入禁止」命令は警察の張る黄色のテープと同じくらい効力があった。

その立入禁止エリアが使われるのは、過越しの祭りのときと、我々ユダヤ人が大祭日と呼んでいる数日間だけだった。私が小さかった頃、ユダヤ教の祝日といえば、学校を休んで寺院で祈りを捧げ、夕食には律法にかなった定番の牛胸肉とじゃがいもを食べるのが決まりだった。過越しの祭りの前後18日間と、新年祭から贖罪（しょくざい）の日までの期間以外に立入禁止エリアに入ろうものなら、目を光らせる母からこっぴどく叱られたものだった。そうして私は、そのスペースに対して母とそっくりの態度を示すようになった。ほかの家と違っていたからではなく、母が何にでも熱心だったからだ。母はそのスペースの床が汚れていると思ったら、ほうきやモップを手にするのではなく、床に膝をついてまるで手術室かのようにぞうきんでゴシゴシこすっていた。年老いて膝が痛く腫れてからも、散歩は1ブロックを1周するだけでなく、数キロは歩いていた。気に入らない政治家を見かけると、非難を込めて首を横に振るのではなく、イディッシュ語で「あいつはコレラにかかればいい」とつぶやくのだった。子供の頃の私に「愛している」と言うときも、軽くチュッとするのではなく、額のあちこちにキスをしてきていた。母はどんなことにもけっして無気力ではなかった。その情熱は、10人中9人が命を落としたナチスの収容所で生き延びるのに必要な性格だったのだと思った。

父が亡くなると母はカリフォルニアに引っ越してきて、私の家に面した離れで暮らすようになった。そのとき80歳、50年前から使いつづけていたリビングダイニングの家具も一緒に持ってきた。その数年後に母の変化に気づきはじめたが、最初は歳を取って円くなっただけだと思っていた。使用禁止のソファーに祝日以外に座っても、母はあまり気にしなくなった。50年間ずっと掛かっていたビニールをそろそろ剥がそうと私が提案すると、首を縦に振った。やがて私は、角が取れてきたのとは違うようだと気づいた。円くなったのではない。鬱病でもなさそうだ。悲しんだり絶望したり、情緒的に苦しんだりといった典型的な症状は見られない。しかし物事への関心をなくしはじめると、何年かのあいだに母の人格は、まるで植物が枯れていくかのように徐々に失われていった。そしてある祝日の朝、それまで私が礼拝に遅れると叱りつけていた母が、玄関先にパジャマ姿で現れ、大祭日の礼拝に行くことに関心を示さなかった。私は何か問題があると気づいた。

数年のうちに母は日常生活でも介助が必要となり、私は母をケアハウスに入れた。入所してまもない日の朝、施設の食堂に立ち寄って母を探し、一緒にコーヒーを飲もうと思った。母は大きなテーブルでベーコンエッグを食べていた。ユダヤ教の食事規定ゆえ、母はそれまで人生で一度たりとも豚肉を食べたことがなかった。以前は食事規定にとても厳しかったので私はびっくりしたが、それにも増して母が下着姿でテーブルに着いているのにショックを受けた。私が目を丸くしていると、母は「何よ？」と聞いてきた。言葉を失った私が「母さん、ベーコンを食べているんだ」と当たり前のことを言うと、母は肩をすくめてこう答えた。「出されたのよ。これ好きよ」。それから数年経つと母は、放っておかれると一日じゅう椅子に座ってテレビをじっと見つめているだけになってしまった。もっと高いレベルの介護を受けられる施設に移さなければならない。

症状の進行はゆっくりだったが、頑固で情緒の激しかった母はついに感情の起伏を失った。この箇所を書いている時点では、何をしてほしいかと聞かれてもただ微笑むだけだ。何を食べたいかと聞かれても肩をすくめるだけ。しかし目の前に食事を出されると、たいていは食べはじめる。代わりに細かく切ってあげればなおさらだ。アルマンドと違って、食べ物を口の中に入れては噛み砕き、味わっては食べつづける。そして幸いなことに、まだ単純な会話を交わすことはできる。ただしこちらから話しかけないといけないが。「気にするな！　気楽にいこう！」という母の新たな態度は、かつての「気にしろ！　自分を苦しめろ！」という態度からはある意味前進しているが、そこから読み取れる内面の衰えには悲しくもなる。

加齢による認知低下に伴う動機の変化に科学者が関心を寄せているのは、それが脳の構造と機能を関連づけるためのヒントになるからだ。その研究は健常者にとっても価値がある。加齢による変化に気づいて、精神の劣化を避けるために健康習慣を改善するきっかけを与えてくれるからだ。

睡眠不足がもたらす問題

加齢に加え、決意の力に重大な悪影響を与える生活習慣が、怪我や病気のほかにもう一つある。睡眠不足である。[16] いつもなら大事だと思っていたはずのことを、寝不足のときにはどうでもいいと感じた経験がないだろうか？　午後9時であれば、翌朝起きたときにコーヒーができているようコーヒーメーカをセットしておこうと思えるが、午前2時になってしまうとそうは思えなくなる。どうしてもやらないといけないことではないし、起きてから準備すればいいと決め込んでしまうものだ。仕事でも同じようなことがある。普段なら、書き上げたばかりの文章を読み返すとアラがいくつも見つかって、推敲しなければいけないと思えてくる。しかし深夜に同じことをやると、アラもたいしたことないように見えて、すばらしい文章じゃないかと思い込んでしまう。ところが、ぐっすり眠ってからもう一度見返すと、けっしてそんなことはない。そうなるのが分かっているので、眠たいときには推敲をしないようにしている。

十分な睡眠は、やる気を維持するためにも、もっと幅広く情動的健康のためにも欠かせない。たとえば神経画像法を用いた研究によって、REM睡眠中には情動サリエンスネットワークの各神経節を収めた構造体が著しく活動することが明らかになっている。それらの活動はこれらの重要な脳領域で進められる睡眠中のリセット機能に関係しているらしいことが、実験によって示されている。ある研究では健常者29人に、2週間にわたって自分の活動と感情を詳細に記録してもらった[17]。また夢日記もつけてもらった。その結果、日中に記録された情動的不安の3分の1から半数がその晩の夢に再び現れることが分かった。ほとんどの夢を忘れてしまうことを考えると、かなり大きな割合である。この結果が強く示しているとおり、好ましい決断や行動に欠かせない情動サリエンスネットワークの適切な反応は、夜間の睡眠による再較正によって回復するものなのだ。

睡眠が不足するとどんなことが起こるのか？　いろいろなことが起こる。たとえばある研究では、一晩眠れなかっただけで、情動的にネガティブな写真に対する扁桃核の反応が60%強まることが分かった（fMRIによる評価）。それに関連した研究では、睡眠不足のときには、ストレスの少ない状況に対してもストレスや不安、怒りを感じると報告する割合が増えた。睡眠不足は攻撃性にもつながる。また、1週間を通じて睡眠を1日5時間に抑えると、過剰な恐怖や不安などの情動障害が徐々に増えていくことも分かっている（質問テストや日記をもとに評価）。

情動が人を動かす

決意とその反対の無気力に関して得られている科学的知見からは、我々の情動の持つもっとも基本的な役割をうかがい知ることができる。愛情や嫌悪、喜びや悲しみ、さらに恐怖や不安よりも根本的な作用をおよぼしている決意は、何かに手を伸ばしたり、話をしたり、あるいは単に身体を動かしたりするなど、行動へ駆り立てるとともに、目標を達成するまでその行動をやり通すための活力を与えてくれるのだ。

情動的存在である我々はさまざまな欲求を抱く。そして、小説を書くといった壮大な計画から、歯を磨くといった些細な目的まで、その欲求にかなったさまざまな最終目標や中間目標を定める。しかし大小を問わず何らかの目標を達成するには、その前に、行動しようと決心しなければならない。それが情動サリエンスネットワークの役割なのだ。

我々人間は、絶好調のときには活力があって精力的で、自分からやる気を起こす。努力し、行動し、物事に打ち込む。自発的に物事を始める能力と豊富な忍耐力、それが我々の生きている証しの一つだ。それは我々だけでなく、きわめて原始的な動物にも備わっている。下等なショウジョウバエの脳ですら、何をやるかをいちいち指図される必要はない。選択を下す術を知っていて、そのおかげで捕食者を避け、交尾相手を探し、雌に振られたらアルコールで自分を慰めることができるのだ。

第3部

情動の傾向と情動を抑える術

第8章

あなたの情動プロファイル

――自分がどのような情動を持ちがちで、状況にどのように反応しがちなのかを知る

羞恥心の強すぎる男

「人はみな違う。肉体的にも知能的にもそうだが、情動的にも違う」とグレゴリー・コーエンは言う。コーエンはロサンゼルス地区の精神科医だ。長身で真面目、思いやりに満ちた目をしていて落ち着いた声だが、研究の話となると熱がこもる。「情動的反応のパターンは一人一人違う。情動のツールボックスは誰でも同じだが、その中に入っている道具の使い方が人によって少しずつ違う。どんな心理的特徴でもそうだが、個人差がある。ときには、遺伝的な気まぐれのせいか、あるいはその人の過去の影響で、そのツールボックスがうまく使えないことがある。私は情動のパターンで困っている人を助けるために

日々過ごしている」

そんなコーエンが新たな患者ジムの話をしてくれた。ジムは、妻が別れたがっていることを知ってセラピーを受けに来た。そして、まるで意外だったかのように、「気が動転しています」と言った。

1回目の診療でジムは、いまの妻が3人目だと説明した。「結婚生活は問題ありませんでした。ところがある日、家に帰ると、妻の荷物がまとめられていて、妻の姿がありませんでした。兆しすらありませんでしたし、別れたがっているなんて思ってもいませんでした」

ジムは、妻がなぜ離婚を望んでいるのか理解できないと言った。妻の感情にあまりにも疎くて、妻が出ていってしまったそのときですら、何も問題はなかったと思い込んでいた。しかしコーエンは探りを入れるようなことはしない。患者の話を遮るのが性に合わないのだ。患者に好きなようにしゃべらせて成り行きを見守るほうを好む。

ジムは話を続けた。「妻を愛していたし、妻も私を愛していました。私と同じくらい誰か別の男を愛するなんてことはけっしてありませんでした」。しかも妻とのあいだには3人の子供がいるという。「すばらしい子供たちです」。別れて何の意味があるというのだろう?

ジムは自信たっぷりな話しぶりだった。しかしコーエンはかなり強く確信していた。ジムは自分が思っているほど理想的な夫ではないということを。最後に問い詰めると、ジムは浮気していたことを認めた。

ところがジムは言う。「みんな妻が悪いんです。私の相手をしてくれなかったんです」。さらにこう付け加える。「妻はアルコール依存症なんだと思います。本当に問題があるのは妻のほうなんです。それがすべての根本原因だと思います」。診療の終盤には、子供たちもジムと話したがらないことが分かった。ジムにとってはそのことも、妻が出ていったのと同じくらい不可解だった。「いい父親ですよ」とジムは言い張った。

コーエンはあきれ顔の私をじっと見つめた。私がジムのことを間抜けで嘘つきだと思っているのもお見通しだ。しかしそんなに簡単な話じゃない、とコーエンは言う。

「確かに表面的には、ジムは正直じゃないように思える。でも嘘をついているわけじゃなくて、正常じゃないだけだ。意識的な心の中では、自分は立派な夫で父親、立派な人間だと完全に信じている。でも無意識の奥深くではその正反対。ひどい人間で、愛せるところなんてぜんぜんないんだ」

これは否認の典型的ケースであるとコーエンは言う。心の中では、後ろめたいことを取り繕おうとあらゆる手を使う。しかし自分をだましつづけていると痛い目に遭う。

コーエンによれば、ジムの精神状態は表面上と違って、尊大さや空威張りに支配されているわけではないという。ジムの人生を支配しているのは羞恥心だ。自分自身をネガティブに評価することで苦しみや恥ずかしさを感じ、隠れたり逃げ出したりしたいという欲求を抱く。もっとも害の大きい情動の一つだ。ジムは身を守るために自己陶酔的な殻を作り、原始的な防衛機構を並べ立てることで、耐えがたい無意識的な自己像を意識せずに済むようにしているのだ。

どんな情動も何らかの環境や状況に対する反応である。そうして生じた情動は思考を導き、それから消えていく。しかしジムは羞恥心に過剰に影響されやすく、ちょっとした出来事、たとえばたいていの人ならほとんど耳を貸さないくらいにちょっと釘を刺されただけで、強い羞恥的反応を起こすことがある。そのためあまりにも頻繁に羞恥状態になって、それがたえず奥深くに溜まった状態になり、あらゆる行動に影響を与えているのだ。

各種の情動を経験しやすいかどうか、その傾向は人によって異なる。コーエンが話しているのは、患者の情動的傾向の全体像、すなわち「情動プロファイル」である。学術文献ではそれに関連したさまざまな概念が、気質、状況に対する生物学的感受性、ストレス反応性、感情スタイル、情動スタイルなどいろいろな呼び名で研究されている。

ジムの情動プロファイルは羞恥心にきわめて強く偏っている。その偏りがとても強く、コーエンいわく羞恥心がジムの「支配的情動状態」となっている。情動プロファイルが一つまたはいくつかの情動に支配されかねないという説は、人間を以下の4タイプに分類した古代のギリシア・ローマの医師にまでさかのぼる。快活な人はポジティブで社交的。陰気な人は恐怖や悲しみを抱きがち。短気な人は怒りっぽくて攻撃的。沈着な人はなかなか興奮しない。しかしこの分類はあまりにも単純すぎる。ほとんどの人はたった一つの情動に支配された情動プロファイルを持っているのではなく、バランスの取れた情動的生活を送っている。

情動プロファイルは、各種の情動がどの程度のことで引き起こされるか、どれだけ急速に強まるか、どこまで強まるか、鎮まるのにどれだけの時間がかかるかを表している。心理学ではそれらを「閾値（いきち）」、「ピークまでの潜伏時間」、「強度」、「回復性」と呼ぶ。[1] これらの要素は人によって異なるし、同じ人でも情動の種類、とくにポジティブな情動かネガティブな情動かによって異なる。

簡単に傷ついたり恥ずかしがったりするが、なかなか怯えない人もいる。逆に、もっと極端な状況に置かれないと傷ついたり恥ずかしがったりしないが、簡単に怯える人もいる。疲れていそうだとか、ひどい恰好だとか言われると、気分を害する人もいるし、逆に受け流す人もいる。各種の情動に関して、それに反応する閾値はみな異なる。

ピークまでの潜伏時間とは、情動的反応が強まるのにかかる時間を指す。すぐさま不安になる人もいれば、不安が徐々に膨らんでいく人もいる。情動的反応の強度も大きく異なる。運転中に前に割り込まれたり、スーパーで並んでいて横入りされたりすると、穏やかに怒る人もいれば、逆上する人もいる。最後の回復性は、ベースライン状態に戻ることを指す。情動がすぐに鎮まる人もいれば、しばらく消えない人もいる。ポジティブな情動に関していうと、「回復」というのはまぎらわしい呼び方だ。たとえば、褒められることで抱いた良い感情が薄れるのにかかる時間を「回復時間」と呼ぶのはおかしいように聞こえるが、心理学ではそのように呼んでいる。

各種の情動について情動的反応の傾向をすべてまとめると、一人一人みな違った、いわば情動の指紋が浮かび上がってくる。それが情動プロファイルだ。では、情動プロファイルはどのようにして形作られるのか？　どうすれば意識できるのか？　そして変えたい場合にはどうすればいいのか？

生まれか育ちか

大学生のとき、ガールフレンドを家に呼んで両親に会わせたことがある。彼女は私の母に、この人は子供のときどんな感じだったかと尋ねた。かわいかったに違いないという。すると母は強いポーランド語訛りでこう答えた。「かわいいですって？　そうね、うーん、この子はいまになって面倒を起こすようになったたって思ってるのね？　なら昔のこの子を見せたかったわ！　勘違いしないでね、いい子よ。でも3歳のとき、パパの剃刀（かみそり）で顔を剃ろうとしたの。それで切っちゃったんだけど、そんなのまだ序の口だわ。何度この子を救急病院に連れていったかしら。校長室に迎えにいったこともあったわ。どうしても変わってくれないの。我慢してるあなたはえらいわ！　たいていの女の子なら我慢できないでしょう。ガールフレンドなんて絶対見つからないと思ってたのよ！」。そこで私は、雪かきなどもっと楽しいことをしに彼女を表に連れ出した。

母は我が子たちがどんな大人に育つかお見通しだと思い込んでいた。兄は幼い頃から人見知りで心配性だったという。弟は人なつこくておしゃべり好き。そして私は生まれつき好奇心旺盛だが、良いほうの好奇心ではなく、ネコが命を落とすのと同じような危険な好奇心だ。母の言うとおり、兄は一匹狼の大人になった。弟は医者になったが、診察に時間をかけすぎだと上司からしょっちゅう叱られている。私も母の見立てに合っていたと思う。剃刀で実験をする幼児が成長して科学者になったのだから。

私の母がおそらく信じていたとおり、一人一人の情動プロファイルにはもちろん生まれつきの側面がある。生後2か月から3か月の幼児も微笑んだり笑ったり、苛立ちを見せたり怒ったりするし、各種の情動的反応も一人一人違う[2]。しかしそれと同じくらいに、成長中の経験も情動プロファイルの形成に影響を与える。

ジムの場合、羞恥心を抱きやすいのは、母親からたえず責められていたからだった。赤ん坊のときには、乳首のくわえ方が少し強すぎただけで、母親は叫び声を上げてジムをベビーベッドに放り投げ、ふくれ面でどこかへ行ってしまうのだった。時は経ち、ジムが卒業記念パーティーのためにタキシードを買いにいったときのこと。母親が自分の気に入った一着を見つけてジムに見せた。しかしジムがさほど良い反応を示さなかったところ、母親は踵を返して車まで歩いていき、そのまま一人で帰ってしまった。置き去りにされたジムは自分で何とかするしかなかった。10年以上離れたこの2つの出来事のあいだにも同じようなことが数え切れないほどあって、そのたびにジムは「お前はひどいやつだ」というメッセージを突きつけられた。

コーエンは言う。「大人になってからもジムは子供時代に囚われていた。つねに羞恥心を抱いているというのは極端なケースだ。でも子供時代のこうした出来事のせいで、羞恥心を抱く傾向が染みついている人は珍しくない。ほかの情動にも同じことが当てはまる。人の情動プロファイルは、子供時代の経験と遺伝子構成とが作用し合ってできあがるんだ」

心理学者のあいだでは、このどちらの要素が支配的であるかをめぐって議論はあるものの、情動的発達にとって生まれと育ちの両方が重要であることは受け入れられている。そして今日では、神経科学によって情動的特徴を脳内のプロセスやネットワークと関連づけることで、生まれと育ちの相互作用に関するさらなる知見が得られている。

生まれか育ちかの問題に挑んだ最初期の研究の一つで、おそらくもっとも本質を突いていたのが、モントリオールにあるマギル大学の科学者マイケル・ミーニーが1990年代におこなったものである。現在「エピジェネティクス」と呼ばれている分野の先駆者であるミーニーは、生まれ持った遺伝的なルートと似た方法で、育ち方が影響をおよぼすメカニズムを発見した。[3]

エピジェネティクスでは次のような事実が鍵となる。遺伝的特徴は個体のDNAにコードされているが、それが個体の形質として現れるためには、その形質に関連したDNA領域が活性化する必要がある。かつては自動的に活性化すると考えられていたが、いまでは分かっているとおり、そのDNA領域はオンになったりオフになったりすることがあり、それは環境や経験によって決められることが多い。我々は死ぬまで自分の遺伝子に囚われたままかもしれないが、その遺伝子の影響に囚われているわけではない。その影響は頻繁に変化するのだ。エピジェネティクスでは、そのように環境や経験によってDNAの影響が変化するプロセスを研究する。

ミーニーがその研究を始めたきっかけは、マドリッドで開かれていた国際学会で同じくマギル大学の科学者モシェ・シーフとたまたま顔を合わせたことだった。シーフの専門は、DNAの化学修飾によって遺伝子の活性が変化するしくみの研究だった。同じ大学なのに初対面だった2人は、バーでちょっとビールを引っ掛けることにした。「何杯もだよ」とシーフは言う。[4]

ビールを腹に流し込みながらミーニーはシーフに、ラットでおこなったある実験の話をした。無頓着な母親に育てられたラットは、子育てに熱心な母親に育てられたラットと比べて不安を抱きがちであることを明らかにした実験だ。また、あまり熱心に育てられなかったラットでは、ストレスに関連した遺伝子の活性が変化していた。それを聞いてシーフはピンときた。無頓着な母親に育てられたラットと大事に育てられたラットとで不安の抱き方に違いがあるのは、エピジェネティクスのせいではないだろうか？　エピジェネティクスと神経科学、どちらの分野の定説にも反する発想だった。当時のエピジェネティクス研究者は、エピジェネティックプロセスが変化を引き起こすのは胚の段階またはがん細胞に限られると信じていた。一方でほとんどの神経科学者も、行動の長期的変化は神経回路の物理的変化によるものであって、DNAの発現とはいっさい関係ないと考えていた。しかしミーニーはシーフのひらめきに興味をそそられて調べを始め、やがて2人は共同研究を進めることとなる。

経験によって遺伝子の発現が変化する

ミーニーがシーフに説明した問題のラットは、不安のベースラインレベルが高かった。環境中の脅威、さらには見慣れないものや予想外の出来事に対しても過剰に敏感だった。馴染みのない環境に置かれると動けなくなったし、驚かされると飛び上がった。ストレスを与えるような経験をすると、グルココルチコイドと呼ばれるホルモンが大量に分泌されて心拍が速くなり、闘争・逃走のための筋肉が活性化した。このタイプの雌は、つねにストレス状態にあることで、我が子の面倒をあまり見ず、子供の世話をすることが通常より少なかった。

実験で用いたそれ以外のラットは、不安の程度について正反対だった。新たな環境に置かれると周囲を探索した。電気ショックを与えられても、ストレスホルモンは少量しか分泌されなかった。このグループの雌は我が子をとてもよく世話した。

そしてミーニーは以下のようなことに気づいた。温厚な赤ん坊ラットの母親は我が子を舐めたり毛づくろいをしたりするのに多くの時間を割き、やはり温厚なタイプだった。それに対して、不安症の赤ん坊ラットの母親は我が子を舐めたり毛づくろいしたりすることがほとんどなく、不安症の母親からは不安症のラットが生まれていた。温厚か不安症かという特徴は、世代から世代へ遺伝的に受け継がれるように思われた。しかしもしシーフの言うことが正しければ、それだけでは話は終わらない。

それを調べるためにミーニーはある巧妙な実験をおこなった。生まれたばかりの子ラットをすり替えて、不安症の母親の子供が温厚な母親に、温厚な母親の子供が不安症の母親に育てられるように仕向けたのだ。もしも温厚＝不安症の情動プロファイルが遺伝するものだとしたら、子ラットをすり替えても何ら違いは見られないはずだ。ところが実際には違いが現れた。成長した子ラットは、産みの親でなく育ての親の特徴を示したのだ。遺伝が一つの要因であることはほかの研究から分かっていたが、この実験結果は、ラットの情動プロファイルが遺伝子でなく母親の振る舞いに支配されることを示しているようだった。いったいどうなっているのだろう？

生理学的分析をおこなったミーニーらは、ラットの脳内にあるストレスホルモン受容体を支配する遺伝子、いわば「温厚さ」遺伝子が、幼い頃の経験によって変化することを発見した。母親に舐められたり毛づくろいをされたりすると、その温厚さ遺伝子が活性化する。逆に母親に冷たくされると、温厚さ遺伝子を含むＤＮＡ鎖の一部にメチル基という原子群が結合してその作用が抑制され、ラットは不安を感じやすくなるのだ。

ミーニーらのこの研究によって、生まれか育ちかの議論に欠けていた要素が見つかり、生まれと育ちがどのように作用し合うか、経験によってＤＮＡの作用がどのように変化するかが明らかとなった。しかし当時、経験によって遺伝子の発現が変化するというのはかなり革命的な考え方だった。多くの科学者はこの考え方を受け入れはしたものの、人ではそんなことは起こらないだろうと主張した。そこでミーニーは次なる実験をおこなった。

ミーニーらは、子供の頃に虐待を受けてのちに自殺した人の脳組織サンプル、および心理分析と医療履歴の広範な記録を入手した。するとラットと同様、虐待を受けた人の脳では、虐待を受けていない人の脳組織と比べて、ストレスホルモン受容体遺伝子のメチル化の程度が有意に高いことが分かった。ラットと同じく、子供の頃にストレスの多い経験をすると、大人になってから逆境に立ち向かう能力が低くなる（そして自殺しやすくなる）のだ。このようにミーニーは、人の情動プロファイルが遺伝的素因とエピジェネティクスの両方によって決まり、エピジェネティクスは育ちが影響をおよぼす上での重要なメカニズムであるらしいことを発見した。

ミーニーらのこの研究結果は、行動エピジェネティクスと呼ばれる新たな分野につながった。性格の傾向は遺伝しても、脳の変化によってそれを克服できることを示した結果で、情動的問題を抱える人に大きな希望を与えるものだ。

あなたの情動プロファイルにもっとも大きな影響を与えているのは、幼い頃の経験なのだろう。大人になってから情動プロファイルが大きく変化することはふつうはない。変えようと努力しない限り、ある程度固定された形で成人期に突入する。しかしミーニーの研究結果は、それを変えられることを示している。小さい頃の自分から受け継いだ情動プロファイルは必ずしも永久不変ではない。自分の脳は変えることができる。その第1段階は、自分の情動プロファイルを知ることである。

自分の情動プロファイルを知る

情動は思考や決断、行動にたいてい好ましい影響を与えるため、情動の影響を完全に封じるのは良くない。しかしその一方で、情動が強すぎると生きづらくなる。情動プロファイルに良し悪しはないが、生きるのが楽になるような情動プロファイルもあれば、逆に不必要な苦痛を与えたり、自分の望む人生を邪魔したりするような情動プロファイルもある。次の章では、自分の情動を律して他人の情動に影響を与えるための方法を探っていく。しかしその前に自分の情動プロファイルを知っておくと、おもしろいしためになる。読者の中には、そうして分かったことを自分の人生に活かしたいと思っている人もいるだろう。あるいは、他人のことをもっとよく理解したいだけの人もいるだろう。後者に当てはまる人も、自分の情動プロファイルを把握しておくと役に立つ。自分自身のことが分かれば、他人を理解する助けになるのだから。

臨床心理士も情動の研究者も、人間の情動のもっとも大きな特徴の一つは、人それぞれに大きな違いがあることだと力説している。情動プロファイルの幅はとても広く、同じような状況や困難に対しても人によって大きく異なる反応を示す。そうした個人差を調べるために心理学者や精神科医は、長年にわたって多数の「人格検査」を編み出しては学術誌上で発表してきた。これは、情動プロファイルを多数の次元に沿って特徴づけられるテストのことである。情動を体系的に研究する一環として編み出されたものではなく、個々の研究者が自分の専門とするタイプの情動を解明することを目指して開発したものだ。いまから紹介する7種類のテストは、学術文献での取り上げられ方から判断してもっとも影響をおよぼしているものである。それぞれ、羞恥心、罪悪感、不安、怒り、攻撃性、喜びや幸せ、恋愛感情や愛情を測定する。これらのテストに答えれば、日常生活で出合う、情動を掻き立てるようなさまざまな状況に対して、自分がどのように反応しがちかを知ることができる。

自己啓発本の著者が考え出したたぐいのものではなく、人の精神の解明を目指す科学者によって作られたものである。中には情動的生活を乱すような身体的・心理的異常を抱える患者の研究のために考案されたものもあるが、そのようなテストも最初は、疾患を持たない人の反応を調べることで有効性を確かめる必要がある。以下のテストを開発した研究者たちは、長い試行錯誤を重ねた上で、数百人や数千人（うち1種類については1万人以上）の被験者を調べて有効性を確認している。そのおかげで、被験者のスコアが一貫性と安定性を示すことが確かめられている。ここで言う一貫性とは、火曜日にテストを受けて木曜日に再び受けてもほぼ同じスコアにならなければならないという意味。安定性とは、今日テストを受けて6か月後に同じテストを受けても、同様の結果にならなければならないという意味である（ただし、その間に人生を一変させる出来事が起こったり、セラピーを受けたりした場合を除く）。

以下に紹介するのは、研究によって有効性が確かめられている評価ツールである。すべてのテストには答えたくない人もいるかもしれないし、次の章へと読み進めながら期間を空けて少しずつ答えたい人もいるかもしれない。深く考え抜く必要はないが、過去の振る舞いや感情を正直に答えてほしい。正直に答えれば、自分のことをたくさん知れるはずだ。

多くの人が自分の情動プロファイルを驚くほど知らない。テストの結果に納得できなかったら、割り引いて受け止めればいい。しかし少なくとも、結果は正確かもしれないと考えてみてほしい。自分でも驚くような結果を目にしたら、それまで知らなかった自分の傾向にはっと気づかされるかもしれない。

またこれらのテストを使えば、近しい人が各質問にどう答えるかを推測して、その人について深く知ることもできる。逆に、大切な人や近しい人にあなたの立場になって答えてもらって、その結果をあなた自身の結果と比べてみるのもおもしろいしためになる。あなたがどれだけ正直に答えたかをチェックすることにもなる。

各テストの形式やスコア算出法はどれも互いに似ているが、それぞれ異なる研究グループが独自の方法論で作成したため、まったく同じではない。そのため指示や質問文はきちんと読む必要がある。とくに、質問文の中にはポジティブな内容のものもあればネガティブな内容のものもある。

一つ一つの質問に時間をかけすぎないこと。正解も誤答もないし、引っ掛け質問もない。普段のあなたに当てはまることを答えてほしい。受けたくないテストは飛ばしてもかまわないが、受けているテストの中でどれかの質問を飛ばすと点数の意味がなくなってしまうので、それはやめてほしい。

質問文の中には、最初にあなたが自分ではしそうにないことを仮定するものがある。たとえばある質問文では、「あなたは仕事中にあるものを壊してそれを隠した」という状況設定をしてから、それに対するあなたの態度を尋ねる。そのような質問については、たとえ自分がそのような状況に置かれたことがなくても、仮に自分だったらどうするかをできる限り答えてほしい。たとえ起こりそうもない状況であっても、その状況に対するあなたの反応を探る必要がある。

答えをなかなか決められない質問もあるかもしれない。「2＝ある程度そう感じる」と「3＝かなりそう感じる」のどちらを選ぶか困ってしまうこともあるだろう。それはふつうのことで、どちらを選んでもかまわない。そのようなあいまいさが打ち消し合わされるだけの数の質問が用意されているし、そもそもテスト自体がそこまで正確ではない。1点くらい上下しても何の意味もない。だから考えすぎないこと。最初に頭に浮かんだ答えがおそらくもっとも合っている。最後に、これらのテストは生まれつきの傾向や潜在能力を測るためのものであって、行動様式や現時点での情動的感情を測るものでないことは理解しておいてほしい。

羞恥心と罪悪感を測るテスト[5]

日常生活で起こるかもしれない11の場面が出てくるので、自分がその状況に置かれたと想像してほしい。それに続いて、多くの人が取る2通りの反応（aとb）が挙げられている。あなたはそのどちらか一方を選ぶのではなく、自分がそれぞれの反応をどのくらい取りそうかを見積もってほしい。aとbの両方の反応を取りそうだということもありえる（許容できる）ので、その場合は両方に5点を付ける。逆にどちらの反応も取りそうにないと思ったら両方に1点を付ける。

答え方――それぞれの反応のしかたに以下の要領で1点から5点までの点数を付けること。

1＝とても取りそうにない　2＝あまり取りそうにない　3＝ときどき取りそう

4＝ある程度取りそう　5＝とても取りそう

1．ある友人とランチに会う約束をしていた。ところが夕方5時、あなたは約束をすっぽかしていたことに気づいた。
(a)「うっかりしていた」と考える。
(b)できるだけ早く埋め合わせしなければと考える。

2．仕事中にあるものを壊して、それを隠した。
(a)退職を考える。
(b)「気がかりだ。自分で直すか、誰かに直してもらわなければ」と考える。

3．仕事でプロジェクトの計画を締切ぎりぎりまで立てなかったら、ひどい計画になってしまった。
(a)自分は無能だと感じる。
(b)「プロジェクトの管理もできないのかと叱られてもしかたがない」と感じる。

4．あなたが仕事で失敗を犯したら、その失敗が同僚のせいにされている。
(a)何も言わずに、その同僚を避ける。
(b)申し訳ないと思って、状況を改善しようとする。

5．遊んでいてボールを投げたら、友達の顔面に当たってしまった。

（a）自分はボール投げが下手だと感じて、もう二度と投げられない。

（b）謝って友達の機嫌を直してもらう。

6．車で走っていたら小動物にぶつかってしまった。

（a）「自分はひどいやつだ」と考える。

（b）もっと注意して運転しなかったのを後悔する。

7．試験が終わり、すごく良くできたと思った。ところが実際には悪い成績だった。

（a）自分はバカだと感じる。

（b）「もっと勉強するべきだった」と考える。

8．友達何人かといるときに、その場にいない友達のことを笑いものにした。

（a）自分はネズミのようにちっぽけなやつだと感じる。

（b）謝ってその友達の良いところを話す。

9．仕事の大事なプロジェクトで大きな失敗を犯した。みんなあなたを頼りにしていたし、ボスには咎（とが）

められた。
（a）どこかに隠れたいと感じる。
（b）「問題を認識してもっと良い仕事をすべきだった」と考える。
10. 旅行中の友達のイヌを預かっていたら、そのイヌが逃げてしまった。
（a）「自分は無責任で役立たずだ」と考える。
（b）次はもっと気をつけようと誓う。
11. 同僚の新築記念パーティーに出席していたら、新品のクリーム色のカーペットに赤ワインをこぼしてしまったが、誰にも気づかれていないようだ。
（a）パーティーになんて出席しなければよかったと思う。
（b）遅くまで残ってしみ抜きを手伝う。
（a）の合計＝羞恥心スコア
（b）の合計＝罪悪感スコア

スコアの範囲はどちらも11点から55点。何度も調査を重ねた結果、回答者の約半数が羞恥心スコアで25点から33点、罪悪感スコアで42点から50点の範囲に入った。女性はどちらのスコアもこの平均からおおむね2点ほど高く、男性は2点ほど低かった[6]。

最近まで、羞恥心や罪悪感に関する体系的な実験研究はあまりおこなわれていなかった。その分野を代表する研究者たちが考案したこのテストは、そんな状況の改善に寄与した。羞恥心と罪悪感は、他者との関係と密接に結びついた情動である[7]。羞恥心とは、自分や他人が自分のことをどう見ているかを心配すること。罪悪感は、自分の行動が他人にどんな影響を与えるかを心配することに関係している。前に述べたとおり、羞恥心には隠れたり逃げたりしたいという欲求が伴い、罪悪感は謝ったり修復したりしたいという気持ちと結びついている。社会交流においてこれらの情動は、悪いおこないや犯罪を思い留まるとともに、修復して謝罪し、償う行為を促すという役割を担っている。たとえば長期におよぶある興味深い研究では、罪悪感の強い小学5年生は平均的な子供に比べ、大人になってから酒気帯び運転をする割合が低く、社会奉仕活動に取り組む割合が高いことが分かった。

罪悪感と羞恥心どちらの傾向も、家庭での幼い頃の経験に端を発していて、両親、とりわけ父親から受け継ぐらしい。羞恥心が現れるのは2歳頃だが、罪悪感はもっと強い認知能力を必要とするため、8歳以前から見られることは少ない。羞恥心は苦しい感情で、通常は他人との関係にネガティブな影響を与える。羞恥心を抱きやすい人はネガティブな出来事を他人のせいにする傾向があり、怒りや敵意を抱きやすく、一般的に他人に共感する能力が低い。それに対して、罪悪感を抱きやすい人は怒りにくく、怒ったとしてもそれを直接表現することが多く、他人への共感力も高いようだ。また、ネガティブな結果に対して責任を負う傾向がある。

不安感を測るテスト[8]

答え方――各質問についてもっとも当てはまる番号を答えよ。

1＝ほとんどない　2＝ときどきある　3＝たびたびある　4＝ほぼつねにある

1. 安心感を抱いている。
2. 冷静沈着である。
3. 簡単に決断できる。
4. 満足感がある。
5. 幸せだ。
6. 自分に満足している。
7. しっかり者だ。
8. 陽気だ。
9. 元気だ。
10. どうでもいいことにくよくよしすぎる。
11. 神経質で落ち着かない。

12. 最近の心配事や関心事について考えると緊張したり動揺したりする。
13. 自信がない。
14. さまざまな困難が積み上がっていって克服できないように感じられる。
15. 自分はダメなやつだと感じる。
16. うまくいかなかった事柄を深刻に受け止めてしまい、頭から追い払うことができない。
17. ほかの人と同じように幸せだったらよかったのにと思う。
18. 取るに足らないことが頭の中を駆けめぐって思い悩んでしまう。
19. 心かき乱すようなことを考えている。
20. 無力感を覚える。

不安感を測るこのテストでは、質問1から9に共感すると不安感が低く、質問10から20に共感すると不安感を抱いていることが分かる。そのためスコアの集計法は、羞恥心と罪悪感を測るテストよりも少し複雑で、以下のようになっている。

（1）質問1から9までの回答の数値を合計する。
（2）45からその値を引く。
（3）質問10から20までの回答の数値を合計する。
（4）（2）と（3）の数値を足し合わせたものが、あなたの不安感スコア。

このテストのスコアの範囲は20点から80点、平均は35点。約半数の被験者が31点から39点のあいだに入る。[9] 不安症を患う鬱病患者では40点台や50点台に入ることが多い。[10]

不安は脅威を認識することで引き起こされる。恐怖は差し迫った具体的で特定可能な危険に対する反応だが、それに対して不安は、予測できないが起こる可能性のある脅威、すなわち実際に害をおよぼす確率の低い脅威や、漠然としたあいまいな脅威、あるいは由来が定かでない脅威を認識することで起こる。そのため、慢性的に恐怖を抱いている人よりも、絶えず不安状態にある人のほうが多い。進化の観点から見ると、どちらの情動も我々を危害から守るのに役立っているが、その方法が大きく異なる。恐怖は防御反応、いわゆる闘争・逃走反応を促し、脅威が消えれば速やかに鎮まる。しかし不安はもっと間接的な対処法と結びついていて、しばらく残りつづける。害をおよぼしかねない状況を予期してそれに備えることで、身を守るのだ。

不安感が強すぎるとストレスになり、ストレスホルモンの分泌量が慢性的に多すぎると幅広い医学的問題を引き起こすため、健康に悪い。しかし不安感が高いと死亡リスクが高まる一方で、不安感が異常に低い人も死亡率が高い。不安感が低い人は、脅威に見舞われたときに助けを求めたり、脅威を避けるために慎重な行動を取ったりすることが少ないからだ。皮膚の下に腫れを見つけてもすぐには医者に診てもらわないかもしれないし、喫煙などリスクの高い行動を取りたがるかもしれない。

怒りと攻撃心を測るテスト

羞恥心と罪悪感が互いに結びついていて、それらを一緒に考えなければならないのと同じように、怒りと攻撃心も互いに関連している。攻撃は怒りに対する反応である。以下に紹介する、怒りを測るテストと攻撃心を測るテストも、情動プロファイルの中で互いに関連していて、対としてとらえるべきである。

答え方――各質問についてもっとも当てはまる番号を答えよ。

1＝自分の性格とはまったく違う
2＝自分の性格とは少し違う
3＝どちらともいえない
4＝自分の性格と少し近い
5＝自分の性格とまったく同じである

1．すぐにかっとなるが、すぐに収まる。
2．いらいらしているときにはそのいらだちを表に出す。

3. 火薬を入れた樽がいまにも爆発しそうに感じることがある。
4. 冷静な人間ではない。
5. 友人からは激しやすい人間だと思われている。
6. たいした理由もなしにかっとすることがある。
7. 怒りを抑えるのに苦労する。

合計の怒りスコア＝

1. 友人の言うことに納得できないときはあからさまに伝える。
2. 人とつい口論することが多い。
3. 誰かに腹を立てたら、自分がどう思っているか相手に言う。
4. 意見の合わない人とは口論せずにいられない。
5. 友人から口論好きだと言われる。

合計の攻撃心スコア＝

怒りスコアの範囲は7点から35点。平均は17点。約半数の人が13点から21点の範囲に入る。

攻撃心スコアの範囲は5点から25点。平均は15点。被験者の約半数が12点から18点の範囲に入る。[11]

怒りと攻撃心は有害である、あるいは少なくとも非生産的であるとみなされることが多い。しかし進化の観点から見れば、生存と繁殖の確率を高めるからこそ怒りや攻撃心は進化したはずだ。自分や他人の怒りや攻撃心を理解するには、その進化上の由来を頭に入れておくことが役に立つ。

動物界では、どの個体が生き延びて自分の遺伝子を後世に伝えられるかは、食料や飲み水、交尾相手といったリソースを手に入れられるかどうかで決まる。現代の人間世界では威圧力でそれを手に入れることはほとんどないが、ほとんどの動物社会では、そして人間も進化の途中では、誰が何を手に入れるかは威圧力によって決まっていた。人間の進化の途中において怒りと攻撃心のもっとも重要な機能は、自分や子孫のために必要なリソースを確実に手に入れることだったのだろう。

生存に必要なものを手に入れるのに苦労したり、目標の達成を他者に邪魔されたりすると、怒りによって行動が掻き立てられる。怒りの反応の強さはその引き金の大きさと不釣り合いに思えることが多いが、生き延びるという観点から見ると筋が通っている。というのも、怒りによる報復は、現在の脅威を抑え込むためだけでなく、怒りの行動を取らなかった場合に今後起こりえる同様の脅威全体を抑止するためのものでもあるからだ。

攻撃は重要な防御反応で、多種多様な場面、たとえば自分の子供が誰かに脅されたときなどに起こる。先ほどのテストで調べたのは言葉による攻撃という現代的な攻撃形態で、数万年前には存在していなかったかもしれないが、今日の社会ではもちろん意味がある。スコアの低かった人は、自己主張をためらうタイプだろう。スコアのとても高かった人は、他人から口論好きだとみなされているかもしれない。

　怒りも攻撃も今日では古代の環境と同じ効果をもたらすとは限らないし、どちらも暴走しかねない。怒りまたは攻撃心のスコアの高かった人、あるいは生活上のストレスをたくさん経験して、怒りや攻撃心の湧き上がる閾値が低くなっている人は、情動のコントロールに気を配ることが肝心だ。後悔するような行動を取りかねないだけでなく、偏頭痛や過敏性腸症候群、高血圧など、過剰な怒りによって引き起こされるさまざまな身体的問題を患うかもしれない。研究によると、つねに怒りや攻撃で反応する人は、冷静な人に比べて、若いうちに心臓発作を起こす確率が有意に高いという。

　次の章では情動をコントロールするための全般的な方法を紹介するが、とりわけ怒りと攻撃心という情動については、とても効果的な特有の方法が2つある。一つめの方法としては、いまの状況からいったん距離を取って休憩したり、散歩したり、深呼吸したりすることで、時間の流れに身を任せて冷静になる。もう一つの方法は、怒りの対象を哀れんでやることだ。たとえば、武器を持った人が近づいてきてお金を要求してきたとしよう。あなたはかっとなって相手を罵るかもしれない。あるいは、その人をここまで追い詰めた不幸や苦難に目を向けるかもしれない。ＮＢＡ選手のルー・ウィリアムズがフィラデルフィア北部を運転中に赤信号で止まったところ、銃を持った強盗が窓を叩いて金を出せと言ってきた。しばらくやり合っていると、強盗はこう言ってきた。「ムショから出たばかりなんだ。金もない。腹も減ってる。手に入れたのはこの銃だけなんだ」。最終的に強盗が引き下がると、ウィリアムズは彼を夕食に連れていった。ダライ・ラマもこの方法を勧めている。ある女性がダライ・ラマに会いにいこうと道を歩いていると、飼い犬を叩いている男を見かけた[12]。そしてダライ・ラマにそのことについて尋ねた。するとダライ・ラマは、「哀れみというのは、その犬だけでなくその男も不憫(ふびん)に思うことだ」と答えた。哀れみをかければ怒りが鎮まって、みんなのためになるのだ。

オックスフォード幸福感テスト[13]

答え方――以下に幸せに関する文がいくつも並んでいる。それぞれの文が自分にどれだけ当てはまるかを、次に示した番号で答えよ。

1＝まったく当てはまらない　2＝あまり当てはまらない　3＝どちらかというと当てはまらない
4＝どちらかというと当てはまる　5＝ある程度当てはまる　6＝とても当てはまる

1. 自分の生き方にとりわけ満足してはいない。
2. 元気いっぱいで目を覚ますことがめったにない。
3. 未来についてとくに楽観的ではない。
4. この世界が良い場所だとは思わない。
5. 自分が魅力的だとは思わない。
6. 自分のしたかったことと実際にしたことがずれている。
7. 自分の人生をうまくコントロールできていないと思う。

8. 簡単に決断できない。
9. 人生に意味や目的をとりわけ感じない。
10. 他人と楽しめない。
11. とりわけ健康だとは思わない。
12. とくに幸せな思い出がない。
13. 他人にとても関心がある。
14. 人生はすごく価値があると思う。
15. ほぼ誰にでもとても温かい感情を抱く。
16. たいていのことを楽しめる。
17. いつもひたむきに物事に打ち込んでいる。
18. 良い人生だ。
19. たくさん笑う。
20. 人生のあらゆることにとても満足している。
21. とても幸せだ。
22. 美しいと感じるものがある。
23. いつもほかの人を陽気にさせる。
24. 望みどおりに自分を合わせることができる。
25. どんなことにも取り組める。

26. 精神的にとても鋭い。
27. 喜びや高揚感をたびたび覚える。
28. 気力に満ちている。
29. たいていの出来事に良い影響を与える。

このテストでは、質問1から12は幸福感が低いことを示し、質問13から29は幸せであることを示している。そのため以下のように、スコアの集計法が多くのテストよりも少し複雑である。

（1）質問1から12までの回答を合計する。
（2）72からその値を引く。
（3）質問13から29までの回答を合計する。
（4）（2）と（3）を足し合わせたものが合計の幸福感スコア。

このオックスフォード幸福感テストのスコアの範囲は17点から162点。平均は約115点。ほとんどの人が95点から135点のあいだに入る。[14]

この幸福感テストでは、あなたの幸福感のベースラインレベル、つまり自分のDNAによって設定された基準点を測ることができる。その基準点は、あなたが幸せに「なりやすいかどうか」を決めているだけだ。あなたが実際に幸せかどうか、どのくらい幸せであるかは、そのベースラインだけで決まるのではなく、外的環境や自分の行動などほかのいくつもの要素に左右される。

幸せになるためには外的環境や人生でのさまざまな出来事がとても重要だと思い込みがちだ。もっとお金を稼いだり、もっといい車に乗ったり、ひいきのスポーツチームが世界選手権で勝ったりすると、いまよりもっとずっと幸せに感じられるはずだと決めつけている。また、失業したり恋人と別れたり、ひいきのチームが大事な試合で負けたりすると、いまより不幸せに感じられるはずだと決めつけている。しかし研究によると、確かに状況や出来事は影響を与えるものの、それによって幸福感は思ったほど変化しないし、その変化も思ったほど長くは続かないという。たとえばある有名な研究では、『フォーブス』誌に選ばれたもっとも裕福なアメリカ人の中から100人、および電話帳から選び出した100人（対照群）に、自分はどのくらい幸せかと尋ねた。[15] すると、年間所得1000万ドルを超す超富裕層でも、平均的な人と比べてかろうじて幸せなだけだった。

研究によると、幸福感の基準点も周囲の状況や最近の出来事と同じように、あなたの幸せレベルを大きく左右はするものの、それだけで幸せレベルが決まるわけではないらしい。では残りは何だろうか？それは自分の振る舞いで、嬉しいことにそれはほかの要素と違ってかなりコントロールできる。近年、幸せについて盛んに研究がおこなわれている。[16] 先ほどの幸福感テストで思ったよりもスコアが低かった人や、単にもっと幸せになりたいと思っている人のために、この分野を牽引するソニア・リュボミアスキーの勧めるいくつかの振る舞い方を紹介しよう。（1）家族や友人との時間を過ごす。（2）自分の持っているあらゆるものに目をかけて感謝を表す。（3）いつも他人に親切にする。（4）自分の未来について考えて楽観的になる。（5）楽しいことをじっくり楽しんで、いまこの瞬間を生きる。（6）毎週または毎日運動する。（7）社会活動や子供の教育、小説の執筆や美しい庭の維持管理など、何でもいいから生涯の目標を見つけてそれに取り組む。[17] リュボミアスキーは次のように言う。「考えてみてほしい。ジムやジョギング、キックボクシングやヨガといった運動に、多くの人がどれだけたくさんの時間をかけて取り組んでいるか。……もっと幸せになりたいのなら、そうしたことをする必要がある。つまり、いつまでももっと幸せでいるためには、何か半永久的な変化を起こさなければならず、そのためには日々の生活での努力と取り組みが必要なのだ」

恋愛／愛情を測るテスト

このテストでは、恋愛や愛情に対するあなたの「多感さ」を測る。つまり、他者に寄り添って愛情深い親密な関係にあることを、どの程度心地よく思うかということだ。恋人がいる人は、現在の関係性に基づいて答えるのではなく、一般的な事柄として答えてみてほしい。

答え方――各質問に次の番号で答えること。

まったくそうは思わない＝1…2…3…4…5…6…7＝強くそう思う

1. 自分の内なる考えや感情をパートナーと共有していると心地よい。
2. パートナーのそばにいるととても心地よい。
3. パートナーにわりと簡単に近づける。
4. パートナーに近づくのが苦ではない。
5. 自分の問題や心配事をよくパートナーと話し合う。
6. 必要なときにはパートナーに頼って助けてもらう。
7. パートナーにほとんど何でも話す。
8. パートナーといろいろなことを相談する。
9. パートナーに頼っていると心地よい。
10. パートナーに簡単に頼ることができる。
11. パートナーに簡単に愛情を注ぐことができる。
12. 自分のことや自分の望んでいることをパートナーが心から理解してくれる。
13. 落ち込んでいるところをパートナーに見せたくない。
14. パートナーに頼るのが難しい。
15. パートナーに心を開くのは落ち着かない。
16. パートナーに近づきすぎるのは避けたい。
17. パートナーがそばに近づいてこようとすると落ち着かない。
18. パートナーが近づきすぎるとそわそわする。

このテストでは、質問1から12までに共感したら愛情が深く、質問13から18までに共感したら愛情を避けたがっている。スコアは次のようにして集計する。

（1）質問1から12までの回答を合計する。
（2）質問13から18までの回答を合計する。
（3）48から（2）の合計を引く。
（4）（1）と（3）を足し合わせると、合計の恋愛／愛情スコアとなる。

スコアの範囲は18点から126点。平均は91・5点。約半数の人が78点から106点の範囲に入る。それよりも低い人はたいていの人に比べて親密な愛情を受け入れづらく、それよりも高い人はたいていの人に比べて親密な愛情を受け入れやすい[18]。

愛情という情動状態は、脳内の化学作用にとても大きな影響をおよぼす[19]。最愛の人を見ると、おそらくあなたの予想どおり、脳内でドーパミンが放出されて報酬系の中の欲求回路が活性化する。一方、愛情によって不活性化する脳領域もある。その一つがネガティブな感情に関連した領域で、そのおかげで至福を感じられる。また社会的判断に関連した領域も不活性化し、そのため、誰かを愛している人は一般的に他者にあまり批判的ではない。自己と他者を区別する能力に関連した領域も不活性化し、それによって愛する人との一体感が得られる。このように、深い愛情を抱いているときの心の状態は、自分の幸せよりも愛する人の幸せに大きく傾いている。自然はなぜ我々に、人生を変えるようなこの複雑な精神状態を授けたのだろうか？　人間の生存や繁殖にどのように寄与しているのだろうか？

人類学者によれば、恋愛感情はきわめて古い情動だそうで、いまからおよそ１８０万年前に進化したと言われている。哺乳類が繁殖するためには、母親が時間とエネルギーをせっせと注ぎ込んで、特定の子に献身する必要がある。結婚相手に愛情を抱けば、夫婦自体だけでなく子の生存能力も高まる。そうして女性は子供の生存のためにより精を出せるようになった。一方で男性は、食料を集めたり住処を調達したり、身を守ったり、そうしたスキルを子に授けたりして、女性を支えるようになった。

今日でも愛情には世界中でほとんど違いがなさそうだ。ある人類学的調査では、１４７の多様な文化で恋愛の証拠が見つかった。[20] タンザニアで現代技術と無縁に孤立して暮らす狩猟採集民、ハヅァ族のあいだにも、愛情・結婚・献身が見られる。さらに進化心理学者の研究では、パートナー間での献身の程度が生き延びる子供の人数、つまり「繁殖の成功度」と相関していることが分かった。[21] 気難しいことで名高い詩人のフィリップ・ラーキンも、「我々よりも長く生きるのは愛である」と詠んでいる。[22]

あなたの情動プロファイル

以上のようにして自分の傾向を判断したら、スコアを振り返って自分の情動プロファイルについて考えてみてほしい。もしかしたら喜びや愛情が十分に高い代わりに、羞恥心や罪悪感が高い傾向にあるかもしれない。あるいは、異常に不安になりがちだと気づく（あるいは納得できる）かもしれない。

スコアの値に良し悪しはない。みんな違うし、その違いも個性のうちだ。もちろん、プロファイルの各要素について集団の真ん中あたりを目指す必要もない。私の友人に、いつも不安を抱えているのを自慢している人が何人かいる。慎重になってトラブルを避けられるからだという。また、心から楽しそうで楽天的な知人もいる。必ずしも最適な選択はできないが、それでも幸せそうだ。以上のテストを受けて目からうろこが落ち、自分の行動の裏にある感情や理由をもっと自覚できるようになった人もいる。そうして自覚できれば、もっと満ち足りた豊かな人生に立ち塞がるいくつかの性格面を変えたいと思って、行動を起こすものだ。

あなたの情動プロファイルは、生まれと育ち、脳の物理的構造とそれに影響を与えた経験とが複雑に作用し合って形作られたものだ。誰しも自分の情動状態に影響されるものだが、逆にそれをコントロールする能力も持っている。そのコントロール、すなわち制御は、意識的にも無意識にもおこなわれる。しかも、最初は自分の意志でコントロールしていたプロセスを、訓練によって徐々にもっと無意識なものに変えていくこともできる。あなたの情動プロファイルがどんなものであったとしても、第一歩として自分の現在の状態が分かれば、自分の情動が人生にどのような影響を与えるかを理解し、それを変えるために取り組むべきかどうかを判断できる。それが最後の章のテーマである。

第9章 情動を操る
——情動をどのようにコントロールするか

情動は伝染する

2011年10月、ニューヨーク西部のル・ロイ高校に通う一人のチアリーダーがうたた寝から目覚めると、顔がピクピク引きつり、顎が痙攣して前に突き出すようになっていた[1]。数週間経っても症状は治まらなかった。さらにその頃、同じく最上級生でチアリーダーである親友がうたた寝から目覚めたら、言葉が詰まるようになってしまった。しばらくすると彼女も引きつりはじめた。両腕はバタバタ動き、頭は前後に倒れた。その2週間後には3つめの症例が現れた。まもなくして女子生徒十数人がこの病気にかかった。

これらの症状から、神経疾患または毒物中毒が疑われた。ある神経科医は、連鎖球菌の感染に対する稀な免疫反応が原因ではないかと考えた。学校の水かグラウンドの土が何かに汚染されているのではないかと考える者もいた。あるいは、近くに建つ築40年のシアン化物廃棄場から毒物が流出したのかもしれない。調査員はこの学校の資料を当たって、過去に伝染性の神経痙攣がなかったかを調べた。ニューヨーク州保健局も調査に入った。そしてエリン・ブロコヴィッチも。彼女は学歴が低いながらも、パシフィック・ガス・アンド・エレクトリック社から環境汚染を巡る和解金3億3300万ドルを勝ち取ったことで名が知られていた。研究者たちは数か月をかけて、家族の病歴や過去の疾患、毒物にさらされた可能性を綿密に調べた。校舎の飲み水は、58種類の有機化学物質、63種類の殺虫剤・除草剤、11種類の金属の分析にかけられた。校舎内の空気も丹念に分析され、カビについても調べられた。

医療関係者は何ら異常を見つけられず、数々の疑問を晴らせずに終わった。なぜこの病気はほぼ思春期の少女だけがかかるのか？　両親やきょうだいはなぜかからないのか？　毒物が原因だとしたら、何年も何十年も前からあるはずなのになぜ突然症状が現れたのか？　最終的におおかたの専門家の見解は、彼女たちはいわば心理的な伝染病にかかったのだということでまとまった。

ニュースになることはあまり多くないが、専門用語で集団心因性疾患と呼ばれるこの手の病気の発生は、思ったよりも頻繁に起こっている。たとえば2002年には、ノースカロライナ州の高校で10人の女子生徒が似たような症状を示した。2007年にはヴァージニア州の高校でも女子生徒9人がかかった。しかしこの現象は、特定の年齢層や性別、特定の文化に限ったものではない。似たような出来事は世界中で観察されており、ニューギニア島の狩猟採集部族にも見られる。[2]この症候群は、各人のあいだに何らかの社会的つながりがあって、長期にわたり強い不安を感じているどんな集団でも起こりうるのだ。

日常的に起こるもっとずっと軽い伝染について、かのアダム・スミスが1759年に記している。「他人の脚か腕に鞭が入れられるのを見ると、自分も自然と脚または腕を縮めて引っ込める」[3]。スミスは、このような模倣行動は「ほぼ反射的である」と考えた。そのとおりである。我々は生まれつき、他人の気持ちを感じられるようにできている。それどころか、自分の情動を感じたときに活性化する脳の構造体は、その情動を示している他人を見たときにも自動的に活性化することが、脳スキャンを用いた研究によって明らかになっている[4]。

情動が人から人に、組織全体に、さらには社会全体に伝染するという現象は、新しい情動の科学の中でも重要な小分野であって、近年では研究数が年に10倍ずつ増えている。心理学者はこの現象を「情動伝染」と呼んでいる。

あなたは同僚とおしゃべりをしている。すると自分が少しだけ落ち着かなくなっているのに気づいた。不安を感じてきた。別れてから思い返してみると、おしゃべりを始める前は何ともなかった。そうして、自分はあの同僚からたびたび影響を受けているのだと思い至った。あの同僚は不安を抱きがちで、話をしていると自分も不安になってしまう。なぜそのようなことが起こるのだろうか?

古代人が生き延びるためには、社会的状況の中で役割を果たす能力が欠かせなかった。我々は他人を理解して、関係を築く術を見つけなければならない。情動がシンクロするとそれが容易になる。その結果、人はほかの霊長類と同じく、自然と他人の真似をする。会話の相手とリズムを同期させようとする。

赤ちゃんが口を開くと、母親も口を開ける。[5] 人は笑顔や、痛み・好意・当惑・不快・嫌悪の表情を真似る。コメディー番組に笑い声をかぶせたり、深夜のトークショーの司会が前説でスタジオ観覧者を笑わせたり（あるいは笑ってくれるよう頼み込んだり）するのはそのためだ。後ろでスタジオ観覧者が反応していると愉快に聞こえるジョークも、誰もいないときにはしらけてしまうものだ。

この手の模倣は、意識的に意図しておこなうものではなく、無意識に生じる。自分が真似していることにも気づかない。場合によっては、意識的に意図しているとしたらありえないほど素早く反応することもある。たとえばある有名な研究によると、モハメッド・アリはランプが点いたのに190ミリ秒で気づき、そこから40ミリ秒でパンチを繰り出したという。[6] ところが、互いに社会的交流のある大学生を対象とした研究では、彼らが表情や身振りを同期させるのに21ミリ秒以下しかかからないこともあった。このような電光石火の同期は、意識制御のおよばない皮質下の構造体でないと不可能だ。しかも、意識的に他人のまねをしようとするとわざとらしくなってしまう。

情動伝染の影響の一つとして、人の幸福度は友人や家族、あるいは隣人の幸福度に左右されがちである。我々はある意味、親しくしている人たちと一心同体だ。ハーヴァード大学とカリフォルニア大学サンディエゴ校の合同研究で、4739人の人生を20年にわたって追跡した結果、そのように結論づけられたのだ。[7] 対象者はランダムに選ばれた互いに見知らぬ人たちではなく、巨大な社会ネットワークを構成する人たちだった。各対象者には、家族や隣人や友人、さらには友人の友人など、何らかの社会的結びつきのある人が当該グループの中に平均10・4人いて、人と人の結びつきは計5万3000以上におよんだ。対象者には2年から4年ごとに面接して幸福度を調べ、社会的結びつきの変化を報告してもらった。そしてそのデータをコンピュータに入力し、ネットワーク解析の高度な数学的手法を使って分析した。その結果、幸せな人に囲まれている人は自分も幸せで、未来にも幸せになる傾向があることが分かった。似たものどうしが集まりがちだというだけでなく、実際に幸せが伝染するからだ。

情動伝染に関する新たな研究結果の中でももっとも驚くべきは、それがいとも簡単に起こることである。相手と直接まみえたり電話で話をしたりしなくても、文章やソーシャルメディアを介しただけで情動が影響を受けることがあるのだ。２０１２年にフェイスブックがユーザーに無断でおこなったことで物議を醸した、情動操作の実験について考えてみよう。その研究では、68万９０００人のユーザーに送られるニュースフィードから、ポジティブな、またはネガティブな情動を掻き立てる記事を削除した[8]。その結果、ニュースフィードからポジティブな表現を減らすと、ユーザー自身もポジティブな投稿が少なくなって、ネガティブな投稿が増えた。ネガティブな表現を減らすと逆のパターンが生じた。ツイッターを用いた同様の研究（コンテンツの操作はおこなっていない）でも、ネガティブな内容のツイートを見た人はネガティブなツイートが増え、ポジティブな内容のツイートを見た人はポジティブなツイートが増えることが分かった[9]。

情動伝染も情動の多くの側面と同様、古代人にとっては強みを発揮していたものの、今日の社会では必ずしも最適ではない。しかしある面では、とても大事なことを教えてくれている。他人のしかめ面やテキストメッセージで情動状態が変わってしまうとしたら、自分自身でも変えられるはずだ。研究によると、実際に自分の情動をコントロールすることは可能なのだ。

情動を制御することのメリット

情動は我々を、深い悲しみや舞い上がるような喜びへといざなう。我々の選択や行動を裏で促し、目標を立てては達成させる理由を与えてくれる。しかしその反面、道を踏み外す最大の原因にもなりうる。最愛の人を失ったことを思い出して、胸を締め付けるような悲しみに浸るのはいっこうにかまわない。しかし、パスタソースの瓶が開かないからといって悲しむのはよろしくない。情動の研究、そして本書でたびたび繰り返されるテーマの一つが、情動は我々にとって欠かせないもので、多くの場合は恩恵をもたらしてくれるが、そうでない場合もあるということだ。情動は現代の我々と大きく違う生き方をしていた時代に進化したので、今日求められる事柄にとっては必ずしも最適でないこともある。とくに、過剰に激しい情動状態は悪影響をおよぼしかねない。不安が湧き上がるとより慎重になるが、その一方でパニックになりかねない。失った悲しみは大事なものを思い出させてくれるが、希望や楽観を追い払って鬱に陥れることもある。怒りはその状況に対処しようという動機を掻き立てるが、他人を遠ざけるような振る舞いを引き起こして、目標達成を阻むこともある。

誰しも状況によっては、情動を和らげると得をすることがある。他人から未熟で場違いだと見られないよう、自分の感情を隠したり抑えたりするのが最善だという場合もある。そんなときには、自分の幸せのために感情の強さを抑えたいだろう。情動的知能の研究によると、実業家や政治家、宗教指導者の中でもとりわけ成功している人の多くは、自分の情動をコントロールできて、他人と交流するときにはそれを武器にできるという。ＩＱスコアは認知能力と相関しているかもしれないが、仕事や私生活で成功するためにもっとも重要なのは、自分の情動状態を知ってコントロールすることなのだ。

情動を制御する能力は、きわめて人間的な特徴である。単純な動物も我々と同じ神経伝達物質の多くを使っているし、多くの高等動物の情動には人と類似の脳回路が関わっている。不安を感じているマウスに精神安定剤のジアゼパムを与えると気が鎮まるし、タコに幻覚剤のエクスタシーを与えると性欲が高まる。人に効く向精神薬の多くはラットにも同じ効果をもたらす。しかしこれらの動物には、そのような変化を自分で引き起こす能力はない。何を感じているにせよ、それを調節したり後回しにしたり、隠したりすることもできない。ほとんどの動物は即座に反応するし、湧き上がった情動を隠すこともない。人は情動を調節したり強めたり、装ったり抑えたりできるが、ネコは気に入らない餌をあたかも好きなように振る舞うこともしないし、嫌なことをされたときの感情を抑えることもしない。これが我々の情動系とネコの情動系の際立った違いの一つだ。

人の場合、情動制御には身体的にも心理的にもメリットがある。たとえば、身体的健康、とりわけ心臓病と相関がある。高齢者を13年間にわたって調査した研究では、情動制御のレベルがもっとも低い人は、自己制御に秀でた人に比べて、心臓発作を起こす確率が60％高かった。メカニズムはまだはっきりしていないが、情動を制御することでストレス応答系の活動が下がるのではないかと考えられている。身体的な危険が迫ると、衝突に備えてストレス応答が起こる。血圧と心拍数が上昇し、筋肉が収縮し、相手をよく見ようと瞳孔が開く。古代人のように草原でハイエナの群れに遭遇したときにはそれが役に立つ。しかし、ボスから言葉で攻撃されたときにはあまり役に立たない。しかも代償が伴う。ストレス応答を引き起こすストレスホルモンには炎症作用があり、心臓血管疾患などの病気と関連づけられている。

自分の情動を操る能力にメリットがあることを考えると当然だが、人々は長年にわたってその目標達成のためにさまざまな方法を用いてきた。その中には有効なものもそうでないものもある。ここ10年か20年になってようやく実験心理学者は、そのさまざまな方法論の有効性を研究・実証してふるい分けることに力を注ぐようになった。そこで、中でももっとも有効な3つの方法論をいまから紹介しよう。その3つとは、受容、再評価、表現である。

受容――ストア哲学の教え

ジェイムズ・ストックデールの逸話を紹介しよう。1965年9月、米海軍航空団長のストックデールは、自身3度目となる北ベトナム上空での戦闘任務に当たっていた[11]。樹冠すれすれを時速1000キロメートル近いスピードで飛行していたところ、搭乗するA-4スカイホークが対空集中砲火を浴びた。制御系統がやられ、操縦不能となった。そして機体が炎に包まれた。ストックデールは脱出を決断した。

眼下の村に向かってパラシュートで短い距離を降下しながらストックデールは、自分では当面の運命をどうにも操れないと悟った。「1000人の部下をまとめる航空団長、あらゆる象徴的地位や善意を知る善の受益者から、いままさに、侮蔑の対象、罪人へと転落する」と思ったという。

新しい人生が現実になるまでにそう長くはかからなかった。着陸時に群衆に袋叩きに遭って片脚を折り、死ぬまで足を引きずって歩くようになった。張り倒されて蹴られ、止血帯のように硬いロープで縛り上げられて、北ベトナムの監獄に7年半幽閉された。同じく囚われてのちに友人となるジョン・マケイン上院議員よりもさらに長い期間だ。その間にストックデールは15回も拷問を受けた。

何年にもわたる拷問と剝奪は、情動を奪うこととなる。恐怖や痛み、悲しみや怒りや不安を耐え抜くのは容易なことではない。しかし仲間の収監者たちにとって、ストックデールは岩のごとく心の支えになった。緊急脱出を切り抜けたただ一人の航空団長で上級将校のストックデールは、秘密グループのリーダーとなり、収監されている500人近いパイロットを束ねるまでになった。終戦後には立ち直って中将に昇進し、1992年の大統領選ではロス・ペローの副大統領候補として戦った。戦争捕虜として残酷な状態に置かれた中で、どうやってここまで見事に耐え抜いたのだろうか？

ストックデールは次のように述べている。飛行機から脱出すると、小さな村の大通りに着陸するまでに30秒くらい時間があると踏んだ。「そこでこうつぶやいた。『最低でも5年は帰れない。テクノロジーの世界を後にして、エピクテトスの世界に足を踏み入れるんだ』とね」

ストックデールは以前スタンフォード大学でその古代哲学者のことを学んでいた。そのときある教授から、ギリシアのストア哲学の入門書であるエピクテトスの『提要』を渡された。それは彼にとって聖書のような存在となり、撃墜されるまで航空母艦の船上で過ごした3年間、ずっとベッド脇のテーブルに置いていた。

ストア哲学は誤解されることが多い。富や、さらには安楽ですら悪であるという考え方と結びつけられている。しかしそれはストア哲学の言わんとすることとは違う。肉体的な快楽に縛られすぎず、富や物質的なものに溺れるなと警告してはいるが、それらを悪に仕立て上げているのではない。また、ストア哲学は情動を追い払うべしと説いているといわれることもあるが、それもまた完全には正しくない。ストア哲学者たちが考えていたのは、自分の情動の心理的な奴隷になるべきではないということだ。つまり、情動に操られずに、逆に自分から情動を支配せよということである。

エピクテトスは次のように記している。「人を支配するのは、どんなことを欲したり嫌がったりしても、それを受け入れたり取り払ったりできる自分だ」[12]。自分以外の誰にも頼らずに欲求を満たせれば、あなたは自分自身以外の誰にも支配されず、あなたは自由だ。ストア哲学では次のように説く。自分の人生に責任を持て。自分の力で成し遂げたり変えたりできる事柄に取り組んで、そうでない事柄には精力を無駄遣いするな。

ストア哲学者たちはとくに、自分ではどうにもならない事柄に情動的に反応するなと警告している。エピクテトスいわく、人を苦しめるのは周囲の状況ではなく、その状況に対する自分の判断だ。怒りを考えてみよう。雨でピクニックが台無しになったからといって、雨に向かって怒ることはない。雨はどうにもならないのだから、それはばかげている。しかし誰かに虐げられると、たいていの人は怒る。雨を止められないのと同じく、その相手を操ったり変えたりすることはふつうできないのだから、それも同じくばかげている。

もっと幅広く言うと、他人の振る舞いを変えさせることに自分の幸福感を結びつけてしまうのは、天気に結びつけるのと同じくらい無駄なことだ。エピクテトスは、「自分でどうにもできない事柄については、自分には関係ないと言えるようにせよ」と記している。[13] この思想を心から受け入れて自分の生き方に組み込めば、精力を削ぐような情動的経験の多くを避けたり和らげたりできる。しかしそのためには心を鍛えなければならない。頭で分かっているだけでなく、心の底から信じなければならない。そうすれば自分の情動反応システムを変えることができる。

捕虜収容所に囚われたストックデールは、この哲学のおかげで新たな生き方を受け入れることができた。気に掛けたのは自分の悲惨な窮状ではなく、生き延びて暮らしぶりを良くするために何ができるかだった。今後起こることへの不安は追い払った。拷問への恐怖を克服するために、自分では拷問を止められないことを受け入れた。そして再び拷問されることを踏まえて、生き延びるためには何ができるかに集中した。

受容はストア哲学の方法論の中核をなしている。最悪の事態が起こりうることを受け入れて、前向きに対応するには何ができるかに集中すれば、情動的な痛みは和らぐということだ。そうすれば情動は足枷(あしかせ)にならず、逆にやる気を起こさせてくれる。ストックデールの逸話は一つの実例にすぎないが、現代では制御下での実験によって、この手法が威力を発揮することが分かっている。

ある研究では、学生を集めて単純な絵合わせゲームをやってもらった。[14] そしてときどきそのゲームを中断して、次の2つのどちらかを選ばせた。ゲームを続ける代わりに痛い電気ショックを受けるか、または最後まで終えずに途中でゲームをやめるかだ。電気ショックは徐々に強くして、継続時間も長くしていった。被験者は2つのグループに分け、どちらのグループにもゲーム前に簡単な訓練をさせた。一方のグループには、強くなる電気ショックの痛みに耐えるために、気を紛らわせる方法を教え込んだ。

泥沼を横切るようなもので、代わりに楽しい場面を思い浮かべるのがいちばんの方法だと伝えた。もう一方のグループにも同じ程度の訓練をしたが、ただし受容の訓練である。電気ショックがどんどん強くなっていっても、抵抗せずに痛みに耐えつづけられると教えた。彼らにも泥沼の喩えを使った。ただし、楽しい場面を思い浮かべるようアドバイスしたのではない。苦しみを乗り越えるには、嫌な考えやそれによって引き起される感情に抗うのでなく、嫌な考えに気づいてそれを受け入れることだと説いた。

結果、受容の訓練を受けた被験者のほうがずっと長くゲームを続けることができた。つまり、やめるまでのプレー時間が有意に長かったのだ。これは理性と情動が力を合わせるという典型的な事例で、それに関わる脳内プロセスをストア哲学者たちは直感的に感じ取っていたかもしれないが、説明はできなかった。そのプロセスとは、前頭前皮質の中にある指揮制御ネットワークが、情動と関連した多数の皮質下構造体に影響をおよぼすというものだ。[15] それをうまく操れば情動を制御できるのだ。

再評価——考え方を変えてみる

車で仕事の会議に向かっていたら、工事中で通行止めの道に入ってしまったとしよう。迂回路の案内に従おうとしたら道に迷ってしまい、会議に20分遅れた。あなたはこう反応するかもしれない。「どうしてはっきり道案内できないいんだ。バカか！」。そう考えると怒りが湧いてくる。一方、代わりに自分を責めて、「どうしていつも道に迷ってしまうんだろう？　自分のどこが悪いんだろう？」と考えるかもしれない。このように反応するとむなしくなってしまうかもしれない。あるいは、あなたの遅刻のせいで会議の出席者全員がどれだけいらいらするかを考えるかもしれず、そうすると不安になる。通行止めとその影響をこのようにネガティブに評価すると、そのどの考え方にも真実の一端があるだろう。場合によってはそれらの解釈のうちの一つが優勢になって、あなたの感じる情動を左右してしまう。

情動はそのようにして作用する。たったいま起こったことに理屈をつけるというのは、情動反応が生じる際に脳がたどるステップの一つである。心理学ではそれを「評価」という。無意識の心の中でおこなわれる評価もあるが、意識レベルでおこなわれる評価もあり、それは自分で介入することができる。複数の見方があってそれらがそれぞれ異なる情動を生むのであれば、望ましい情動へつながる考え方をする訓練をしてみたらどうだろう。たとえばいまの例では、こんな考え方に自分を導いてみたらどうだろうか。「会議にはほかにも大勢出席しているんだから、自分が遅れてもみんな気にしないだろう」。あるいは、「私がめったに遅刻しないことをみんな知っているんだから、誰も怒らないだろう」。あるいは、「工事のせいで遅刻して逆に良かった。退屈な会議の最初20分に出なかった絶好の言い訳になるんだから」。脳が物事を理屈づける道筋を変えれば、好ましくない情動につながるサイクルを避けることができる。そのように思考を誘導することを、心理学では「再評価」という。

情動反応の中には、あなたに力を与えるものもあれば、逆に力を奪うものもある。力を与えるような情動は、日々の状況から教訓を引き出して、目標に向かって進む助けになる。力を奪うような解釈は、あなたをネガティブな考えに縛りつけて、目標達成の邪魔をする。再評価では、思考の中に現れてくるネガティブなパターンに気づいて、それを現実に即したもっと望ましいパターンに変える。

再評価に関する研究で示されているとおり、我々には状況や出来事、人生での経験に当てはめる意味を選ぶ力が備わっている。あなたのことを無視したように見える店員に腹を立てる代わりに、その店員はテーブルが多すぎて困っているととらえることもできる。自分の稼ぎをしょっちゅう鼻に掛ける人を胸くそ悪いととらえる代わりに、あなたの友人はみんなこの人よりも興味深い仕事をしているのだから、この人はきっと自信がないんだととらえることもできる。ネガティブな評価を完全には拭い去れなくても、ポジティブな評価をすれば新たな考え方の可能性が加わって、物事をネガティブにとらえる傾向が抑えられるだろう。

再評価の威力を示す一例が、マサチューセッツ州ナティックにある米陸軍ナティック兵士システムセンター（NSSC）の認知科学チームが最近おこなった研究によって得られている。[16] その研究では24人の健常な若者を調べた。彼らを実験室に3度呼び、そのたびにトレッドミルで90分間へとへとになるまで走ってもらった。そして30分と60分経過した時点、および終了した時点で、自分がどれだけ苦労していると感じるかと、痛みや不快感がないかどうかを尋ねた。

1回目は、どうやって耐え抜くかについて何もアドバイスを与えなかった。2回目と3回目では、半数の被験者に、認知的再評価を用いてネガティブな感情を和らげてみるよう指示した。たとえば、運動が心臓に与えるメリットや、走りきったときに得られる満足感に集中するといった方法だ。対照群である残り半数の被験者には、先述の受容の研究で用いたのと同様の、気を逸らすという戦法を取るよう指示した。たとえば、どこかのビーチに寝そべっているのをイメージするといった方法だ。結果は予想どおりで、気を逸らす戦法は効果がなかったが、再評価を用いたグループの答えた苦労の程度と不快感は有意に低くなった。

再評価のスキルはより楽しい生活につながるだけでなく、職場での成功の鍵にもなる。情動は精神的な計算に影響を与えるため、激しい情動を抑える能力はプレッシャーの大きい多くの職業に欠かせない。オックスフォードの北東、ミルトン・キーンズにあるオープン大学経営学大学院の教授マーク・フェントン゠オクリーヴィが主導しておこなったある事例研究を採り上げよう。[17]

白髪が薄くなりかけていて物静かに話すフェントン゠オクリーヴィは、さまざまな経歴の持ち主だ。学校のグラウンド管理人、シェフ、政府研究機関の数学者、野外活動のインストラクター、数学教師、情緒障害を持つ若者のセラピスト、および経営コンサルタントを経て、経営学大学院の教授となった。2010年には情動の役割と情動制御の戦略を探るために、何人かの共同研究者とともにロンドンの投資銀行の実社会に自ら身を投じた。やり手の金融専門家の大集団に取り入ることができたのは、多様な経歴のおかげだ。

そうして118人のプロトレーダーと、4行の投資銀行（3行はアメリカ、1行はヨーロッパ）のシニアマネージャー10人に本格的な聞き取り調査をおこなった。彼ら対象者は、株式や債券、金融派生商品を扱うトレーダーの代表的なサンプルとなった。全員が経験期間と年収を答えてくれた。給与制度ゆえ、年収にはトレーディングの成功度が反映されている。経験期間の範囲は6か月から30年、年収（ボーナスを含む）の範囲は約10万ドルから100万ドルだった。

心理学者によると、意思決定は2つの並行するプロセスによって進められるという。ノーベル経済学賞受賞者のダニエル・カーネマンが著作『ファスト&スロー』で世に広めた、「システム1」と「システム2」である。[18] システム1は速く、無意識に根ざしていて、大量の複雑なデータを処理できる。一方、意識的な熟考であるシステム2は遅く、同時に考慮できる情報量が限られている。また精神的疲労の影響を受けやすい。

複雑で慌ただしい証券取引の世界では、次々に押し寄せる高度な情報が意識的な心の容量を超えてしまうため、システム1の処理が成功には欠かせない。野球選手が意識的な制御に頼ってバットを振っても、時速140キロで近づいてくるボールを打てないのと同じように、トレーダーも無意識の主導的役割に頼って投資判断を導き出さなければならない。

そこに情動が関わってくる。過去の経験に基づく情動が無意識レベルでレーダーとして作用することで、注意を振り向けさせ、危険とチャンスに気づかせてくれる。次々に流れてくるデータと過去の結果が情動を通じて直観を形作り、それによって適切な行動を迅速に選択できるのだ。

食べ物で体調を崩した経験が脳に刻み込まれる上で、嫌悪感がどのような役割を果たすのか考えてみよう。牡蠣(かき)をほおばろうとして表面に虫がうじゃうじゃいるのに気づいても、そこで立ち止まって、これまでに見たり聞いたりした似たような場面に照らしてこの状況を意識的に詳しく分析することはしない。吐き気を催して牡蠣を放り投げるだけだ。それと同じように、証券トレーダーの情動には過去のトレーディングの経験が圧縮されている。聞き取り調査を受けたあるマネージャーは次のように言った。

「博士号を持っていればオプション理論を理解しているから、高い運用成績を上げられるはずだと考える人が多いけれど、必ずしもそうじゃない。優れた直観も必要なんだ」

それが意思決定における情動のプラス面である。マイナス面は情動が手に負えなくなったときに現れてくる。フェントン＝オクリーヴィの研究チームの結果によると、さほど成功していないトレーダーは経験に乏しい人が多く、自分の情動をなかなかコントロールできないという。

証券取引はめまぐるしく骨の折れる仕事で、込み入った重大な決定をきわめて迅速に下す必要がある。そして莫大なお金が懸かっている。あるトレーダーは、「情動的に耐えるのは容易なことじゃない。損失が1億ドル近くに膨れ上がったことも何度かある」と言った。別のトレーダーは、「損を出したらしゃがみ込んで涙を流すかもしれない。トレーダーの生活は陶酔感と絶望のどん底のあいだで浮き沈みするんだ」と打ち明けた。さらにもう一人は、「とてつもないストレスで体調が悪くなったことも何度かある」と答えた。この3人が情動と戦っていたのは明らかだが、彼らのようにさほど成功していないトレーダーの多くは、自分の仕事で情動が大きな役割を果たしていることは認めようとしなかった。自分の情動を抑えようと努める一方で、情動が自分の意思決定に影響を与えていることは否定したのだ。

とても成功しているトレーダーは、心構えがかなり違っていた。自分の情動を認め、情動に突き動かされる自分の行動について積極的に振り返ろうとしたのだ。彼らは、情動と優れた意思決定とが分かちがたく結びついていることを受け入れた。高い実績を挙げるためには情動が欠かせないことを受け入れ、「自分の直観の由来と情動の役割について冷静に振り返る傾向があった」。情動の果たすプラスの不可欠な役割を取り入れる一方で、情動が激しくなりすぎた際にはそれを和らげる術が役に立つことも理解していた。成功したトレーダーが問題とするのは、情動をいかにして避けるかではなく、いかにして制御して手なずけるかなのだ。

フェントン゠オクリーヴィによれば、トレーダーたちが用いている情動制御法の中でももっとも有効なのが再評価だという。大きな損失を出したら、自分にこんなふうに語りかけたらいい。こんなことはときどき起こりうる。大きな利益を一度出しただけで成功するわけではないのと同じように、大きな損失を一度出しただけで破滅するわけではない。仲間のトレーダーの運用成績が上がったり下がったりするのもずっと見てきたし、いっとき負けたからといってこの世の終わりでないことも分かっている、と。

マネージャーたちも情動とその効果的な制御が重要であることを認識していた。あるマネージャーは、「私は情動の管理者の役割を果たさなければならない」と言った。しかしそれはボスがいなくてもできる。自分自身でできるのだ。第一のもっとも重要なステップは、自己を認識することである。誰しも自分の感情を認識して監視する能力を持っている。おおかたの人はひとたびそれに集中すると、思っていたよりうまくできていると気づく。そうして自分の真の感情に触れられれば、ここまで話してきた戦略を使って感情を操るための一歩を踏み出せる。情動的知能のそうした側面を育んで伸ばせば、効果的な制御に欠かせない武器の一つである再評価を駆使して、自分の情動の管理者になれるのだ。

表現――話したり書いたりすることの効果

カレン・Sはハリウッドの中規模映画製作会社の最高業務執行責任者。過酷で競争の激しいビジネスだ。カレンは仕事上、厄介な人を大勢相手にしなければならない。そして成功のためには、約束を破ったり不当な扱いをしてきたりしたクライアントとも良好な関係を維持しなければならない。ときには腹が立つもので、以前ならそれが仕事の妨げになっていた。しかしある対処法を発見した。腹の立った相手に宛てたEメールに、自分の感じた不当な扱いを事細かく書き記し、それに対する自分の正直な感情をありのままに述べるのだ。しかしそのEメールを送ることはしない。下書きボックスに保存して、数日後に再び見返そうと心に決めるが、実際には二度と開かない。自分の感情を表現するという単純な行為だけで、問題が解決してしまうのだ。有害な怒りはすぐに消え、カレンは仕事に戻る。

情動について話したり書いたりすることでその情動を克服できるというのだろうか？　この方法を耳にしたことのある人は多いだろうが、実験心理学者の調査によると、ほとんどの人はうまくいかないと考えているという[19]。逆に、話をするとかえって情動が強まってしまうと信じている。赤ちゃんの頃は女の子よりも男の子のほうが社会性が高く、母親を見つめて怒りや喜びの表情を示すことが多いが、15歳から16歳になると多くの男子は性別の固定観念に屈して、自分の感情を声に出すのを避けるようになる[20]。

人々の考えと違い、好ましくないネガティブな情動を表現することは、その情動を鎮めるのに役立つ。臨床心理士によると、信頼の置ける友人や大切な人、とくに似たような問題を経験したことのある人に話をするのがもっとも効果的だという。話すタイミングも重要だ。自分の感情をさらけ出すのは確かに重要だが、怖いことでもある。話し相手が上の空だったり、最後まで話に付き合う時間がなかったりすると、かえって逆効果になりかねない。

実験心理学者は臨床心理士と違って実際の診療の経験はないものの、数多くの研究を通じて、このように話をすることが有益かどうか、有益だとしたらなぜ有益なのかを探っている。研究の世界では、自分の感情について話したり書いたりすることを「感情ラベリング」と呼ぶ。

近年の研究によって示されているとおり、感情ラベリングには幅広いさまざまな効果があり、たとえば心をかき乱すような写真や動画を観た後の悲しみが弱まったり、人前で話すと緊張する人の不安が鎮まったり、心的外傷後ストレス障害（ＰＴＳＤ）の症状が和らいだりする。自分の感情について話をすると、前頭前皮質の活動が高まって扁桃核の活動が弱まり、再評価の制御法を用いたときと同様の効果がある。[21] またカレン・Ｓのように、心を乱す経験について書き記すだけでも、血圧が下がり、慢性痛が弱まり、免疫機能が高まることが示されている。

心を乱すような情動を表現することのメリットは、ときに長く持続する。私は先日、我が事としてそれを経験した。赤信号で止まっていたら、タクシーが猛スピードで追突してきて車は大破、私の身も危ないところだった。それからというもの、運転していると落ち着かないようになってしまった。どこからともなく不意にまた車がぶつかってくるんじゃないかと思って、気が抜けなくなったのだ。交通量の多い道の信号で止まるととりわけ不安になった。しかし友人や知人に事故のことを話していたら、自分の感情が相手に伝わって薄れていくことに気づいた。話している最中に気分が落ち着くだけでなく、長期的な効果があって、徐々にトラウマを克服できたのだ。

話をすると有効であることを示す逸話は数多くあるし、臨床心理士もこの方法に大いに信頼を寄せている。しかし最近まで、感情ラベリングの有効性を裏付ける科学研究はすべて実験室環境でおこなわれていて、自宅や職場、いわゆる「インビボ」で調べられたことはなかった。だが２０１９年、７人の科学者のグループがおこなった実世界での刺激的な研究の結果が、一流の学術誌『ネイチャー』に掲載された。[22]

その研究では、ツイッターのタイムラインに現れる情動を調べた。実験室での研究では被験者が数十人ないし数百人に限られるが、彼ら科学者は10万９９４３人のツイッターユーザーによる12時間分のツイートに込められた情動を分析することができた。ツイートにはユーザーの実生活での考えや、身の回りで起こっていることに対する反応が表現され、それがツイッターのサーバーに保存される。

１００万時間分を超すツイートに込められた情動をどうやって分析するのか？　そのような分析を自動でおこなうための分野がある。それを感情分析（センチメント分析）といい、マーケティングや広告、言語学や政治科学や社会学などいくつもの分野で用いられている。文章をコンピュータに入力し、専用の感情分析ソフトウエアを使って、込められている情動がポジティブかネガティブか、どの程度強い感情なのかを評価する。

『ネイチャー』論文の筆者たちは、ＶＡＤＥＲというプログラムを用いた。ジョージア工科大学で開発されたプログラムで、ソーシャルメディアや映画評論サイト『ロッテントマト』、『ニューヨークタイムズ』紙の社説欄や技術製品のネットレビューなどから取った数万件の文章で有効性が確認された。ＶＡＤＥＲはそれらの文章サンプルの大部分について、訓練を積んだ人間の評価者と同じ評点を出力した。

本分析ではまず、60万人超のユーザーの10億件を超すツイートを調べ、感情をはっきりと表現した文、たとえば「悲しい」とか「すごく楽しい」といった文を含むツイートを探した。そしてそのようなツイートを投稿している10万９９４３人のユーザーを研究対象に選んだ。続いてそのユーザー一人一人について、情動を表現したそのツイートの前後６時間ずつの全ツイートを取得した。そしてそれらのツイートをＶＡＤＥＲソフトウエアに入力し、その12時間におけるユーザーの情動状態のプロファイルを作成した。

すると目を見張る結果が得られた。ネガティブな情動の場合、最初は情動の強度がベースラインレベルで一定に保たれていたが、問題の情動的ツイート（たとえば「悲しい」）の前30分から1時間でネガティブ度合いが急速に高まりはじめた。おそらく、心かき乱すような何らかの情報か事件に対する反応だろう。しかし感情を表現したツイートの直後から、ツイートに込められた情動の強度は急激に下がっていた。問題のツイートによって悪い感情が鎮まっていたのだ。

ポジティブな情動の場合は、もちろん感情を鎮める必要がないため、変化のカーブはもっとずっと緩やかだった。情動的なツイート（たとえば「すごく楽しい」）の前にはやはり強度の上昇が見られたが、その後に急激に下がることはなく、別の話題に移るにつれて徐々に下がっていくだけだった。

逸話や実験室での証拠から推測されていた結論が、10万人のツイッターユーザーの情動変化を追跡することで裏付けられたのだ。シェイクスピアは『マクベス』の中で、「悲しみの言葉を発せよ。口から出てこない悲嘆は苦しい心にささやきかけて、心を砕いてしまう」と記している。[23] 偉大な劇作家はみなそうだが、シェイクスピアにも優れた心理学者の素質があった。悲しみの言葉をつぶやくと気が晴れることを知っていたのだ。

情動が存在する理由

私は子供の頃、何度もトラブルに巻き込まれた。自分がしでかしたことばかりか、私のせいでないことでもだ。母はよく言った。「みんなに責められるのは評判が悪いからよ。一回評判を落としてしまったら、みんなの気持ちを変えるのは難しいの」。私は情動の科学を学びながら、そのことについてたびたび考えてきた。何百年にもわたる人間の思考と学問の中で、情動はずっと悪い評判を負わされてきて、それはなかなか変えられなかった。しかし近年になっておもに神経科学の進歩のおかげで、情動に対する見方が変わってきた。そして今日では、情動が非生産的であるようなケースはあくまでも例外的であることが分かっている。

ここまで新しい情動の科学を巡ってきたことで、情動は非生産的であるという神話の嘘を暴き、情動が精神的リソースの大部分を作るのに役立っていることが明らかになったと思う。情動のおかげで我々は、自分の身体状態と周囲の環境に応じた柔軟な反応を取ることができる。情動は欲求・嗜好のシステムと連携して一つ一つの行動を掻き立て、他者と関わって協力することを促し、視野を広げて新たな高みに立てるよう背中を押してくれる。理性的な心とともに作用して、我々のほぼあらゆる思考を形作っている。出掛ける前にジャケットを羽織るかどうかから、引退後に備えてどう投資するかまで、一瞬ごとの大小あらゆる判断や決断に寄与している。情動がなかったら我々は何もできないのだ。

どんな生物種も独自の生態的地位を占めていて、特定の環境で生き延びて繁殖できるよう最適化されている。そしてあらゆる生物種の中でも、人間はもっとも多様な生態系で繁栄している。砂漠や熱帯雨林、極地の凍りついたツンドラ、さらには宇宙に浮かぶ国際宇宙ステーションの中でも暮らしている。我々は精神の柔軟性に基づいて立ち直る力を持っており、それはもっぱら高度な情動のおかげだ。

どこでどのように暮らしているにせよ、世界はつねにさまざまな難題を突きつけてくる。それを克服するために我々は、感覚によって周囲の状況を感知し、知識や経験を踏まえて思考によってその情報を処理する。その知識と過去の経験が思考に流れ込んでくる主要な経路の一つが、情動を介してである。キッチンで肉を焼くたびに、火事になる可能性を理性的にせっせと分析することはないかもしれないが、火事に対するちょっとした恐れがコンロのそばでの思考や行動につねに影響を与え、より安全な判断へと導くのだ。

情動は人間の心理的道具の一つだが、人によってそれぞれ違う。恐怖を抱きがちな人もそうでない人もいるし、幸せなどほかの情動についてもそうだ。情動はれっきとした理由があって進化し、たいていは役に立つが、とくに我々の暮らす現代の世界では逆効果をもたらすこともある。本書で伝えたかったのは、自分の情動を認識して大事にし、自分の情動プロファイルを知ってほしいということだ。自分のことを意識できれば、自分の感情を手なずけていつでも役立たせられるのだから。

エピローグ――別れ

先ほども述べたように、私の母は何年かのあいだ、車椅子に座りっぱなしであること以外は健康状態も良く、ケアハウスで満足そうに暮らしていた。私も週に1度か2度は母を訪ねて一緒に散歩をしたり、チョコレートミルクシェーキを飲んだりしていた。ところが2020年に新型コロナウイルスのパンデミックが起こり、母のケアハウスもロックダウンになってしまった。ホロコーストでの経験以来、母がずっと恐れてきた大きな災禍、社会が再び突如として崩壊する可能性が、ついに現実となったのだ。

まもなくして職員や入所者の多くが新型コロナウイルス肺炎と診断された。すると施設から電話で、母も感染した疑いがあると連絡が来た。ヒトラーですら母の命は奪えなかった。20年におよぶ喫煙と3度のがん、そして85歳のときに起こった、潜水艦を模したレストランの長い階段からの転落事故ですら奪えなかった。ところが、顕微鏡でしか見えないこの小さなたんぱく質の塊が、それを成し遂げてしまうかに思われた。

数日後、担当医師から、母の症状が悪化して危篤だと連絡があった。98歳で認知症にもかかっていたため、病院に入院させるかどうか決断しなければならない。医師の話によると、ケアハウスに残しておいたら1日か2日で命を落とすだろうという。しかしすぐに入院させれば生き延びられるかもしれない。母は病院を拷問の場とみなしていた。見慣れない環境、寝心地の悪いベッド、大嫌いな点滴やカテーテル、出入りする見知らぬ一行。ケアハウスで面倒を見てくれている優しい介護士もいない。前回入院したときには暴れ出し、ベッドから這い出して逃げようとした。しっかり抱きしめて何とかなだめ、落ち着かせなければならなかった。だが今度は見舞いに行けない。拷問を受けながら死期が先延ばしになるだけなのに、病院に入院させていいものかどうか？　事実上の孤独死を迎えることになってしまうではないか。

母はずっと良い人生を送ってきたわけではないが、良い死を迎えるに値する人だとは思った。そのままケアハウスに入れておけば、窓越しに母の顔を見て、愛していると伝えることができる。いつ終わりが来るかも教えられるし、たとえ同じ部屋にいなくても、心の中では母に寄り添って抱きしめながら、私が転んだときや学校で喧嘩したときに助けてくれたときのことを思い出せる。息を引き取るまで心はそばにいて、手を握り、キスをしてあげていると感じてもらいたい。しかしそれが叶うケアハウスに残しておいたら、母は幸せで居心地が良いだろうが、それでは死刑宣告を下すようなものだ。入院すれば母は助かるとしたら？

医師の話では、病院で診察を受ける午後6時までに決断しなければならないという。あと8分しかない。胸が締め付けられる。目に涙があふれてきた。身体が震える。論理的に考えられない。何も考えられない。母に死を宣告するのか？　そんなことはできない。拷問を受けさせるのか？　それもできない。本書のための調査と執筆に長い時間をかけてきた私は、情動という精神状態が、思考や計算、決断を導くことを知っている。しかし私の情動は私を導いてくれないようだ。痛めつけてくるだけだ。

医師には、少し考えて折り返し電話をすると伝えた。医師は少しためらったが了承してくれた。ただし、入院させたら母と会うのは難しくなるので、6時までに返事がなかったら、ケアハウスで死を迎えさせることにしたと解釈すると念を押された。

以前、息子のニコライが、私は誰よりも冷静沈着で動じない人間だと言ってきたことがある。私自身も、ずっと前に情動制御のスキルを身につけていて、子供たちと衝突したときや、仕事でいさかいに巻き込まれたとき、あるいは投資に失敗したときにそれが役立ったことを誇りに思っていた。しかしこのときばかりはどうにもならなかった。母を入院させることを考えるとぞっとした。入院させないことを考えると涙があふれた。

私は無力さを感じた。激しい情動をいかに抑えるかという章を書いている最中だったのに、この重大局面で涙に溺れそうになったのだ。5時58分。医師に決断を伝えなければならない。決断できていないが、電話せずに医師を行かせたくはない。

証券トレーダーに関する研究のことを思い出した。成功していないトレーダーや経験の乏しいトレーダーは感情を持たないように努めるが、経験豊富で成功したトレーダーは自分の情動を受け入れてそのメリットを理解しているのだった。私に必要なのは受容だ。感情に身を任せるべきだ。情動と戦うのをやめ、逆に情動に手を引いて導いてもらうのだ。冷静沈着な理性にとっては、あまりにも複雑で時間の足らない決断だ。頭で決断することじゃない。心でしかできない決断だ。

どう答えるか自分でも分かっていないのに、気づいたら医師に電話を掛けていた。呼び出し音が鳴るにつれて決断が固まっていく。母をケアハウスに残して安らかに逝ってもらおう。ようやく医師が電話に出た。どうしたいか聞いてきた。私は医師に、母を入院させてくれと伝えた。

仲間の地下戦闘員の乗ったトラックが走り去るのを父が見送ったのと同じように、私も決断とは違う行動を取っていた。その掌返しには自分でも驚いたが、抗おうとはしなかった。医師は、正しい決断をしたと思うと私に声を掛け、ケアハウスには救急車を呼ぶよう伝えた。

母は病院で順調に回復した。動画アプリで会話することもできた。多忙な看護助手が病棟に1台しかないｉＰｈｏｎｅを持ってきて、特別な防護服を身につけてから私に手渡してもらわなければならなかったが、そのおかげで数日おきに母と話ができた。看護師の話では、母は以前ほど病院を嫌がってはおらず、治療の効果も出てきているという。母から生きるチャンスを奪わなくて本当に良かった。1週間半後、母をケアハウスに戻せることになった。担当医師は母の体力に目を丸くした。誰もが、母はまるで乾電池の宣伝に出てくるウサギのマスコットのようだと言った。

しかしケアハウスは母を受け入れられる状態になかった。コロナ対応で手一杯で、1日に受け入れられる人数が限られているのだという。順番待ちになっていた。そのため母はもう1日病院に残ることになった。次の日も、また次の日も。少なくとも問題はなさそうだ。病院の話では、母はまだ嫌がってはいないという。

ようやくケアハウスが母を受け入れられるようになったと思った矢先、突然病状が悪化した。そこで施設は母を戻すことを考えなおした。母の心配をしてくれたからだ。母は酸素マスクを着けられ、私と電話することもできなくなった。そんな最中に本書が書き上がった。金曜日の夜、日付が変わる少し前のことだった。私は担当編集者にEメールで原稿を送信し、一杯飲んでから眠りに就いた。

午前3時すぎ、電話の音で目を覚ました。病院からだ。母が息を引き取ったという。

それから何か月か経っている。ようやくこの一節、母の物語の最終ページに手を加えはじめた。いまでも考えると心が痛む。愛する人たちに囲まれずに旅立ったことを思うと……。しかし母を入院させようと決断したのは後悔していない。自分の心に耳を傾けて本当に良かった。少なくとも母に戦うチャンスを与えられたといまでは思っているし、もしもそのチャンスを奪っていたらきっと自分を許せなかったはずだ。

自分の心と情動の作用を理解し、得られた知識を活かして自分の情動をもっと効果的に操るのは、単なる科学ではなく技能だ。友人で瞑想家のディーパック・チョプラは、どんな知らせが来ても冷静に受け止められるらしい。瞑想で身につけた能力なのだろう。瞑想によって脳に変化が起こって指揮機能が高まり、どんな情動制御法でも有効に使えるようになることが、研究で示されている。私はとうていその域には達していない。本書の執筆はとてもためになった。自分自身のことを理解し、生活の情動面に意識を集中させ、数々の教訓を得た。読者のためにもなったのであれば幸いだ。だが奇跡なんてものはない。自分を高めるには不断の努力が欠かせない。うまく対処できなかったと思える場面も必ずあるはずだ。科学に基づく知識はそうした後悔から立ち直るための助けになるし、自分に関する知識を豊かにすれば今後はそうした失敗も避けられるかもしれない。でもどうしたって失敗することはあるものだ。そういうときは、完璧な人なんて一人もいないと思って自分を慰めてほしい。

謝辞

本書は私にとって11作目のノンフィクションだ。いつもの人たちや新たな助言者にもお世話になったが、どの本にも共通するのは大勢の人たちに大きな恩を感じていることだ。本書で飛び抜けて恩義があるのは、すばらしい友人であるカリフォルニア工科大学の神経科学者ラルフ・アドルフス。本書に取り組んだ何年かのあいだ、ラルフは数え切れないほどの概念を説明し、ほかの専門家を紹介し、草稿を読み、心から励ましてくれた。ラルフの同僚デイヴィッド・アンダーソンや、同じく神経科学者または心理学者のジェイムズ・ラッセル、ジェイムズ・グロス、リサ・フェルドマン・バレットもとても力を貸してくれた。また幸運にも、2人の現役の臨床心理士リズ・フォン・シュレーゲルとキンバリー・アンダーセン、および法精神科医のグレッグ・コーエンの脳みそを借りることもできた。哲学者のネイサン・キングは、古代ギリシアの思想に関する知見を与えてくれた。以下に挙げる友人や家族も、何度も草稿を読んでは意味の通らない箇所を指摘してくれた。セシリア・ミラン、アレクセイ・ムロディナウ、ニコライ・ムロディナウ、オリヴィア・ムロディナウ、サンフォード・パーリス、フレッド・ローズ、そして私の妻ドンナ・スコット。妻は愛情を注いで私を支えてくれるだけでなく、編集者としても優秀だ。妻の意見を真摯に受け止め、どんなことでも妻のアドバイスに頼り切っている。パンテオン・ブックスのアンドリュー・ウェーバーと担当編集者のエドワード・カステンマイヤーにも感謝している。エドワードはパンテオン・ブックスならではの高い水準に私を引き上げてくれた上に、抜群の建設的なアドバイスをくれた。彼の卓越した文章技術と経験に頼れるのをいつもありがたく思っていて、本書もその例外ではなかった。ライターズ・ハウスのキャサリン・ブラッドショーとスーザン・ギンスバーグも、最初の着想からカバー絵の打ち合わせまで、ずっと私に寄り添ってくれた。スーザンと初めて会ったのは2000年のことで、それが美しい友情と満足のいく執筆活動の始まりとなった。最後に、愛する母にいま一度お別れを言いたい。母の生と死はあまりにもたくさんの教訓を与えてくれ、それが私の著作に生かされている。

「感情」は最強の武器である

「情動的知能」という生存戦略

2023年6月27日発行

著　者――レナード・ムロディナウ
訳　者――水谷　淳
発行者――田北浩章
発行所――東洋経済新報社
〒103-8345　東京都中央区日本橋本石町 1-2-1
電話＝東洋経済コールセンター　03(6386)1040
https://toyokeizai.net/

装　丁………橋爪朋世
D T P………アイランドコレクション
印　刷………図書印刷
編集担当……九法　崇
Printed in Japan　　ISBN 978-4-492-04733-0

【著者・訳者紹介】

レナード・ムロディナウ（Leonard Mlodinow）

カリフォルニア大学バークレー校で理論物理学の博士号を取得し、マックス・プランク研究所でアレクサンダー・フォン・フンボルト・フェローを経て、カリフォルニア工科大学で教壇に立った。著書に『ユークリッドの窓――平行線から超空間にいたる幾何学の物語』（青木薫訳、NHK出版、2003年、現在ちくま学芸文庫）、『ファインマンさん最後の授業』（安平文子訳、メディアファクトリー、2003年、現在ちくま学芸文庫）、『たまたま――日常に潜む「偶然」を科学する』（田中三彦訳、ダイヤモンド社、2009年）、『しらずしらず――あなたの9割を支配する「無意識」を科学する』（水谷淳訳、ダイヤモンド社、2013年）、『この世界を知るための 人類と科学の400万年史』（水谷淳訳、河出書房新社、2016年、現在河出文庫）、『柔軟的思考――困難を乗り越える独創的な脳』（水谷淳訳、河出書房新社、2019年）などがあり、スティーヴン・ホーキングとの共著に『ホーキング、宇宙のすべてを語る』（佐藤勝彦訳、ランダムハウス講談社、2005年）、『ホーキング、宇宙と人間を語る』（佐藤勝彦訳、エクスナレッジ、2011年）がある。

水谷　淳（みずたに　じゅん）

翻訳者。主な訳書にイアン・スチュアート『世界を支えるすごい数学―― CGから気候変動まで』（河出書房新社、2022年）、カムラン・バッファ『宇宙を解くパズル――「真理」は直観に反している』（講談社ブルーバックス、2022年）、ジョン・グリビン／メアリー・グリビン『進化論の進化史――アリストテレスからDNAまで』（早川書房、2022年）、グレゴリー・J・グバー『「ネコひねり問題」を超一流の科学者たちが全力で考えてみた――「ネコの空中立ち直り反射」という驚くべき謎に迫る』（ダイヤモンド社、2022年）、ワークマンパブリッシング『アメリカの中学生が学んでいる14歳からの数学』（ダイヤモンド社、2022年）、ローランド・エノス『「木」から辿る人類史――ヒトの進化と繁栄の秘密に迫る』（NHK出版、2021年）、ポール・セン『宇宙を解く唯一の科学 熱力学』（河出書房新社、2021年）、ロブ・イースタウェイ『世界の猫はざっくり何匹？――頭がいい計算力が身につく「フェルミ推定」超入門』（ダイヤモンド社、2021年）などがあり、著書に『科学用語図鑑』（河出書房新社、2019年、増補改訂版2022年）がある。

索引

英字

ア行

カ行

サ行

タ行

ナ行

ハ行

マ行

ヤ行

ラ行

ワ行

原注

はじめに

1. 扁桃核が関与しない神経パターンも存在する。Justin S. Feinstein et al., "Fear and Panic in Humans with Bilateral Amygdala Damage," *Nature Neuroscience* 16 (2013): 270を見よ。恐怖と不安についてはLisa Feldman Barrett, *How Emotions Are Made* (New York: Houghton Mifflin Harcourt, 2017)(『情動はこうしてつくられる――脳の隠れた働きと構成主義的情動理論』リサ・フェルドマン・バレット著、高橋洋訳、紀伊國屋書店、2019年)を見よ。
2. Andrew T. Drysdale et al., "Resting-State Connectivity Biomarkers Define Neurophysiological Subtypes of Depression," *Nature Medicine* 23 (2017): 28–38.
3. James Gross and Lisa Feldman Barrett, "The Emerging Field of Affective Neuroscience," *Emotion* 13 (2013): 997–98.
4. James A. Russell, "Emotion, Core Affect, and Psychological Construction," *Cognition and Emotion* 23 (2009): 1259–83.
5. Ralph Adolphs and David J. Anderson, *The Neuroscience of Emotion: A New Synthesis* (Princeton, N.J.: Princeton University Press, 2018), 3.
6. Feldman Barrett, *How Emotions Are Made*, xv(『情動はこうしてつくられる』).

第1章　思考と感情

1. Charlie Burton, "After the Crash: Inside Richard Branson's $600 Million Space Mission," *GQ*, July 2017.
2. スケールド・コンポジッツ社(カリフォルニア州モハーヴェ)のある従業員への取材、Sept. 30, 2017. 取材に答えてくれた人は匿名を希望している。
3. Melissa Bateson et al., "Agitated Honeybees Exhibit Pessimistic Cognitive Biases," *Current Biology* 21 (2011): 1070–73.
4. Thomas Dixon, "'Emotion': The History of a Keyword in Crisis," *Emotion Review* 4 (Oct. 2012): 338–44; Tiffany Watt Smith, *The Book of Human Emotions* (New York: Little, Brown, 2016), 6–7.
5. Thomas Dixon, *The History of Emotions Blog*, April 2, 2020, emotionsblog.history.qmul.ac.uk.
6. Amy Maxmen, "Sexual Competition Among Ducks Wreaks Havoc on Penis Size," *Nature* 549 (2017): 443.

7. Kate Wong, "Why Humans Give Birth to Helpless Babies," *Scientific American*, Aug. 28, 2012.
8. Lisa Feldman Barrett, *How Emotions Are Made* (New York: Houghton Mifflin Harcourt, 2017), 167 (『情動はこうしてつくられる』).
9. 同上、164–65.
10. Rand Swenson, *Review of Clinical and Functional Neuroscience*, Dartmouth Medical School, 2006, www.dartmouth.eduのchapter 9を見よ。
11. Peter Farley, "A Theory Abandoned but Still Compelling," *Yale Medicine* (Autumn 2008).
12. Michael R. Gordon, "Ex-Soviet Pilot Still Insists KAL 007 Was Spying," *New York Times*, Dec. 9, 1996.

第2章　情動の目的

1. たとえばEllen Langer et al., "The Mindlessness of Ostensibly Thoughtful Action: The Role of 'Placebic' Information in Interpersonal Interaction," *Journal of Personality and Social Psychology* 36 (1978): 635–42を見よ。
2. "Black Headed Cardinal Feeds Goldfish," YouTube, July 25, 2010, www.youtube.com.
3. Yanfei Liu and K. M. Passino, "Biomimicry of Social Foraging Bacteria for Distributed Optimization: Models, Principles, and Emergent Behaviors," *Journal of Optimization Theory and Applications* 115 (2002): 603–28.
4. Paul B. Rainey, "Evolution of Cooperation and Conflict in Experimental Bacterial Populations," *Nature* 425 (2003): 72; R. Craig MacLean et al., "Evaluating Evolutionary Models of Stress-Induced Mutagenesis in Bacteria," *Nature Reviews Genetics* 14 (2013): 221; Ivan Erill et al., "Aeons of Distress: An Evolutionary Perspective on the Bacterial SOS Response," *FEMS Microbiology Reviews* 31 (2007): 637–56.
5. Antonio Damasio, *The Strange Order of Things: Life, Feeling, and the Making of Cultures* (New York: Pantheon, 2018), 20 (『進化の意外な順序――感情、意識、創造性と文化の起源』アントニオ・ダマシオ著、高橋洋訳、白揚社、2019年).
6. Jerry M. Burger et al., "The Pique Technique: Overcoming Mindlessness or Shifting Heuristics?," *Journal of Applied Social Psychology* 37 (2007): 2086–96; Michael D. Santos et al., "Hey Buddy, Can You Spare Seventeen Cents? Mindful Persuasion and the Pique Technique," *Journal of Applied Social Psychology* 24, no. 9 (1994): 755–64.
7. Richard M. Young, "Production Systems in Cognitive Psychology," in *International Encyclopedia of the Social and Behavioral Sciences* (New York: Elsevier, 2001).

8. F. B. M. de Waal, *Chimpanzee Politics: Power and Sex Among Apes* (Baltimore: Johns Hopkins University Press, 1982)(『チンパンジーの政治学——猿の権力と性』フランス・ドゥ・ヴァール著、西田利貞訳、産経新聞出版、2006年、ほか).
9. アンダーソンへの取材、June 13, 2018.
10. Kaspar D. Mossman, "Profile of David J. Anderson," *PNAS* 106 (2009): 17623–25.
11. Yael Grosjean et al., "A Glial Amino-Acid Transporter Controls Synapse Strength and Homosexual Courtship in Drosophila," *Nature Neuroscience* 11, no. 1 (2008): 54–61.
12. G. Shohat-Ophir et al., "Sexual Deprivation Increases Ethanol Intake in Drosophila," *Science* 335 (2012): 1351–55.
13. Paul R. Kleinginna and Anne M. Kleinginna, "A Categorized List of Emotion Definitions, with Suggestions for a Consensual Definition," *Motivation and Emotion* 5 (1981): 345–79. Carroll E. Izard, "The Many Meanings/Aspects of Emotion: Definitions, Functions, Activation, and Regulation," *Emotion Review* 2 (2010): 363–70も見よ。
14. 専門用語では正しくは「強化」という。
15. Stephanie A. Shields and Beth A. Koster, "Emotional Stereotyping of Parents in Child Rearing Manuals, 1915–1980," *Social Psychology Quarterly* 52, no. 1 (1989): 44–55.

第3章　心と体のつながり

1. W. B. Cannon, *The Wisdom of the Body* (New York: W. W. Norton, 1932)(『からだの知恵——この不思議なはたらき』W・B・キャノン著、舘鄰／舘澄江訳、講談社学術文庫、1981年).
2. たとえば James A. Russell, "Core Affect and the Psychological Construction of Emotion," *Psychological Review* 110 (2003): 145–72; Michelle Yik, James A. Russell, and James H. Steiger, "A 12-Point Circumplex Structure of Core Affect," *Emotion* 11 (2011): 705を見よ。またAntonio Damasio, *The Strange Order of Things: Life, Feeling, and the Making of Cultures* (New York: Pantheon, 2018)(『進化の意外な順序——感情、意識、創造性と文化の起源』アントニオ・ダマシオ著、高橋洋訳、白揚社、2019年)も見よ。この中でダマシオはコア・アフェクトのことを恒常的感情と呼び、その効果について説明している。
3. Christine D. Wilson-Mendenhall et al., "Neural Evidence That Human Emotions Share Core Affective Properties," *Psychological Science* 24 (2013): 947–56.
4. 同上。
5. Michael L. Platt and Scott A. Huettel, "Risky Business: The Neuroeconomics of Decision Making Under Uncertainty," *Nature Neuroscience* 11 (2008): 398–403;

Thomas Caraco, "Energy Budgets, Risk, and Foraging Preferences in Dark-Eyed Juncos (*Junco hyemalis*)," *Behavioral Ecology and Sociobiology* 8 (1981): 213–17.

6. John Donne, *Devotions upon Emergent Occasions* (Cambridge, U.K.: Cambridge University Press, 2015), 98.
7. Damasio, *Strange Order of Things*, chap. 4 (『進化の意外な順序』).
8. Shadi S. Yarandi et al., "Modulatory Effects of Gut Microbiota on the Central Nervous System: How Gut Could Play a Role in Neuropsychiatric Health and Diseases," *Journal of Neurogastroenterology and Motility* 22 (2016): 201.
9. Tal Shomrat and Michael Levin, "An Automated Training Paradigm Reveals Long-Term Memory in Planarians and Its Persistence Through Head Regeneration," *Journal of Experimental Biology* 216 (2013): 3799–810.
10. Stephen M. Collins et al., "The Adoptive Transfer of Behavioral Phenotype via the Intestinal Microbiota: Experimental Evidence and Clinical Implications," *Current Opinion in Microbiology* 16, no. 3 (2013): 240–45.
11. Peter Andrey Smith, "Brain, Meet Gut," *Nature* 526, no. 7573 (2015): 312.
12. たとえばTyler Halverson and Kannayiram Alagiakrishnan, "Gut Microbes in Neurocognitive and Mental Health Disorders," *Annals of Medicine* 52 (2020): 423–43を見よ。
13. Gale G. Whiteneck et al., *Aging with Spinal Cord Injury* (New York: Demos Medical Publishing, 1993), vii.
14. George W. Hohmann, "Some Effects of Spinal Cord Lesions on Experienced Emotional Feelings," *Psychophysiology* 3 (1966): 143–56.
15. たとえば Francesca Pistoia et al., "Contribution of Interoceptive Information to Emotional Processing: Evidence from Individuals with Spinal Cord Injury," *Journal of Neurotrauma* 32 (2015): 1981–86を見よ。
16. Nayan Lamba et al., "The History of Head Transplantation: A Review," *Acta Neurochirurgica* 158 (2016): 2239–47.
17. Sergio Canavero, "HEAVEN: The Head Anastomosis Venture Project Outline for the First Human Head Transplantation with Spinal Linkage," *Surgical Neurology International* 4 (2013): S335–S342.
18. Paul Root Wolpe, "A Human Head Transplant Would Be Reckless and Ghastly. It's Time to Talk About It," *Vox*, June 12, 2018, www.vox.com.
19. Rainer Reisenzein et al., "The Cognitive-Evolutionary Model of Surprise: A Review of the Evidence," *Topics in Cognitive Science* 11 (2019): 50–74.
20. Shai Danziger et al., "Extraneous Factors in Judicial Decisions," *Proceedings of the*

National Academy of Sciences 108 (2011): 6889–92.
21. 同上。
22. Jeffrey A. Linder et al., "Time of Day and the Decision to Prescribe Antibiotics," *JAMA Internal Medicine* 174 (2014): 2029–31.
23. Jing Chen et al., "Oh What a Beautiful Morning! Diurnal Influences on Executives and Analysts: Evidence from Conference Calls," *Management Science* (Jan. 2018).
24. Brad J. Bushman, "Low Glucose Relates to Greater Aggression in Married Couples," *PNAS* 111 (2014): 6254–57.
25. Christina Sagioglou and Tobias Greitemeyer, "Bitter Taste Causes Hostility," *Personality and Social Psychology Bulletin* 40 (2014): 1589–97.

第4章　情動が思考を導く

1. ディラックの話についてはおもに、Graham Farmelo, *The Strangest Man: The Hidden Life of Paul Dirac, Mystic of the Atom* (New York: Perseus, 2009), 252–63（『量子の海、ディラックの深淵――天才物理学者の華々しき業績と寡黙なる生涯』グレアム・ファーメロ著、吉田三知世訳、早川書房、2010年）より。
2. 同上、293.
3. 同上、438.
4. Barry Leibowitz, "Wis. Man Got Shot—Intentionally—in 'Phenomenally Stupid' Attempt to Win Back Ex-girlfriend," CBS News, July 28, 2011, www.cbsnews.com; Paul Thompson, "'Phenomenally Stupid' Man Has His Friends Shoot Him Three Times to Win Ex-girlfriend's Pity," *Daily Mail*, July 28, 2011.
5. Perliss（Perliss Law Center）への取材、Dec. 9, 2020.
6. John Tooby and Leda Cosmides, "The Evolutionary Psychology of the Emotions and Their Relationship to Internal Regulatory Variables," in *Handbook of Emotions*, 3rd ed., eds. Michael Lewis, Jeannette M. Haviland-Jones, and Lisa Feldman Barrett (New York: Guilford, 2008), 114–37を見よ。
7. Eric J. Johnson and Amos Tversky, "Affect, Generalization, and the Perception of Risk," *Journal of Personality and Social Psychology* 45 (1983): 20.
8. Aaron Sell et al., "Formidability and the Logic of Human Anger," *Proceedings of the National Academy of Sciences* 106 (2009): 15073–78.
9. Edward E. Smith et al., *Atkinson and Hilgard's Introduction to Psychology* (Belmont, Calif.: Wadsworth, 2003), 147; Elizabeth Loftus, *Witness for the Defense: The Accused, the Eyewitness, and the Expert Who Puts Memory on Trial* (New York: St. Martin's Press, 2015)（『目撃証言』エリザベス・ロフタス／キャサリン・ケッチャム著、厳島行

雄訳、岩波書店、2000年).
10. Michel Tuan Pham, "Emotion and Rationality: A Critical Review and Interpretation of Empirical Evidence," *Review of General Psychology* 11 (2007): 155.
11. Carmelo M. Vicario et al., "Core, Social, and Moral Disgust Are Bounded: A Review on Behavioral and Neural Bases of Repugnance in Clinical Disorders," *Neuroscience and Biobehavioral Reviews* 80 (2017): 185–200; Borg Schaich et al., "Infection, Incest, and Iniquity: Investigating the Neural Correlates of Disgust and Morality," *Journal of Cognitive Neuroscience* 20 (2008): 1529–46.
12. Simone Schnall et al., "Disgust as Embodied Moral Judgment," *Personality and Social Psychology Bulletin* 34 (2008): 1096–109.
13. Kendall J. Eskine et al., "A Bad Taste in the Mouth: Gustatory Disgust Influences Moral Judgment," *Psychological Science* 22 (2011): 295–99.
14. Kendall J. Eskine et al., "The Bitter Truth About Morality: Virtue, Not Vice, Makes a Bland Beverage Taste Nice," *PLoS One* 7 (2012): e41159.
15. Mark Schaller and Justin H. Park, "The Behavioral Immune System (and Why It Matters)," *Current Directions in Psychological Science* 20 (2011): 99–103.
16. Dalvin Brown, "'Fact Is I Had No Reason to Do It': Thousand Oaks Gunman Posted to Instagram During Massacre," *USA Today*, Nov. 10, 2018.
17. Pham, "Emotion and Rationality."
18. たとえばRalph Adolphs, "Emotion," *Current Biology* 13 (2010) を見よ。
19. Alison Jing Xu et al., "Hunger Promotes Acquisition of Nonfood Objects," *Proceedings of the National Academy of Sciences* (2015): 201417712.
20. Seunghee Han et al., "Disgust Promotes Disposal: Souring the Status Quo" (Faculty Research Working Paper Series, RWP10-021, John F. Kennedy School of Government, Harvard University, 2010); Jennifer S. Lerner et al., "Heart Strings and Purse Strings: Carryover Effects of Emotions on Economic Decisions," *Psychological Science* 15 (2004): 337–41.
21. Laith Al-Shawaf et al., "Human Emotions: An Evolutionary Psychological Perspective," *Emotion Review* 8 (2016): 173–86.
22. Dan Ariely and George Loewenstein, "The Heat of the Moment: The Effect of Sexual Arousal on Sexual Decision Making," *Journal of Behavioral Decision Making* 19 (2006): 87–98.
23. たとえばMartie G. Haselton and David M. Buss, "The Affective Shift Hypothesis: The Functions of Emotional Changes Following Sexual Intercourse," *Personal Relationships* 8 (2001): 357–69を見よ。

24. たとえばB. Kyu Kim and Gal Zauberman, "Can Victoria's Secret Change the Future? A Subjective Time Perception Account of Sexual-Cue Effects on Impatience," *Journal of Experimental Psychology: General* 142 (2013): 328を見よ。
25. Donald Symons, *The Evolution of Human Sexuality* (New York: Oxford University Press, 1979), 212–13.
26. Shayna Skakoon-Sparling et al., "The Impact of Sexual Arousal on Sexual Risk-Taking and Decision-Making in Men and Women," *Archives of Sexual Behavior* 45 (2016): 33–42.
27. Charmaine Borg and Peter J. de Jong, "Feelings of Disgust and Disgust-Induced Avoidance Weaken Following Induced Sexual Arousal in Women," *PLoS One* 7 (Sept. 2012): 1–7.
28. Hassan H. López et al., "Attractive Men Induce Testosterone and Cortisol Release in Women," *Hormones and Behavior* 56 (2009): 84–92.
29. Sir Ernest Shackleton, *The Heart of the Antarctic* (London: Wordsworth Editions, 2007), 574.
30. Michelle N. Shiota et al., "Beyond Happiness: Building a Science of Discrete Positive Emotions," *American Psychologist* 72 (2017): 617–43.
31. Barbara L. Fredrickson and Christine Branigan, "Positive Emotions Broaden the Scope of Attention and Thought-Action Repertoires," *Cognition and Emotion* 19 (2005): 313–32.
32. Barbara L. Fredrickson, "The Role of Positive Emotions in Positive Psychology: The Broaden-and-Build Theory of Positive Emotions," *American Psychologist* 56 (2001): 218; Barbara L. Fredrickson, "What Good Are Positive Emotions?," *Review of General Psychology* 2 (1998): 300.
33. Paul Piff and Dachar Keltner, "Why Do We Experience Awe?," *New York Times*, May 22, 2015.
34. Samantha Dockray and Andrew Steptoe, "Positive Affect and Psychobiological Processes," *Neuroscience and Biobehavioral Reviews* 35 (2010): 69–75.
35. Andrew Steptoe et al., "Positive Affect and Health-Related Neuroendocrine, Cardiovascular, and Inflammatory Processes," *Proceedings of the National Academy of Sciences* 102 (2005): 6508–12.
36. Sheldon Cohen et al., "Emotional Style and Susceptibility to the Common Cold," *Psychosomatic Medicine* 65 (2003): 652–57.
37. B. Grinde, "Happiness in the Perspective of Evolutionary Psychology," *Journal of Happiness Studies* 3 (2002): 331–54.

38. Chris Tkach and Sonja Lyubomirsky, "How Do People Pursue Happiness? Relating Personality, Happiness-Increasing Strategies, and Well-Being," *Journal of Happiness Studies* 7 (2006): 183–225.
39. Melissa M. Karnaze and Linda J. Levine, "Sadness, the Architect of Cognitive Change," in *The Function of Emotions*, ed. Heather C. Lench (New York: Springer, 2018).
40. Kevin Au et al., "Mood in Foreign Exchange Trading: Cognitive Processes and Performance," *Organizational Behavior and Human Decision Processes* 91 (2003): 322–38.

第5章　感情はどこからやって来るのか

1. Anton J. M. De Craen et al., "Placebos and Placebo Effects in Medicine: Historical Overview," *Journal of the Royal Society of Medicine* 92 (1999): 511–15.
2. Leonard A. Cobb et al., "An Evaluation of Internal-Mammary-Artery Ligation by a Double-Blind Technic," *New England Journal of Medicine* 260 (1959): 1115–18; E. Dimond et al., "Comparison of Internal Mammary Artery Ligation and Sham Operation for Angina Pectoris," *American Journal of Cardiology* 5 (1960): 483–86.
3. Rasha Al-Lamee et al., "Percutaneous Coronary Intervention in Stable Angina (ORBITA): A Double-Blind, Randomised Controlled Trial," *Lancet* 39 (2018): 31–40.
4. Gina Kolata, "'Unbelievable': Heart Stents Fail to Ease Chest Pain," *New York Times*, Nov. 2, 2017.
5. Michael Boiger and Batja Mesquita, "A Socio-dynamic Perspective on the Construction of Emotion," in *The Psychological Construction of Emotions*, ed. Lisa Feldman Barrett and James A. Russell (New York: Guilford Press, 2015), 377–98.
6. Rainer Reisenstein, "The Schachter Theory of Emotion: Two Decades Later," *Psychological Bulletin* 94 (1983): 239–64; Randall L. Rose and Mandy Neidermeyer, "From Rudeness to Road Rage: The Antecedents and Consequences of Consumer Aggression," in *Advances in Consumer Research*, ed. Eric J. Arnould and Linda M. Scott (Provo, Utah: Association for Consumer Research, 1999), 12–17.
7. Richard M. Warren, "Perceptual Restoration of Missing Speech Sounds," *Science*, Jan. 23, 1970, 392–93; Richard M. Warren and Roselyn P. Warren, "Auditory Illusions and Confusions," *Scientific American* 223 (1970): 30–36.
8. Robin Goldstein et al., "Do More Expensive Wines Taste Better? Evidence from a Large Sample of Blind Tastings," *Journal of Wine Economics* 3, no. 1 (Spring 2008): 1–9.
9. William James, "The Physical Basis of Emotion," *Psychological Review* 1 (1894): 516–

29.
10. J. S. Feinstein et al., "Fear and Panic in Humans with Bilateral Amygdala Damage," *Nature Neuroscience* 16 (2013): 270–72.
11. Lisa Feldman Barrett, "Variety Is the Spice of Life: A Psychological Construction Approach to Understanding Variability in Emotion," *Cognition and Emotion* 23 (2009): 1284–306.
12. 同上。
13. Boiger and Mesquita, "Socio-dynamic Perspective on the Construction of Emotion."
14. R. I. Levy, *Tahitians: Mind and Experience in the Society Islands* (Chicago: University of Chicago Press, 1975).
15. James A. Russell, "Culture and the Categorization of Emotions," *Psychological Bulletin* 110 (1991): 426; James A. Russell, "Natural Language Concepts of Emotion," *Perspectives in Personality* 3 (1991): 119–37.
16. Ralph Adolphs et al., "What Is an Emotion?," *Current Biology* 29 (2019): R1060–R1064.
17. David Strege, "Elephant's Road Rage Results in Fatality," *USA Today*, Nov. 30, 2018.
18. Peter Salovey and John D. Mayer, "Emotional Intelligence," *Imagination, Cognition, and Personality* 9 (1990): 185–211.
19. Adam D. Galinsky et al., "Why It Pays to Get Inside the Head of Your Opponent: The Differential Effect of Perspective Taking and Empathy in Strategic Interactions," *Psychological Science* 19 (2008): 378–84.
20. Diana I. Tamir and Jason P. Mitchell, "Disclosing Information About the Self Is Intrinsically Rewarding," *Proceedings of the National Academy of Sciences* 109 (2012): 8038–43.

第6章　動機——欲求と嗜好の関係

1. Sophie Roberts, "You Can't Eat It," *Sun*, May 16, 2017, www.thesun.co.uk.
2. Ella P. Lacey, "Broadening the Perspective of Pica: Literature Review," *Public Health Reports* 105, no. 1 (1990): 29.
3. Tom Lorenzo, "Michel Lotito: The Man Who Ate Everything," CBS Local, Oct. 1, 2012, tailgatefan.cbslocal.com.
4. Junko Hara et al., "Genetic Ablation of Orexin Neurons in Mice Results in Narcolepsy, Hypophagia, and Obesity," *Neuron* 30 (2001): 345–54.
5. Robert G. Heath, "Pleasure and Brain Activity in Man," *Journal of Nervous and Mental Disease* 154 (1972): 3–17.

6. ヒースの話についてはRobert Colville, "The 'Gay Cure' Experiments That Were Written out of Scientific History," *Mosaic*, July 4, 2016, mosaicscience.com; Judith Hooper and Dick Teresi, *The Three-Pound Universe* (New York: Tarcher, 1991)(『脳と心の迷路——心の化学から魂のニューフロンティアまで』ジュディス・フーパー/ディック・テレシー著、林一訳、白揚社、1995年), 152–61; Christen O'Neal et al., "Dr. Robert G. Heath: A Controversial Figure in the History of Deep Brain Stimulation," *Neurosurgery Focus* 43 (2017): 1–8; John Gardner, "A History of Deep Brain Stimulation: Technological Innovation and the Role of Clinical Assessment Tools," *Social Studies of Science* 43 (2013): 707–28を見よ。
7. Dominik Gross and Gereon Schäfer, "Egas Moniz (1874–1955) and the 'Invention' of Modern Psychosurgery: A Historical and Ethical Reanalysis Under Special Consideration of Portuguese Original Sources," *Neurosurgical Focus* 30, no. 2 (2011): E8.
8. Elizabeth Johnston and Leah Olsson, *The Feeling Brain: The Biology and Psychology of Emotions* (New York: W. W. Norton, 2015), 125; Bryan Kolb and Ian Q. Whishaw, *An Introduction to Brain and Behavior*, 2nd ed. (New York: Worth Publishers, 2004), 392–94; Patrick Anselme and Mike J. F. Robinson, "'Wanting,' 'Liking,' and Their Relation to Consciousness," *Journal of Experimental Psychology: Animal Learning and Cognition* 42 (2016): 123–40.
9. Johnston and Olsson, *Feeling Brain*, 125.
10. Daniel H. Geschwind and Jonathan Flint, "Genetics and Genomics of Psychiatric Disease," *Science* 349 (2015): 1489–94; T. D. Cannon, "How Schizophrenia Develops: Cognitive and Brain Mechanisms Underlying Onset of Psychosis," *Trends in Cognitive Science* 19 (2015): 744–56.
11. Peter Milner, "Peter M. Milner," Society for Neuroscience, www.sfn.org.
12. Lauren A. O'Connell and Hans A. Hofmann, "The Vertebrate Mesolimbic Reward System and Social Behavior Network: A Comparative Synthesis," *Journal of Comparative Neurology* 519 (2011): 3599–639.
13. Anselme and Robinson, "'Wanting,' 'Liking,' and Their Relation to Consciousness," 123–40.
14. Amy Fleming, "The Science of Craving," *Economist*, May 7, 2015; Anselme and Robinson, "'Wanting,' 'Liking,' and Their Relation to Consciousness."
15. Kent C. Berridge, "Measuring Hedonic Impact in Animals and Infants: Microstructure of Affective Taste Reactivity Patterns," *Neuroscience and Biobehavioral Reviews* 24 (2000): 173–98.

16. バーリッジの初期の研究や考え方をまとめたものとしてはTerry E. Robinson and Kent C. Berridge, "The Neural Basis of Drug Craving: An Incentive-Sensitization Theory of Addiction," *Brain Research Reviews* 18 (1993): 247–91を見よ。
17. Kent C. Berridge and Elliot S. Valenstein, "What Psychological Process Mediates Feeding Evoked by Electrical Stimulation of the Lateral Hypothalamus?," *Behavioral Neuroscience* 105 (1991).
18. Anselme and Robinson, "'Wanting,' 'Liking,' and Their Relation to Consciousness," 123–140; バーリッジのウェブサイトと、Johnston and Olsson, *Feeling Brain*, 123–43も見よ。
19. 総説としてはKent C. Berridge and Morten L. Kringelbach, "Neuroscience of Affect: Brain Mechanisms of Pleasure and Displeasure," *Current Opinion in Neurobiology* 23 (2013): 294–303; Anselme and Robinson, "'Wanting,' 'Liking,' and Their Relation to Consciousness," 123–40を見よ。
20. Ab Litt, Uzma Khan, and Baba Shiv, "Lusting While Loathing: Parallel Counterdriving of Wanting and Liking," *Psychological Science* 21, no. 1 (2010): 118–25, dx.doi.org/10.1177/0956797609355633.
21. M. J. F. Robinson et al., "Roles of 'Wanting' and 'Liking' in Motivating Behavior: Gambling, Food, and Drug Addictions," in *Behavioral Neuroscience of Motivation*, eds. Eleanor H. Simpson and Peter D. Balsam (New York: Springer, 2016), 105–36.
22. Xianchi Dai, Ping Dong, and Jayson S. Jia, "When Does Playing Hard to Get Increase Romantic Attraction?," *Journal of Experimental Psychology: General* 143 (2014): 521.
23. *The History of Xenophon*, trans. Henry Graham Dakyns (New York: Tandy-Thomas, 1909), 4:64–71.
24. Fleming, "Science of Craving."
25. Anselme and Robinson, "'Wanting,' 'Liking,' and Their Relation to Consciousness," 123–40.
26. Wilhelm Hofmann et al., "Desire and Desire Regulation," in *The Psychology of Desire*, ed. Wilhelm Hofmann and Loran F. Nordgren (New York: Guilford Press, 2015).
27. Anselme and Robinson, "'Wanting,' 'Liking,' and Their Relation to Consciousness," 123–40; Todd Love et al., "Neuroscience of Internet Pornography Addiction: A Review and Update," *Behavioral Sciences* 5, no. 3 (2015): 388–433. 側坐核は腹側被蓋野からドーパミンのシグナルを受け取る。依存性薬物はいずれも、この腹側被蓋野から側坐核への「中脳辺縁系ドーパミン（DA）経路」に影響をおよぼす。
28. Morton Kringelbach and Kent Berridge, "Motivation and Pleasure in the Brain," in Hofmann and Nordgren, *Psychology of Desire*.

29. Wendy Foulds Mathes et al., "The Biology of Binge Eating," *Appetite* 52 (2009): 545–53.
30. "Sara Lee Corp.," *Advertising Age*, Sept. 2003, adage.com.
31. Paul M. Johnson and Paul J. Kenny, "Addiction-Like Reward Dysfunction and Compulsive Eating in Obese Rats: Role for Dopamine D2 Receptors," *Nature Neuroscience* 13 (2010): 635.
32. ちなみにサラ・リーのクラシック・ニューヨークスタイル・チーズケーキの原材料は、クリームチーズ、砂糖、卵、栄養強化小麦粉、高果糖コーンシロップ、部分水素化植物油（大豆油および綿実油)、ブドウ糖、マルトデキストリン、全粒粉、水、培養無脂肪乳、クリーム、コーンスターチ、無脂肪乳、塩、膨張剤（酸性ピロリン酸ナトリウム、重曹、リン酸二水素カルシウム、硫酸カルシウム)、改質コーンスターチ・タピオカ粉、ゴム（キサンタン、イナゴマメ、グアル)、バニリン、糖蜜、シナモン、カラギーナン、塩化カリウム、大豆粉。
33. Michael Moss, "The Extraordinary Science of Addictive Junk Food," *New York Times*, Feb. 20, 2013.
34. Ashley N. Gearhardt et al., "The Addiction Potential of Hyperpalatable Foods," *Current Drug Abuse Reviews* 4 (2011): 140–45.
35. Robinson et al., "Roles of 'Wanting' and 'Liking' in Motivating Behavior."
36. Bernard Le Foll et al., "Genetics of Dopamine Receptors and Drug Addiction: A Comprehensive Review," *Behavioural Pharmacology* 20 (2009): 1–17.
37. Nikolaas Tinbergen, *The Study of Instinct* (New York: Oxford University Press, 1951)（『本能の研究』ニコラス・ティンバーゲン著、永野為武訳、三共出版、1975年); Deirdre Barrett, *Supernormal Stimuli: How Primal Urges Overran Their Evolutionary Purpose* (New York: W. W. Norton, 2010).
38. Gearhardt et al., "Addiction Potential of Hyperpalatable Foods."
39. Moss, "Extraordinary Science of Addictive Junk Food."
40. K. M. Flegal et al., "Estimating Deaths Attributable to Obesity in the United States," *American Journal of Public Health* 94 (2004): 1486–89.

第7章　情動と決意

1. この説明はJohn Johnson and Bill Long, *Tyson-Douglas: The Inside Story of the Upset of the Century* (Lincoln, Neb.: Potomac Books, 2008); Joe Layden, *The Last Great Fight: The Extraordinary Tale of Two Men and How One Fight Changed Their Lives Forever* (New York: Macmillan, 2008); Martin Domin, "Buster Douglas Reveals His Mum Was the Motivation for Mike Tyson Upset as Former World Champion Recalls Fight

25 Years On," *Mail Online*, Feb. 11, 2015, www.dailymail.co.uk より。

2. Muhammad Ali, *The Greatest: My Own Story,* with Richard Durham (New York: Random House, 1975).
3. Martin Fritz Huber, "A Brief History of the Sub-4-Minute Mile," *Outside*, June 9, 2017, www.outsideonline.com.
4. William Shakespeare, *The Tragedy of Hamlet, Prince of Denmark*, act 3, scene 1 (『ハムレット』シェイクスピア作、野島秀勝訳、岩波文庫、2002年、ほか).
5. David D. Daly and J. Grafton Love, "Akinetic Mutism," *Neurology* 8 (1958).
6. William W. Seeley et al., "Dissociable Intrinsic Connectivity Networks for Salience Processing and Executive Control," *Journal of Neuroscience* 27 (2007): 2349–56.
7. Emily Singer, "Inside a Brain Circuit, the Will to Press On," *Quanta Magazine*, Dec. 5, 2013, www.quantamagazine.org.
8. Josef Parvizi et al., "The Will to Persevere Induced by Electrical Stimulation of the Human Cingulate Gyrus," *Neuron* 80 (2013): 1259–367.
9. Singer, "Inside a Brain Circuit, the Will to Press On."
10. Erno J. Hermans et al., "Stress-Related Noradrenergic Activity Prompts Large-Scale Neural Network Reconfiguration," *Science* 334 (2011): 1151–53; Andrea N. Goldstein and Matthew P. Walker, "The Role of Sleep in Emotional Brain Function," *Annual Review of Clinical Psychology* 10 (2014): 679–708.
11. Tingting Zhou et al., "History of Winning Remodels Thalamo-PFC Circuit to Reinforce Social Dominance," *Science* 357 (2017): 162–68.
12. たとえばM. C. Pensel et al., "Executive Control Processes Are Associated with Individual Fitness Outcomes Following Regular Exercise Training: Blood Lactate Profile Curves and Neuroimaging Findings," *Science Reports* 8 (2018): 4893; S. F. Sleiman et al., "Exercise Promotes the Expression of Brain Derived Neurotrophic Factor (BDNF) Through the Action of the Ketone Body β-hydroxybutyrate," *eLife* 5 (2016): e15092を見よ。
13. Y. Y. Tang et al., "Brief Meditation Training Induces Smoking Reduction," *Proceedings of the National Academy of Sciences*, USA 110 (2013): 13971–75.
14. Robert S. Marin, Ruth C. Biedrzycki, and Sekip Firinciogullari, "Reliability and Validity of the Apathy Evaluation Scale," *Psychiatry Research* 38 (1991): 143–62; Robert S. Marin and Patricia A. Wilkosz, "Disorders of Diminished Motivation," *Journal of Head Trauma Rehabilitation* 20 (2005): 377–88; Brendan J. Guercio, "The Apathy Evaluation Scale: A Comparison of Subject, Informant, and Clinician Report in Cognitively Normal Elderly and Mild Cognitive Impairment," *Journal of Alzheimer's*

Disease 47 (2015): 421–32; Richard Levy and Bruno Dubois, "Apathy and the Functional Anatomy of the Prefrontal Cortex–Basal Ganglia Circuits," *Cerebral Cortex* 16 (2006): 916–28.

15. Goldstein and Walker, "Role of Sleep in Emotional Brain Function."
16. 同上。
17. Matthew Walker, *Why We Sleep: Unlocking the Power of Sleep and Dreams* (New York: Scribner, 2017), 204 (『睡眠こそ最強の解決策である』マシュー・ウォーカー著、桜田直美訳、SBクリエイティブ、2018年).

第8章　あなたの情動プロファイル

1. たとえばRichard J. Davidson, "Well-Being and Affective Style: Neural Substrates and Biobehavioural Correlates," *Philosophical Transactions of the Royal Society of London, Series B: Biological Sciences* 359 (2004): 1395–411を見よ。
2. Mary K. Rothbart, "Temperament, Development, and Personality," *Current Directions in Psychological Science* 16 (2007): 207–12.
3. Richard J. Davidson and Sharon Begley, *The Emotional Life of Your Brain* (New York: Plume, 2012), 97–102 (『心を整えれば、シンプルに生きられる』リチャード・デビッドソン／シャロン・ベグリー著、茂木健一郎訳、三笠書房、2016年).
4. Greg Miller, "The Seductive Allure of Behavioral Epigenetics," *Science* 329 (2010): 24–29.
5. June Price Tangney and Ronda L. Dearing, *Shame and Guilt* (New York: Guilford Press, 2002), 207–14.
6. たとえば以下の文献に示されている対照群の結果を見よ。Giorgio Coricelli, Elena Rusconi, and Marie Claire Villeval, "Tax Evasion and Emotions: An Empirical Test of Re-integrative Shaming Theory," *Journal of Economic Psychology* 40 (2014): 49–61; Jessica R. Peters and Paul J. Geiger, "Borderline Personality Disorder and Self-Conscious Affect: Too Much Shame but Not Enough Guilt?," *Personality Disorders: Theory, Research, and Treatment* 7, no. 3 (2016): 303; Kristian L. Alton, "Exploring the Guilt-Proneness of Non-traditional Students" (master's thesis, Southern Illinois University at Carbondale, 2012); Nicolas Rüsch et al., "Measuring Shame and Guilt by Self-Report Questionnaires: A Validation Study," *Psychiatry Research* 150, no. 3 (2007): 313–25.
7. Tangney and Dearing, *Shame and Guilt*.
8. たとえばSouheil Hallit et al., "Validation of the Hamilton Anxiety Rating Scale and State Trait Anxiety Inventory A and B in Arabic Among the Lebanese Population,"

Clinical Epidemiology and Global Health 7 (2019): 464–70; Ana Carolina Monnerat Fioravanti-Bastos, Elie Cheniaux, and J. Landeira-Fernandez, "Development and Validation of a Short-Form Version of the Brazilian State-Trait Anxiety Inventory," *Psicologia: Reflexão e Crítica* 24 (2011): 485–94を見よ。

9. Konstantinos N. Fountoulakis et al., "Reliability and Psychometric Properties of the Greek Translation of the State-Trait Anxiety Inventory Form Y: Preliminary Data," *Annals of General Psychiatry* 5, no. 2 (2006): 6.
10. たとえば同上、Tracy A. Dennis, "Interactions Between Emotion Regulation Strategies and Affective Style: Implications for Trait Anxiety Versus Depressed Mood," *Motivation and Emotion* 31 (2007): 203を見よ。
11. Arnold H. Buss and Mark Perry, "The Aggression Questionnaire," *Journal of Personality and Social Psychology* 63 (1992): 452–59.
12. Judith Orloff, *Emotional Freedom* (New York: Three Rivers Press, 2009), 346.
13. Peter Hills and Michael Argyle, "The Oxford Happiness Questionnaire: Compact Scale for the Measurement of Psychological Well-Being," *Personality and Individual Differences* 33 (2002): 1073–82.
14. オックスフォード幸福感テストの平均スコアは、職業や国を問わず驚くほど一定である。たとえばEllen Chung, Vloreen Nity Mathew, and Geetha Subramaniam, "In the Pursuit of Happiness: The Role of Personality," *International Journal of Academic Research in Business and Social Sciences* 9 (2019): 10–19; Nicole Hadjiloucas and Julie M. Fagan, "Measuring Happiness and Its Effect on Health in Individuals That Share Their Time and Talent While Participating in 'Time Banking'" (2014); Madeline Romaniuk, Justine Evans, and Chloe Kidd, "Evaluation of an Equine-Assisted Therapy Program for Veterans Who Identify as 'Wounded, Injured, or Ill' and Their Partners," *PLoS One* 13 (2018); Leslie J. Francis and Giuseppe Crea, "Happiness Matters: Exploring the Linkages Between Personality, Personal Happiness, and Work-Related Psychological Health Among Priests and Sisters in Italy," *Pastoral Psychology* 67 (2018): 17–32; Mandy Robbins, Leslie J. Francis, and Bethan Edwards, "Prayer, Personality, and Happiness: A Study Among Undergraduate Students in Wales," *Mental Health, Religion, and Culture* 11 (2008): 93–99を見よ。
15. Ed Diener et al., "Happiness of the Very Wealthy," *Social Indicators Research* 16 (1985): 263–74.
16. Kennon M. Sheldon and Sonja Lyubomirsky, "Revisiting the Sustainable Happiness Model and Pie Chart: Can Happiness Be Successfully Pursued?," *Journal of Positive Psychology* (2019): 1–10.

17. Sonja Lyubomirsky, *The How of Happiness: A Scientific Approach to Getting the Life You Want* (New York: Penguin Press, 2008)(『幸せがずっと続く12の行動習慣——自分で変えられる40%に集中しよう』ソニア・リュボミアスキー著、金井真弓訳、日本実業出版社、2012年).
18. R. Chris Fraley, "Information on the Experiences in Close Relationships-Revised (ECR-R) Adult Attachment Questionnaire," labs.psychology.illinois.edu.
19. Semir Zeki, "The Neurobiology of Love," *FEBS Letters* 581 (2007): 2575–79.
20. T. Joel Wade, Gretchen Auer, and Tanya M. Roth, "What Is Love: Further Investigation of Love Acts," *Journal of Social, Evolutionary, and Cultural Psychology* 3 (2009): 290.
21. Piotr Sorokowski et al., "Love Influences Reproductive Success in Humans," *Frontiers in Psychology* 8 (2017): 1922.
22. Jeremy Axelrod, "Philip Larkin: 'An Arundel Tomb,' " www.poetryfoundation.org.

第9章 情動を操る

1. Robert E. Bartholomew et al., "Mass Psychogenic Illness and the Social Network: Is It Changing the Pattern of Outbreaks?," *Journal of the Royal Society of Medicine* 105 (2012): 509–12; Donna M. Goldstein and Kira Hall, "Mass Hysteria in Le Roy, New York," *American Ethologist* 42 (2015): 640–57; Susan Dominus, "What Happened to the Girls in Le Roy," *New York Times*, March 7, 2012.
2. L. L. Langness, "Hysterical Psychosis: The Cross-Cultural Evidence," *American Journal of Psychiatry* 124 (Aug. 1967): 143–52.
3. Adam Smith, *The Theory of Moral Sentiments* (1759; New York: Augustus M. Kelley, 1966)(『道徳感情論』アダム・スミス著、村井章子/北川知子訳、日経BP社、2014年、ほか).
4. Frederique de Vignemont and Tania Singer, "The Empathic Brain: How, When, and Why?," *Trends in Cognitive Sciences* 10 (2006): 435–41.
5. Elaine Hatfield et al., "Primitive Emotional Contagion," *Review of Personality and Social Psychology* 14 (1992): 151–77.
6. W. S. Condon and W. D. Ogston, "Sound Film Analysis of Normal and Pathological Behavior Patterns," *Journal of Nervous Mental Disorders* 143 (1966): 338–47.
7. James H. Fowler and Nicholas A. Christakis, "Dynamic Spread of Happiness in a Large Social Network: Longitudinal Analysis over 20 Years in the Framingham Heart Study," *BMJ* 337 (2008): a2338.
8. Adam D. I. Kramer, Jamie E. Guillory, and Jeffrey T. Hancock, "Experimental

Evidence of Massive-Scale Emotional Contagion Through Social Networks," *Proceedings of the National Academy of Sciences* 111 (2014): 8788–90.

9. Emilio Ferrara and Zeyao Yang, "Measuring Emotional Contagion in Social Media," *PLoS One* 10 (2015): e0142390.
10. Allison A. Appleton and Laura D. Kubzansky, "Emotion Regulation and Cardiovascular Disease Risk," in *Handbook of Emotion Regulation*, ed. J. J. Gross (New York: Guilford Press, 2014), 596–612.
11. James Stockdale, "Tranquility, Fearlessness, and Freedom" (Marine Amphibious Warfare School, Quantico, Va.での講演、April 18, 1995); "Vice Admiral James Stockdale," 訃報、*Guardian*, July 7, 2005.
12. Epictetus, *The Enchiridion* (New York: Dover, 2004), 6.
13. 同上、1.
14. J. McMullen et al., "Acceptance Versus Distraction: Brief Instructions, Metaphors, and Exercises in Increasing Tolerance for Self-Delivered Electric Shocks," *Behavior Research and Therapy* 46 (2008): 122–29.
15. Amit Etkin et al., "The Neural Bases of Emotion Regulation," *Nature Reviews Neuroscience* 16 (2015): 693–700.
16. Grace E. Giles et al., "Cognitive Reappraisal Reduces Perceived Exertion During Endurance Exercise," *Motivation and Emotion* 42 (2018): 482–96.
17. Mark Fenton-O'Creevy et al., "Thinking, Feeling, and Deciding: The Influence of Emotions on the Decision Making and Performance of Traders," *Journal of Organizational Behavior* 32 (2010): 1044–61.
18. Daniel Kahneman, *Thinking, Fast and Slow* (New York: Farrar, Straus and Giroux, 2011)(『ファスト&スロー——あなたの意思はどのように決まるか?』[上・下] ダニエル・カーネマン著、村井章子訳、ハヤカワ・ノンフィクション文庫、2014年).
19. Matthew D. Lieberman et al., "Subjective Responses to Emotional Stimuli During Labeling, Reappraisal, and Distraction," *Emotion* 11 (2011): 468–80.
20. Andrew Reiner, "Teaching Men to Be Emotionally Honest," *New York Times*, April 4, 2016.
21. Matthew D. Lieberman et al., "Putting Feelings into Words," *Psychological Science* 18 (2007): 421–28.
22. Rui Fan et al., "The Minute-Scale Dynamics of Online Emotions Reveal the Effects of Affect Labeling," *Nature Human Behaviour* 3 (2019): 92.
23. William Shakespeare, *Macbeth*, act 4, scene 3(『マクベス』シェイクスピア作、木下順二訳、岩波文庫、1997年、ほか).